现代礼仪与沟通

（第二版）

主　编　唐长菁　陈玉梅

副主编　佘春晓　聂峥嵘　陆海丽

西安电子科技大学出版社

内 容 简 介

本书将现代礼仪知识与沟通技巧融为一体,系统地介绍了与礼仪、沟通有关的基本理论、基本技能及其在日常生活和工作中的应用。本书分上、下两篇,上篇(礼仪篇)的主要内容包括礼仪导论、形象礼仪、社交礼仪、校园和求职礼仪及办公礼仪,下篇(沟通篇)的主要内容包括沟通导论、自我沟通、语言沟通和组织沟通。本书遵循学以致用的原则,按照大学生对礼仪与沟通知识和技能的学习需要进行设计与编写,紧贴学生实际生活和工作需求,同时配套了丰富的图片、案例分析及相关知识拓展,以帮助学生更好地学习和掌握相关的知识与技能。

本书可作为高等学校各专业通识教育的教学用书,也可作为企事业单位员工学习礼仪与沟通知识的自学读本。

图书在版编目(CIP)数据

现代礼仪与沟通 / 唐长菁,陈玉梅主编. --2 版. --西安:西安电子科技大学出版社,2024.3
ISBN 978-7-5606-7076-8

Ⅰ. ①现⋯　Ⅱ. ①唐⋯ ②陈⋯　Ⅲ. ①礼仪—基本知识②心理交往—基本知识
Ⅳ. ①K891.26②C912.11

中国国家版本馆 CIP 数据核字(2023)第 227133 号

策　　划　陈　婷
责任编辑　陈　婷
出版发行　西安电子科技大学出版社(西安市太白南路 2 号)
电　　话　(029)88202421　88201467　　　邮　　编　710071
网　　址　www.xduph.com　　　　　　　电子邮箱　xdupfxb001@163.com
经　　销　新华书店
印刷单位　咸阳华盛印务有限责任公司
版　　次　2024 年 3 月第 2 版　2024 年 3 月第 1 次印刷
开　　本　787 毫米×1092 毫米　1/16　　印张 15.25　彩插 2
字　　数　362 千字
定　　价　48.00 元
ISBN 978 - 7 - 5606 - 7076 - 8 / K

XDUP 7378002-1

如有印装问题可调换

前　言

　　中国自古就是礼仪之邦，对于我们中华儿女来说，礼仪能体现出一个人的教养和品位。真正懂礼仪、讲礼仪的人，不会只在某一个或者某几个特定的场合才注重礼仪规范，而是将礼仪贯穿于日常的生活、工作及学习中，做到有所为与有所不为。

　　沟通是一种自然而然的、必需的、无所不在的活动，通过沟通可以交流信息，获得感情与思想。人们在工作、娱乐、居家生活、商务活动中或者希望同一些人的关系更加稳固与持久时，都要通过交流、合作来达到目的。在沟通过程中，人们要分享、传递以及接收各种各样丰富的信息。

　　礼仪教育与沟通能力培养和训练是现代高校教育不可或缺的重要内容，在当今，高等院校都非常注重大学生的礼仪素养教育和沟通能力培养。基于这样的背景，我们编写了本书。

　　本书将现代基本礼仪知识与沟通技巧融为一体，系统地介绍了与礼仪和沟通有关的基本理论、基本技能及其在日常生活和工作中的应用。全书以个人的日常生活和工作过程为编写线索，从外在形象到内在气质，以个人从校园走向工作岗位所需要的礼仪与沟通知识和技能为主线来进行编写。本书主要分为礼仪篇和沟通篇。其中，礼仪篇的主要内容包括礼仪导论、形象礼仪、社交礼仪、校园和求职礼仪以及办公礼仪，沟通篇的主要内容包括沟通导论、自我沟通、语言沟通和组织沟通。

　　本书以专题的形式来编排内容，一共分为 9 个专题，每个专题按照学习目标、技能目标、案例导入、知识点(技能点)、知识拓展、专题小结、思考题的顺序编排，同时在一些专题中根据内容的需要灵活安排了"沟通游戏"等环节。其主要目的是使读者带着目标和任务去学习，通过技能训练，进一步巩固实践操作技能，以帮助读者提高礼仪和沟通的能力。

　　本书运用了图片、表格、案例和游戏来进行礼仪知识、礼仪技能和沟通技巧的讲解与解释，以便读者更直观、形象地理解和学习。

　　本书在编写过程中参阅了大量已经出版的礼仪与沟通相关教材，参考、借鉴并引用了其中的许多观点、材料、案例等，为行文方便，未能在书中一一注明，而一并列入书后的参考文献。在此，谨向相关作者表示感谢！

广西民族大学唐长菁与桂林电子科技大学陈玉梅担任本书主编，桂林电子科技大学佘春晓、聂峥嵘、陆海丽担任副主编。本书的具体编写分工如下：唐长菁编写专题一、二、三、五，陈玉梅编写专题四、六，佘春晓编写专题七，聂峥嵘编写专题八，陆海丽编写专题九。其中，唐长菁设计编写大纲和编写体例，负责全书的统稿工作，并在统稿过程中对全书的内容、体例和行文风格等进行了修改与完善。另外，郑敏、刘俊昌等也参与了本书的编写。

限于编者的水平和时间，本书难免存在不当之处，恳请使用本书的广大读者提出宝贵的意见与建议，以便修订时完善。

编　者
2023 年 10 月

目录
CONTENTS

上篇 礼仪篇

下篇　沟　通　篇

上篇 礼仪篇

专题一　礼仪导论

❀※❀※❀※❀※❀※❀※❀※❀※❀※❀※❀※❀※❀※❀※❀※❀

> 子曰："不知命，无以为君子也；不知礼，无以立也；不知言，无以知人也。"
>
> ——《论语·尧曰篇第三》

> 容貌、态度、进退、趋行，由礼则雅，不由礼则夷固僻违、庸众而野。故人无礼则不生，事无礼则不成，国家无礼则不宁。
>
> ——《荀子·修身》

学习目标

- 了解礼仪的含义和起源。
- 理解礼仪的基本原则。

技能目标

- 了解礼仪的分类。
- 掌握礼仪的操作。

案例导入

一块钱，还想买态度？

在某地一辆公共汽车上曾发生了一起乘客与乘务员之间的争吵。乘务员："往里走，塞在门口为哪样？"乘客："同志，态度好一点嘛!"乘务员："态度？态度几文一斤？"乘客："刚才我不是跟你说了嘛，我到前面一站就下车。"乘务员："我不也在跟你说吗，一块钱，你想要买什么态度？"

【分析】　中国有"礼仪之邦"的美称。在现实生活中，我们国家也一直倡导"文明礼貌十字用语"（"您好、请、谢谢、对不起、再见"），这既是人际关系和谐的"润滑剂"，也是尊重别人、尊重自己的客观要求，更是中华民族精神文明的具体体现。"文明礼貌十字用语"是服务性行业对顾客服务的基本态度。本案例中乘务员把态度与金钱联系在一起，表现出来的不仅是对乘客的不尊重，更重要的是，他(她)也贬低了自己，以金钱来决定对顾客态度的服务人员，是得不到别人的尊重的。

礼仪是文明民族的主要标志之一，也是民族文化的重要窗口。礼仪是现代生活中必不可少的一种交际手段和方式。人类从诞生那天起就开始了对文明与美的追求，礼仪展现了人类社会不断摆脱愚昧、落后的过程，同时，礼仪也是一个国家或民族进步、开放、发展的标志。作为有着五千年悠久文明的中华民族，礼仪文化更是灿烂夺目，别具一格。中华民族素有"礼仪之邦"的美誉，礼仪的存亡兴废对于我们的现在和将来都具有特殊的意义。

在社会愈发进步与发达、物质生活与精神生活愈发富足的今天，随着人与人之间、国与国之间的交流交往愈加频繁，礼仪深受国家、社会、企事业单位及学校等的重视。从个人修养的角度来看，礼仪可以说是一个人内在修养和素质的外在表现。从交际的角度来看，礼仪可以说是人际交往中适用的一种艺术、一种交际方式或交际方法，也是人际交往中约定俗成的示人以尊重、友好的习惯做法。

第一节　礼仪的基本知识

一、"礼仪"的字形演变及内涵

从"礼"与"仪"的字形演变及字意解释等角度出发，我们可以更深入全面地了解"礼仪"的内涵。

（一）"礼"

在殷墟的甲骨文中已经出现了"礼"字，写作"豊"，如图1-1所示。在甲骨文中"豊"的本字也念作 lǐ，其造字的本意是击鼓献玉，敬奉神灵。

甲骨文中的"豊"字由上下两部分构成，上部是两串由丝绳串起来、打着绳结的玉石，它也是甲骨文中的"玉"字，如图1-2所示。玉是古代祭祀中一种常用的物品，后来慢慢地发展成一种重要的礼器。由图1-2可以看出，"玉"字即甲骨文"豊"字上半部分的文字演变。

图 1-1　"礼"的甲骨文

甲骨文	金文	篆文	隶书	楷书	行书	草书	标准宋体
羊羊	丰丰	王	王	玉	玉	乙	玉

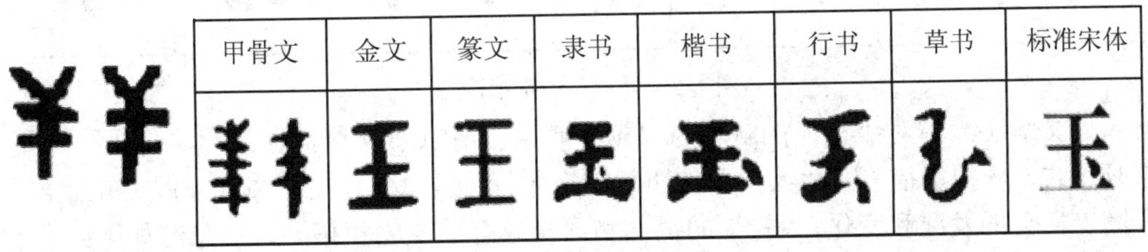

图 1-2　甲骨文"豊"字上半部分的文字演变

"豊"字的下半部分也是一个象形文字"壴"，如图1-3所示，在甲骨文中念 zhù。这个字的甲骨文上面的符号是"屮"，下面的符号是一个像豆状物一样的圆形，因此"壴"字的造字本意是用牛皮做成的鼓，即我们常说的有脚架的大鼓。如今"壴"字已经消失了，取而代之的是大鼓的"鼓"字。

	甲骨文				金文	篆文	楷书	标准宋体

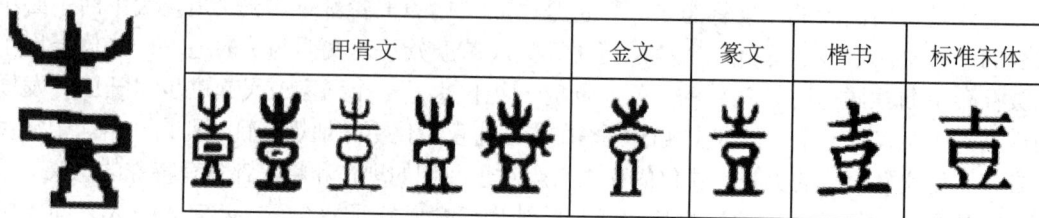

图 1-3　甲骨文"豊"字下半部分的文字演变

　　由以上对甲骨文"豊"字的构词分析可以看出,甲骨文中"豊"字由上玉下鼓构成,因此"礼"的本意为击鼓献玉,敬奉神灵。同时,"礼"在古代也是一种祭祀用的礼器。从汉字的演变可以看出,在金文、篆文和隶书中,"礼"的字形发生了一些变化。其一,原甲骨文中的"玉串"和"架鼓"演变成了"曲"字和"豆"字,同时字义也发生了一部分变化,"曲"本意为甜酒,金浆玉醴,而"豆"本意为装食物的高脚器皿,同时它也是一种常用的青铜礼器。由"礼"字的字形演变可以看出,原甲骨文中玉和鼓的形象消失,取而代之的是曲和豆。祭祀玉石换成了美酒和佳肴,而大鼓则换成了礼器和食器。其二,在"礼"的左边加了一个偏旁"示",意为天神以天像显露天意,祈祷上天的福佑,以此突出"礼"的祭祀及祭拜含义,如图 1-4、图 1-5 所示。

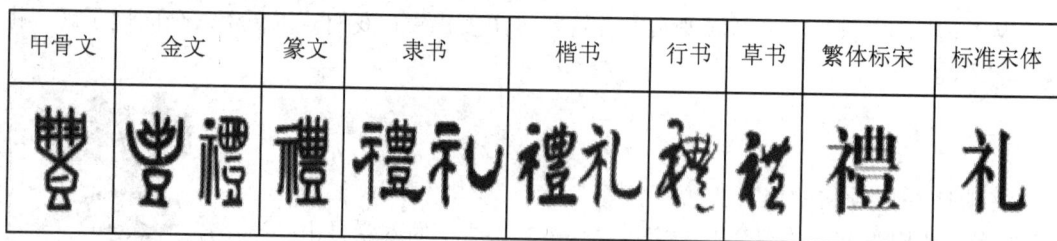

甲骨文	金文	篆文	隶书	楷书	行书	草书	繁体标宋	标准宋体

图 1-4　"礼"的字形演变

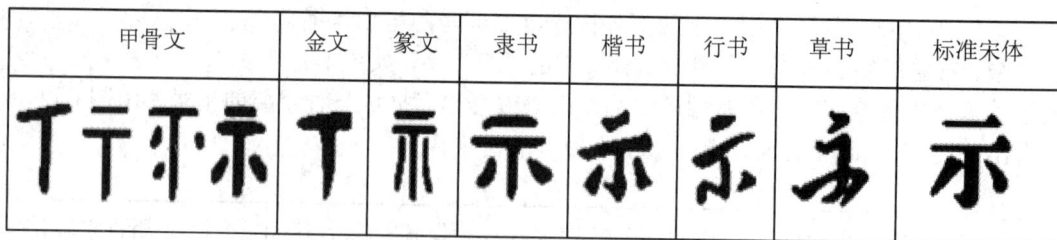

甲骨文	金文	篆文	隶书	楷书	行书	草书	标准宋体

图 1-5　"示"的字形演变

　　《说文解字》中对"礼"的解释为"禮,履也,所以事神致福也。",即"礼"需要履行祭拜仪式,求神赐福,因此人们要按照礼制来履行,所以礼仪之行贵在实践、知行合一。如今随着社会的发展和变化,"礼"的词性和词义也有了变化和拓展,现总结如下:

　　第一,动词(本义),意为击鼓奏乐,奉献美玉、美酒,祭祀祖先神灵,如"礼拜天";

　　第二,动词,意为尊敬、厚待,如"礼宾""礼貌""礼让";

　　第三,名词,表示敬重的礼品,如"礼物""彩礼""礼金";

　　第四,名词,敬重的态度、言行、道德规范等,如"礼俗""礼节";

　　第五,名词,维持社会秩序与人际关系和谐的规范与准则,为词性的引申,如"婚礼""典礼"。

(二) "仪"

"仪"的本字为"義"(后为"义"),其在甲骨文和金文中都是"義"字,但在篆文及之后的字体中加入了人字旁,即演变为"儀",因此在古代"義"(义)和"儀"二字是通用的。如图 1-6 所示,"儀"的甲骨文由两部分构成,上部为象形字"羊",其含义代表着吉祥,下半部分是"我",在甲骨文中"我"是一种有着非常多利齿的武器,因此"我"的本意为手持大戉,呐喊示威。

图 1-6 "义"的甲骨文

"儀"的造字本意为战争出征前的庄严仪式、典礼,同时也用于祭祀和占卜,主要用来预测战争的凶吉、祈祷神灵的福佑等。《说文解字》中对"儀"的解释为"威仪",是威武的出征仪式。另外,简体"仪"字的右部有一个"义",它也表示杀戮,因此也表示"仪"字与战争有联系。图 1-7 为"仪"的字形演变。随着社会的发展和变化,"仪"的词性和词义也有了变化和拓展,总结如下:

第一,名词(本义),意为程序严格、隆重的典礼,如"仪式";

第二,名词,意为正规的着装与整洁的外表,如"仪表""仪态";

第三,动词,表示倾心、向往,如"心仪已久";

第四,名词,按一定程序操作的设备,如"仪器"。

甲骨文	金文	篆文	隶书	楷书	行书	草书	繁体标宋	标准宋体

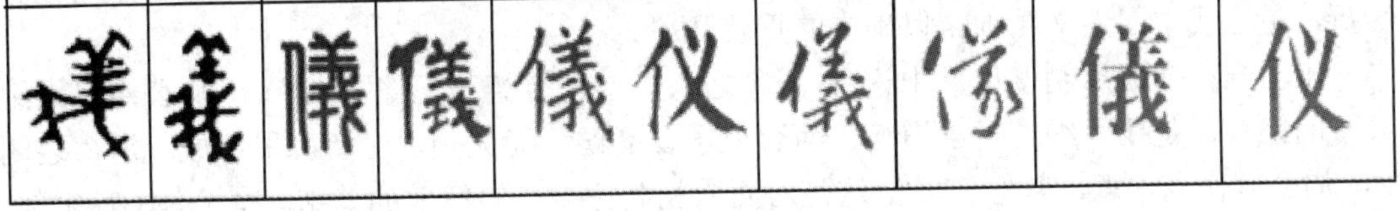

图 1-7 "仪"的字形演变

(三) "礼仪"

"礼仪"二字最早出自先秦《诗经·小雅·楚茨》,是一首描写周王祭祖祀神的乐歌。全诗分为 6 章,共有 72 句,"礼仪"共出现 2 次,第一次出现主要描写人们的言谈举止("礼仪卒度,笑语卒获"),第二次出现是指祭祀的程序仪式("礼仪既备,钟鼓既戒")。

关于"礼仪"的理解,做如下总结:

"礼"和"仪"相互依存、缺一不可。"礼仪"源于祭祀,表达尊敬。

"礼"是思想,是灵魂,是内心深处的德仁,主要用来表达敬人,因此,"礼"是内化的德行，是伦理道德与修养。"礼"需要借由形式表达出来。

"仪"是形式，是"礼"的外壳，"仪"主要用来律己，它是言谈举止与行为规范，"仪"直观、易学，但必须有思想作为灵魂与支撑。

由以上对"礼""仪"及"礼仪"的分析，我们可以将"礼仪"的内涵归纳总结为四个方面：源于祭祀，表达尊敬；注重仪式，藏于礼器；赋予道德，形成礼制；两大要素，德行合一。

二、礼学源流

（一）礼神时代

著名学者王国维指出，甲骨文的"豊"字，像两串玉放在器皿中，用以向鬼神行礼。殷商时代的贵族非常崇拜鬼神，《礼记·表记》中说："殷人尊神，率民以事神，先鬼而后礼。"殷人祭祀的名目有数十种之多，仪式也相当繁复。因此，礼的要素在殷商时代就开始慢慢形成和发展了，包括礼法、礼器、礼义等。殷商时期的礼法已经相当细密，礼器的种类很多，也非

图 1-8　殷商礼器

常精美。图 1-8 所示即为殷商时期的礼器。殷商时期，人们崇尚鬼神，所以殷商礼仪主要通过礼器与牲酒来表达人们对鬼神的敬意。祭祀的名目越是繁多，用牲的数量越是庞大，表明神明占据的空间越大；而神明占据的空间越大，则人文精神的空间就越小，其原始性也就越强。因此殷商正处于礼神时代，尚未形成严格意义上的礼。

（二）礼制时期

作为古代中国杰出的政治家，周公提出了"明德慎罚"的治国纲领，即对民众要倡导德行，慎用刑罚。也就是说，要靠人性化的政策来实现国家的长治久安，要靠道德来赢得民心。为了保证这一理念的实施，他制定了礼的一系列典章制度，包括政治制度、道德标准和行为准则等，史称"周公制礼作乐"。周公制礼作乐，实现了从鬼神之道向人道的伟大转折，是古代中国人文精神得以确立的重要开端。

王国维在《殷周制度论》中说："殷周之兴亡，乃有德与无德之兴亡。"周公用以纲纪天下的宗旨，是要"纳上下于道德，而合天子、诸侯、卿大夫、士、庶民以成一道德之团体，周公制作之本意，实在于此"。这是对西周礼制特点最为精辟的总结。周代的所有礼制，或者说典则、仪则，都必须按照道德要求来制定，都必须反映道德精神。为此，政治家都将礼作为道德判据，当时的许多政治家的言论将礼与德、仁、义、忠、信等相联系，甚至视为"天经""地义"的同义词、治国的大经大法，不可须臾或离。例如，《左传》中叔向说："会朝，礼之经也；礼，政之舆也；政，身之守也。怠礼，失政；失政，不立，是以乱也。"《左传》中还常用"礼也""非礼也"作为鉴定典制是否合理的最经典的判词。故此，西周与春秋被定义为道德礼制的时期。

（三）缘情制礼时期

春秋末期，王纲解纽，礼崩乐坏，群雄争霸，陪臣执国命，被利益和欲望所驱使，人

们的精神世界已走向涣散、无序的境地，一切都失去了规范。严峻的现实使儒家陷入深思：周公创立的礼乐文化如何捍卫？推动社会健康发展的精神力量究竟何在？

孔子周游列国，希冀说服诸侯回到西周的道德礼制上，却无功而返，于是集中精力教授学生，希望他们能完成自己未完成的事业。孔子把"仁"作为最高的道德境界，而"仁"与"礼"密不可分。何为"仁"？孔子说："克己复礼为仁。"（《论语·颜渊》）。也就是说，克制自己的私念，回到礼的要求上来，就是仁了。孔子关于礼乐的谈论很多，核心思想是希望回到周公的道德礼制。至于礼对于人生的意义何在，礼与人性、人心的关系如何，孔子并没有详细地论述。孔子去世后，子思及其门下弟子对孔子的礼学思想进行了深入的发掘，并做了精彩的阐述。

子思姓孔，名伋，是孔子的学生，也是孔子的孙子。子思是孔子最重要的传人之一，他创立了子思学派，他的作品曾结集为《子思子》一书，该书共有23篇。此书中的《中庸》《缁衣》《表记》《坊记》4篇被收入《礼记》，保存至今。其中，《中庸》一篇奠定了儒家心性学说的基础，影响最大。子思学派最重要的理论创新乃是提出了"礼作于情"的理论，并将礼与天道、命、性、情、心、志等相联系。礼乐思想的核心是从内到外解决人性与道德相一致的难题。

从商代的敬鬼神之礼到西周以道德为核心的礼制，再到东周以心性学说为基础的礼乐思想，是先秦之礼的三个主要阶段。东周礼乐思想的形成，使礼走入理论之域，成为严格意义上的学术，是中国学术史和思想史上的重大事件。

三、礼仪的概念

自古以来，中国人称自己的国家是"礼仪之邦"，礼是古代中国人文精神的集中体现。在西方语言中没有"礼"的同义词，它是整个中国人世界里一切习俗行为的准则，标志着中国的特殊性。礼是一个家庭的准则，管理着生死婚嫁等一切事务和外事；同样，礼也是一个政府的准则，统辖着一切内务和外交，如政府与人民之间的关系，征兵、签订合约和继承王权等。另外，在人们的社会交往过程中，礼也表现为一系列约定俗成的方式和行为习惯。礼是什么？怎样才能准确地理解"礼"的深刻含义？以下将从中国传统文化与传统人文精神的七个角度进行阐述。

(1) 礼是人类区别于禽兽的标志。《礼记·曲礼上》中说："鹦鹉能言，不离飞鸟。猩猩能言，不离禽兽。今人而无礼，虽能言，不亦禽兽之心乎？"于是，就有圣人制定了礼仪，用来教育人，要人们自觉地与禽兽区别开来。可见，中国人区分人和动物的标准在于是否懂礼。因此，《礼记》中说："人之所以为人者，礼义也。"

(2) 礼是自然法则在人类中的体现。先贤在制定礼的时候，贯穿了仿效自然法则的理念。中国人信奉天人合一，认为人道源于天道。《礼记·礼运》中说："夫礼必本于天，动而之地，列而之事，变而从时，协于分艺。"其把礼的法则上溯到天地，寻求其正当性与合法性。既然天道无穷，对礼的遵循也应该保持不辍，这样人类社会才能在天地和谐之中保持朝气，蓬勃向前，民众才能老有所安，壮有所用，幼有所养，各得其乐，各适其性。

(3) 礼是文明与野蛮的区别。世界各地的人类走向文明的时间有先有后，但都会经历蒙昧、野蛮、文明的阶段。那么，区分文明民族与野蛮民族的标准又是什么呢？不同的学者有不同的说法，而中国人自古以来就是用"礼"作为标准来区分的。韩愈认为《春秋》这部书是用"礼"来"严夷夏之别"。"夏"指中原的华夏族，在当时，文明的程度最高；"夷"则是指华夏族周围的少数民族，具体来说，就是东方的"夷"、南方的"蛮"、西方的"戎"和北方的"狄"。中原地区文明发达，礼制健全，而"四夷"有的还处于游牧民族阶段，甚至过着茹毛饮血的生活，生活没有保障，经常到中原来掠夺。因此，韩愈说："孔子之作《春秋》也，诸侯用夷礼则夷之，进于中国则中国之。"意思是，夷狄与中原诸侯杂处，有一个谁改变谁的问题，如果夷狄进而学习了中原礼仪，在文化上达标了，我们就应该"中国之"，将其视为中原诸侯的一员，不加歧视；反之，抛弃中原礼仪，就只能"夷之"，视为夷狄之邦了。

(4) 礼是国家典制。谈到现代礼仪，大家通常会在第一时间想到握手、递名片、问好等。其实礼的范围极其广泛，连国家的典章制度都属于礼，人们常说的"周公制礼作乐""礼崩乐坏"，这里的礼都是指国家的纲纪、大经大法。此外，各种具体的制度也属于礼的范畴，周代实行分封制度，天子之下有诸侯，诸侯之下有卿大夫，形成不同的隶属关系，而保证这种关系正常发挥作用的就是礼。在中国古代，祭祀是最重要的文化现象之一。祭礼是举国上下都有的制度，只是祭祀的对象、级别有所不同，但无论是谁，都要求诚敬、洁净，对祭祀者的身份、服装、言辞、容貌等都有非常严格的规定，以确保祭祀的效果。

(5) 礼是社会伦理秩序。人类社会是复杂的，各色人等在利益面前如何和谐相处，这是一个很大、很难的课题。儒家把纷繁的社会角色归纳为夫妇、父子、兄弟、君臣、朋友等五种，认为这是人类社会永恒的，也是最基本的伦理关系，称为"五伦"或"五常"。有夫妇，才有父子；有父子，才有兄弟；然后才有君臣、朋友。把这五种关系处理好了，社会就和谐了。儒家规定处理伦常关系的原则是：夫妇有别，父子有亲，长幼有序，君臣有义，朋友有信。而这一系列原则都是通过"礼"来展现的。

(6) 礼是人际交往的方式。礼是人际交往的方式这一点并非中国独有，世界各国皆然。人与人交往，彼此如何称呼、如何着装、如何迎送、如何对答等，都有礼的规定。我国在西汉时期，官方就设有专门的机构，负责各地相关官员的礼仪培训。在正式场合，人的一举一动都折射出一个人的教养。孔子说："不学礼，无以立。"没有礼貌就没有教养、没有文化。人际交往的规范在《礼记》《仪礼》等书中有很多记载。交往时，礼的核心就是要表达对对方的敬意，所有的细节都是为了展现这一主题。古人通过尊重对方来得到对方的尊重。

(7) 礼是社会一切活动的准则。礼是全社会共同尊奉的准则，是人们的行为规范，它对社会非常重要。《礼记·曲礼》中说："道德仁义，非礼不成。教训正俗，非礼不备。纷争辩讼，非礼不决。君臣、上下、父子、兄弟，非礼不定。宦学事师，非礼不亲。"意思是：道德仁义再好，没有礼就落实不到实处；教育训导，端正民俗，没有礼就不成体系、无法完备；发生纠纷诉讼，没有礼就不能判定是非；君臣、上下级、父子、兄弟之间，没有礼就不能确定尊卑、亲疏；学习为官，奉事老师，不懂礼貌就不能亲近。因此有道德的君子一定会恭恭敬敬，克己自守，谦逊礼让，以昭明礼。礼要求内心诚敬，否则就是徒具形式的虚礼。

礼仪是人际交往过程中的外在表现形式与规则的综合。以上是从中国人文精神和历代典章及行为准则等方面阐述的礼仪的内涵。在当今社会，随着时代的发展与进步，人们对礼仪重新进行了文化审视和理性思考，吸取了西方文明的优秀成果，使中西方文化和中西方礼仪有机地交融，并逐步完善和发展。

因此，准确和通俗地解释礼仪，其内涵就是在人际交往中自始至终地以一定的、约定俗成的程序和方式来表现的律己与敬人的完整行为，主要由礼貌、礼节、仪式礼仪、礼宾礼仪四大部分构成。本书将礼仪的内容等通俗地解释为两大规矩：做人的规矩与做事的规矩。我们要同时做到"德辉动于内，礼发诸于外"（《礼记》），在心为德，外化为礼。

(1) 礼——做人的规矩。做人要"在心为德"，注重"德与敬"，"德辉动于内"，即人的内心要重视礼，才能真正做到尊重礼。礼主要包括礼貌与礼节，其体现了个人的修养与教养。

① 礼貌。礼貌是指在人际交往中，通过语言、动作向交往对象表示谦虚和恭敬。礼貌侧重于表现人的品质和修养，是人们在相互交往过程中应具有的相互表示敬意、友好的得体的气度和风范。

② 礼节。礼节通常是指人们使用于交际场合的相互尊重、友好的惯用形式。礼节实际上是礼貌的具体表现方式，是人们在社会交往过程中表示出的尊重、祝颂、致意、问候、哀悼等惯用的形式和规范。

(2) 仪——做事的规矩。注重"礼发诸于外""外化为仪"，不仅要心中有礼，还要表现出来，让大家看到、感受到，才能真正做到礼与仪的和谐统一。其中包括仪式礼仪与礼宾礼仪。仪式礼仪与礼宾礼仪是在人际交往中规定的一些做事的方式、程序、规范、次序等，是我们必须要遵守的一些规范。

① 仪式礼仪。仪式是指行礼的具体过程或程序，它是礼仪的具体表现形式。仪式是一种比较正规、隆重的礼仪形式，是在特定场合举行的、具有专门程序的、规范化的活动仪式。人们在社会交往过程中或在组织开展各项专项活动的过程中，要经常举办各种仪式，以体现对某人或者某事的尊重、重视或者纪念等，如颁奖仪式、签字仪式、开幕仪式、剪彩仪式、奠基仪式、升旗仪式等。

② 礼宾礼仪。礼宾是指按一定的礼仪接待宾客(多用在外交场合)，也包含了各种大会的安排、接待等系列工作。它通常在外交活动中尤其在外事活动中从礼宾次序礼仪中体现出来。所谓礼宾次序，是指国际交往中对出席活动的国家、团体、各国人士的位次按某些规则和惯例进行排列的先后次序。礼宾次序体现了东道主对各国宾客所给予的礼遇；在一些国际性的集会上礼宾次序表示各国主权平等。礼宾次序安排不当或不符合国际惯例，则会引起不必要的争执与交涉，甚至影响国家之间的关系。因此在组织活动尤其涉外活动时，对礼宾次序应给予足够的重视。

第二节　礼仪的特点与基本原则

一、礼仪的特点

(一) 传承性

每个国家的礼仪都有自己的特色，其当代礼仪都是在本国古代礼仪的基础上继承与发展起来的。离开了本国、本民族的礼仪成果的传承与扬弃，现代礼仪就不可能形成。作为一种人类文明的积累，现代礼仪将一些风俗习惯、行为规则和规矩固定下来，流传下去，并逐渐形成自己的民族特色。

(二) 规范性

礼仪是人们在社会交往中待人接物的根基与基本的行为规范。这种规范性是一种社会"通用语言"，是人们在社会交往中衡量他人、判断自己是否自律、敬人的一种尺度，它约束着人们在交际场合的一言一行、一举一动，使之合乎礼仪。人们只有在交际场合遵守合适的礼仪规范，才能表现出自己的素质、道德修养与专业水准。

(三) 变化性

礼仪是社会历史发展的产物，具有鲜明的时代特点。每种礼仪规范都有其产生、形成、演变、发展的过程。社会的发展、历史与人类的进步要求礼仪推陈出新，与时代同步，以适应新形势下的新需求。与此同时，随着世界经济的国际化倾向，各国、各地区、各民族之间的社会交往、商务交往、政治交往日益密切，其各自的礼仪规范不断地相互影响与渗透，不断地融合并被赋予新的内容，以适应人类的需求。

(四) 可操作性

礼仪在社会生活、工作与交际场合的使用并非纸上谈兵、空洞无物、夸夸其谈、故弄玄虚，而是既有总体上的礼仪原则、礼仪规范，又有具体的细节、方式与方法。在社会生活和人际交往中，礼仪需要切实有效、实用可行、易学易用、便于操作。礼仪要"言之有物，行之有法"，便于人们将礼仪"学以致用"于社会生活、工作的各个方面。

二、礼仪的基本原则

(一) 敬人

子曰："礼者，敬人也。"在礼仪中，"敬"是核心，是重点与灵魂。所谓敬人，就是要求人们在人际交往中与交往对象要互谦互让，互尊互敬，友好相待，和睦共处，要做到互相尊重。金正昆教授曾指出：尊重上级是一种天职，尊重下级是一种美德，尊重客户是一种常识，尊重同事是一种本分，尊重所有人是一种教养。在人际交往中，待人接物的核心就是敬人，处处不可失敬失礼，不可伤害他人的个人尊严与侮辱对方的人格，要做到互尊互敬。

(二) 律己

从整体而言，礼仪是由律己与敬人两大部分构成的，即礼仪规范由对待自身的要求与对待他人的做法两大部分构成。律己(即对待自身的要求)是礼仪的基础和出发点。学习礼仪，首先需要自我要求、自我约束、自我控制、自我反省、自我对照、自我检点，做到"慎独"，这就是礼仪的自律原则。"己所不欲，勿施于人。"学习礼仪首先要对自己严格要求，只求诸人，不求诸己，礼仪就无从谈起。

（三）宽容

古人云："君子尚宽。"在人际交往中运用礼仪规范时，既要严于律己，更要宽以待人。宽容是中华民族的传统美德，我们要了解宽容，学会宽容，多容忍他人、体谅他人、理解他人。生活中许多事当忍则忍，当让则让。忍让和宽容不是怯懦胆小，而是关怀体谅。忍让和宽容是奉献，是智慧，是建立人与人之间情感的法宝。经历一次宽容，就会获得一次人生的历练；经历一次宽容，就会打开一道爱的大门。

（四）平等

在礼仪的具体操作过程中，允许因人而异，即根据不同的交往对象，采取相应的具体的方法。在礼仪的核心"敬人"的基础上，对待任何交往对象都要一视同仁，给予同等程度的礼遇，不因交往对象彼此之间在年龄、种族、性别、文化、身份、职业、财富、地位等方面有所不同而区别对待，给予不同的待遇。

（五）真诚

礼仪中的真诚原则就是要求待人以诚、诚实无欺、表里如一、言行一致，只有如此，才会更好地被对方所理解和接受。反之，如果把礼仪作为一种道具或者伪装，在具体操作时心口不一、言行有异、弄虚作假、投机取巧，或者当面一种做法，事后另外一种做法，或有求于人时一个样，被人所求时另外一个样，都有悖于礼仪的基本宗旨。

（六）适度

适度原则要求在运用礼仪时，为保证取得成效，必须注意技巧，合乎规范，尤其要注意待人接物或处理事务时把握分寸、认真得体。因为凡事过犹不及，做得过了头或者做得不到位，都不能正确地表达自己的自律与敬人之意。当然，要将礼仪真正做到恰如其分、恰到好处，需要人们在实践中多揣摩、多观察、多训练。"礼之用，和为贵"，过犹不及。学礼仪的目的是让他人和自己舒服、愉快，要学会变通。在人与人的交往中，最恰当的距离是：互不伤害，但彼此却相互温暖。

（七）从俗

"千里不同风，百里不同俗。"由于国情、文化、背景等存在差异，人们在人际交往和工作中要对这一客观现实有正确的认知，必要时要做到"入乡随俗"，与绝大多数人的习惯做法保持一致，切勿目中无人，自以为是，指手画脚，随意批评，否定他人的习惯做法。遵守从俗原则会使人们在社会工作和生活的交往中对礼仪的应用更加得心应手。

（八）互动

互动有两层含义：一是要求人们主动进行换位思考，换位思考的基本点是要求人们体谅对方的感受，站在对方的角度去理解、思考问题；二是要求人们在社会交往中主动做到以对方为中心，即不允许无条件地以自我为中心，要做到想他人所想，以便更好地为自己与他人的交往打下良好的基础。

第三节　礼仪的学习与操作

一、坚持正确的理念

理念,即有关某一事物的基本观念。在人际交往中,人们的思维方式通常决定其行为方式。一般而言,礼仪都应以尊重为基本理念,在具体操作时,这一基本理念又体现为以下两点。

(一) 摆正位置

在社会交往中,每个个体都拥有自己的具体位置,而且自己的位置还会不断地发生变化。在礼仪的具体操作过程中,人们都要明确自己的具体位置,各就各位,切勿错位和越位。

(二) 调整心态

在社会交往中,人们不仅需要智商,还需要情商。所谓情商,是指一个人适应环境、与人合作、有效沟通的能力。在具体处理人际关系、待人接物、运用礼仪时,人们均应自觉地进行心态调整,即以正确的态度对待他人、工作与生活。因为态度往往决定一切。

二、掌握有效的方法

一般而言,在具体操作礼仪时有效的方法主要涉及"有所为"与"有所不为"两个层面。

(一) 必须尽力"有所为"

"有所为"是指在具体操作礼仪时,需要了解"如何做",哪些"应该做"或者"如何做得更好"。例如,在某个场合应该怎样讲话、怎样办事才更符合自己的身份、地位和角色。

(二) 必须明确"有所不为"

"有所不为"是指在具体操作礼仪时,要注意"不能做什么"。例如,在进行某项沟通中不能说什么,禁止说什么等;在待人接物时不能做什么事等。交往中不出现差错,即可"问题最小化",即自己不出差错和洋相,还可以避免失礼于他人。

因此,在礼仪操作过程中,"有所为"是人们在社会交往和工作生活中要努力的目标;"有所不为"则是人们需要时时注意、必须力戒的。

第四节　学习礼仪的意义

(1) 有助于提高自身修养。

在社会交往中,礼仪的应用往往是衡量一个人文明程度的标尺。它不仅反映着一个人的交际技巧和应变能力，还反映着一个人的气质风度、精神风貌、道德修养、阅历见识。因此，从这个意义上讲，礼仪体现着人们的个人教养。换言之，通过一个人运用礼仪的程度，可以察知其教养、文明与道德水准。由此可见，学习、运用礼仪有助于提高个人修养，有助于"用高尚的精神塑造人"，真正提高现代人的文明程度。

(2) 有助于美化自身、美化生活。

"礼仪者，尊卑之仪表也。"个人的礼仪形象实际上是一个人仪容、仪表、举止、谈吐、服饰、教养的集合，而这些都属于礼仪的具体内容，因此学习礼仪能有益于人们更好、更规范地设计、维护个人形象，可以更充分地展示个人良好的教养与优雅的风度。礼仪可以美化自身这一功能是非常明显的。当个人重视美化自身、大家互相都以礼相待时，人际关系将更加和谐，生活会变得更加美好和温馨，即通过美化自身发展为美化生活。

(3) 有助于提高职业水准。

在现代商务场合，国际化的大企业对礼仪都有着极高的要求，尤其注重商务礼仪规范，这些企业希望通过礼仪规范来表现出企业的整体素质。人们在工作场合或商务场合遵守相应的礼仪规范，不仅可提升个人的职业成熟度，还能提高自己的职业修养，并使之固化为习惯，同时能培育出整体的高素质职场环境和氛围，提升企业与个人附加价值，从而获得良好的社会公众评价。

(4) 有助于净化社会风气。

一般而言，人们的教养反映其素质，而素质又体现于细节，细节决定着成败。礼仪是人类文明的标志之一。一个国家、一个单位、一个人的礼仪水准如何，反映出这个国家、单位和个人的文明水平和整体素质。古人云："礼义廉耻，国之四维。"古人将礼仪列为立国的精神要素之本。荀子说："人无礼则不生，事无礼则不成，国家无礼则不宁。"同样，在日常社会交往中，没有良好的礼仪，其余的一切成就都会被人看成骄傲、自负、无用和愚蠢。

因此，在社会工作与生活中遵守礼仪规范，将有助于净化社会空气，提升个人乃至全社会的精神品位。

知识拓展

古 人 说 礼

• 不学礼，无以立。

——《论语·李氏》

• 礼尚往来。往而不来，非礼也；来而不往，亦非礼也。

——《礼记·曲礼上》

• 夫人必知礼，然后恭敬，恭敬然后尊让。

——《管子·五辅》

• 君子以仁存心，以礼存心；仁者爱人，有礼者敬人。爱人者人恒爱之，敬人者人恒敬之。

——《孟子·离娄下》

- 凡人之所以贵于禽兽者，以有礼也。

——《晏子春秋·内篇谏上二》

- 无恻隐之心，非人也；无羞恶之心，非人也；无辞让之心，非人也；无是非之心，非人也。

——《孟子·公孙丑上》

- 国尚礼则国昌，家尚礼则家大，身尚礼则身正，心尚礼则心泰。

——颜元

专题小结

　　本专题着重介绍了礼仪的基本概念、礼学的起源、礼仪的基本原则以及学习礼仪的意义。要学习礼仪，首先要深入理解礼仪的深刻内涵，了解中国古圣先贤对礼仪的阐述，这样才能从深层次去学习礼仪、操作礼仪、实践礼仪。

思考题

1. 在礼仪的操作中，如何理解"有所为，有所不为"？
2. 大学生学习礼仪的意义何在？
3. 请举出你身边不符合礼仪的三个例子，分析其问题所在并提出改进措施。

专题二 形象礼仪

人的一切都应该是美的，面貌、衣裳、心灵、思想。

——契诃夫

从仪态了解人的内心世界、把握人的本来面目，往往具有相当的准确性和可靠性。

——达·芬奇

学习目标

- 了解仪容、仪表、仪态礼仪的要求。
- 理解形象设计的原则。
- 提升对美的感知。

技能目标

- 熟练掌握妆面的定位。
- 学习服装的选择、首饰的搭配、发型的转变等。
- 独立完成所有生活类化妆的整体造型设计，为将来的职业需求打下良好的基础。

案例导入

有一次，我去参加一个宴会，一个女孩子的穿着打扮把我看晕了。她戴了四枚戒指：一枚绿色的翡翠戒指，一枚黑色的玳瑁戒指，一枚咖啡色的玛瑙戒指，一枚玫瑰金色的金戒指。她的耳环也有两组颜色：一紫一蓝。对方很自信地问我："好看吗？"我说："你听真话还是假话？"

她说："啥意思？"我说："那就跟你简单说吧，你这东西都是好东西，但搭配在一起并不好看！远看像棵圣诞树，近看像个杂货铺。你戴的饰物质杂色乱，串了味了！"

【分析】 形象其实就是指一个人的穿着打扮和言谈举止。穿着打扮要注意同质同色原则，搭配要协调。

　　心理学研究发现，与一个人初次会面，45 秒内就能产生第一印象。第一印象中外表占 55%(种族、年龄、性别、身高、体重、肤色、形体语言、衣着和打扮)，说话的声音与方式占 38%，表达的内容仅占 7%。

　　首因效应是由美国心理学家洛钦斯首先提出的，也称为首次效应、优先效应或第一印象效应，是指交往双方形成的第一次印象对今后交往关系的影响，也即"先入为主"带来的效果。

　　通常人们习惯依据性别、年龄、体态、姿势、谈吐、面部表情、衣着打扮等判断一个人的内在素养和个性特征。因此，在日常与他人初次交往时，一定要给对方留下美好的印象。要做到这一点，首先要注重仪表风度。一般情况下，人们都愿意与衣着干净整齐、落落大方的人接触和交往。

第一节　仪容礼仪

　　仪容通常是指人的自然外观或外貌。在人际交往中，每个人的仪容都会引起交往对象的特别关注，并将影响到对方对自己的整体评价。仪容美通常有以下具体要求：

　　(1) 自然美。自然美是指仪容的先天条件好，天生丽质。尽管以貌取人不合情理，但先天美好的仪容相貌无疑会令人赏心悦目。

　　(2) 修饰美。修饰美是指依照审美要求与个人条件，对仪容进行必要的修饰，扬长避短，给对方留下良好的印象。

　　(3) 内在美。内在美是指通过努力学习，不断提高个人的文化、艺术素养和思想、道德水准，培养出自己高雅的气质与美好的心灵，使自己秀外慧中，表里如一。

　　真正意义上的仪容美，应当是上述三个方面的高度统一。忽略其中任何一个方面，都会使仪容美失之偏颇。在这三者中，仪容的内在美是最高的境界，仪容的自然美是人们的心愿，而仪容的修饰美则是仪容礼仪要关注的重点。要做到仪容修饰美，自然要注意修饰仪容。修饰仪容的基本要求是干净、整洁、卫生。

一、仪容的基本要求

(一) 干净——没有尘土，无污染，无污垢等

1. 洗脸

　　洗脸是每个人每天都需要做的清洁步骤，通过清洁面部可以使皮肤尽可能干净、卫生，为脸部皮肤提供良好的生理条件。正确的洗脸方法可以使面部血液循环加快，加速有害物质的排解。正确的洗脸方法：第一，洗脸前先洗手；第二，用温水洗脸；第三，选择温和的洁面产品；第四，手法温柔；第五，彻底冲洗干净；第六，及时擦干，并涂抹保湿产品。注意清洗脖后、耳后，绝不能让它们成为藏污纳垢的地方。洗脸的顺序是先从多油垢的 T 形区(如图 2-1 所示)洗起，接着是鼻子和下

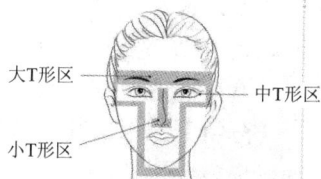

大T形区
中T形区
小T形区

图 2-1　T 形区

巴，然后再洗面颊与眼部四周，最后清洗耳部、颈部、发际及额头等。

2. 洗头

每周至少洗头 2～3 次，只有坚持经常洗头，方可确保头发不粘连、不板结、无头屑、无汗味等。

3. 洗澡

洗澡可以除去身上的灰尘、油垢和汗味，使人精神焕发。

4. 清洗分泌物

不管什么时候，都要注意清洗分泌物。首先，去除眼角的分泌物——眼屎，眼镜片上的多余之物也要及时去除。其次，在外出上班或出席活动之前，要检查一下鼻孔内有无鼻涕，若有，应及时清除。再次，去除耳孔的分泌物。虽然它不容易被人看到，但也不要忘记将其清除。最后，去除口腔的多余物。口角周围的唾液、食物残渣和牙缝间的牙垢，必须及时清除。

(二) 整洁——整齐清洁，不脏乱，不邋遢

1. 剃须

男性最好每天坚持剃一次胡须，除了具有宗教信仰或风俗习惯者之外。如果不剃胡须，任其生长，在社交场合过于邋遢、随意的形象是对交往对象不尊重的表现。

2. 修剪鼻毛与耳毛

在人际交往中，偶尔有一两根鼻毛或者耳毛露出来，会破坏他人对自己的良好印象。如果鼻毛过长，可以用小剪刀剪短，不可在他人面前用手直接拔。

3. 遮掩腋毛

腋毛在视觉中不美观，也不雅观，女性在社交活动中应有意识地避免选择会使腋毛外露的衣服，如背心、无袖装等。如果穿着腋窝外现的服装，必须先剃去腋毛，以免影响形象。另外，身体的异味也会令人反感，不要让人一靠近就被一股怪味吓走。如果有狐臭问题，应及时治疗或使用药水。经常洗澡，勤换内衣，也是防止身体产生异味的主要办法。

4. 遮掩腿毛

在社交和公务活动中，男性不应穿短裤，不应挽起长裤的裤管。女性在穿裙装和薄丝袜时，若腿毛有可能透露出来，可事先将其剃掉。

(三) 卫生——讲究清洁，预防疾病

1. 手部清洁

手部清洁包括以下两个方面：

(1) 洗手。在日常生活中，手是接触他人、物体最多的部位，从清洁、卫生、健康的角度，应按照专业洗手法清洗双手，如图 2-2 所示。洗手不应只在饭前便后，应当在一切有必要讲究卫生的时候。

(2) 修剪手指甲。首先，把手浸泡在温热的肥皂水中，洗净嵌在指甲下的污垢。然后，将指甲修剪得自然圆滑而又具有规则的外形。接着，去除手指甲沟附近的死皮。最后，用护手霜使指甲周围的皮肤保持湿润和光滑。手指甲最好每周修剪一次，指甲长

度通常不应长过手指指尖。需要注意的是，不能在公共场合修剪指甲，这是很不文明的行为。

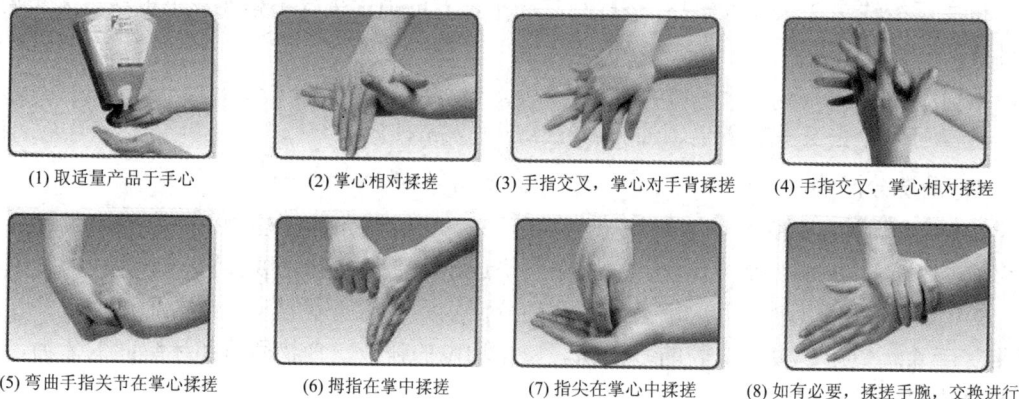

(1) 取适量产品于手心　(2) 掌心相对揉搓　(3) 手指交叉，掌心对手背揉搓　(4) 手指交叉，掌心相对揉搓

(5) 弯曲手指关节在掌心揉搓　(6) 拇指在掌中揉搓　(7) 指尖在掌心中揉搓　(8) 如有必要，揉搓手腕，交换进行

图 2-2　专业洗手法

2. 口腔卫生

牙齿是口腔的门面，应按照正确的刷牙方法(如图 2-3 所示)坚持每天刷牙，以消除口腔异味。日常刷牙和保洁要做到"三个三"原则：三顿饭以后都要刷牙；每次刷牙不低于三分钟；刷牙时间要在每次饭后的三分钟之内。预防口腔疾病就应该定期洗牙。口腔卫生习惯较好的人，大约一年需要洗一次牙；口腔卫生较差者，半年就需要洗一次牙。

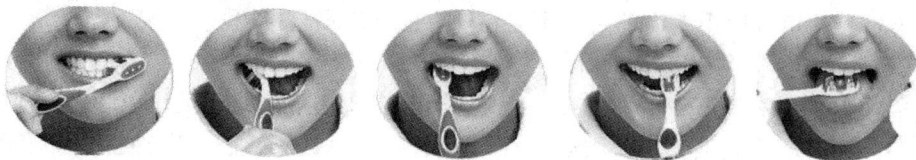

图 2-3　正确的刷牙方法

导致口腔异味的原因很多，如龋齿、消化不良或吃辛辣食品都会产生口臭。首先，要养成平日不吃生蒜、生葱和韭菜等带刺激性气味食物的习惯。如果吃了，可尝试用一些方法解决异味，如嚼口香糖、茶叶、红枣，或者用一片柠檬擦拭口腔及舌头，或者用水漱口等。其次，尽量少抽烟，不喝浓茶，否则天长日久，牙齿表面就会出现一层烟渍和茶锈，牙齿变得又黑又黄。最后，不应用手撕嘴上的死皮，与人交谈时不应用牙齿咬嘴唇，嘴角不应有白沫。在参加比较正式的交际活动前，吃一些让口腔发出刺鼻气味的食物，或者在他人面前嚼口香糖都是不礼貌的行为。

二、护肤

为了正确选用适合的护肤品，必须了解自己皮肤的性质。测定皮肤性质的方法很多，可采用专门鉴别皮肤性质的仪器，也可采用最简单的观察辨别法。敏感性、问题性皮肤很容易观察判断，而其他类型的皮肤则需要仔细鉴别。

一般可以用纸巾进行测试。晚上睡觉前用中性洁肤品洗净皮肤后，不擦任何化妆品上床休息。第二天早晨起床后，用一张面纸巾轻拭前额及鼻部，若纸巾上留下大片油迹，便是油性皮肤；若纸巾上仅有星星点点的油迹或没有油迹，则为干性皮肤；若纸巾上有油迹但并不多，就是中性皮肤。

（一）皮肤的类型

通常皮肤可以分为三种，即油性、中性和干性，但从医学美容的角度可以将皮肤分为以下六种类型。

1．油性皮肤

油性皮肤的特点是皮肤粗厚，毛孔明显，部分毛孔很大，皮脂分泌多，特别在面部及T形区可见油光。油性皮肤纹理粗糙，易受污染；抗菌力弱，易生痤疮；附着力差，化妆后易掉妆；能经受外界刺激，不易老化，面部出现皱纹较晚。

2．中性皮肤

中性皮肤平滑细腻，有光泽，毛孔较细，油脂水分适中，看起来显得红润、光滑，没有瑕疵且富有弹性；对外界刺激不太敏感，不易起皱纹，化妆后不易掉妆。

3．干性皮肤

干性皮肤肤质细腻，较薄，毛孔不明显，皮脂分泌少而均匀，没有油腻感觉；皮肤比较干燥，看起来显得清洁、细腻而美观。这种皮肤不易生痤疮且附着力强，化妆后不易掉妆。但干性皮肤经不起外界刺激，容易老化、起皱纹，特别在眼睑、嘴角处最易生皱纹。

4．混合性皮肤

混合性皮肤者同时具有两种不同性质的皮肤。一般在前额、鼻翼、下巴等部位为油性，毛孔粗大，油脂分泌较多，甚至发生痤疮，而其他部位如面颊部，呈现出干性或中性皮肤的特征。

5．敏感性皮肤

敏感性皮肤细腻白皙，皮脂分泌少，较干燥。其显著特点是接触化妆品后易引起皮肤过敏，出现红、肿、痒等现象，对烈日、花粉、蚊虫叮咬及高蛋白食物等也易过敏。药妆洗面奶比较适合此类型皮肤者使用。

6．问题性皮肤

患有痤疮、酒糟鼻、黄褐斑、雀斑等的皮肤统称为问题性皮肤。这种皮肤在生活中影响美容，但没有传染性，也不危及生命。

（二）护肤基础

1．清洁——基础护理第一步

做好每日脸部清洁，是日常护理的基础和第一步，下面将主要针对油性肤质和干性肤质来重点讲解早晨洁面的步骤和注意事项。

（1）油性肌肤的清晨洁面。

① 可选择清洁力偏强、有控油效果的洁面产品。其主要目的是去除多余油脂，但注意

一周用 1～2 次即可。

② 洁面产品的清洁力比较充足，因此洁面方式要相对温和，水温要得当。

③ 不需要用爽肤水之类的护肤品进行二次清洁。

(2) 干性肌肤的清晨洁面。

对于干皮来说，清洁最重要的原则就是适度。这里的适度主要有三个方面：

① 清洁的次数不宜过多，每天 1～2 次即可。

② 选择成分温和的洁面产品。

③ 洁面方式要温和，不推荐使用洁面仪、洁面刷和去角质产品，因为此类产品可能会破坏角质层，让皮肤的保水能力进一步下降，使皮肤变得更加干燥。

(3) 不管是油皮还是干皮，都需要注意以下几点：

① 日常用清水搭配合适的洁面产品，用手即可清洁好脸部，可针对不同肤质选择性地使用洁面仪。

② 冷热水交替其实对收缩毛孔没有实质性的帮助，过凉或过热的水都会刺激皮肤。

③ 用白醋、米汤、牛奶、淘米水、柠檬汁等洗脸都不可取，不建议使用。

2. 保湿——锁住水分

保湿是为了帮助皮肤锁住水分。不管什么肤质都需要良好的保湿行为。事实上，皮肤保湿的目的是留住水分，而不是补充水分。因为皮肤里的水分绝大部分并不是从外部获得的，而主要依靠的是日常的饮食和饮水，平时大家说的补水其实是让皮肤最外面的角质层吸水膨胀，从而变得湿润，看上去饱满。因此，不管是保湿水、乳液、霜、膏还是面膜，其实起到的都是保湿作用，而不是补水作用。可以说，没有什么产品能真正补水，更多的是湿润角质层，然后通过具有保湿成分的保湿产品尽可能地锁住水分。其基本方法就是涂抹相应的、合适的保湿产品。下面将主要针对油性肤质和干性肤质来重点阐述保湿的原则、方法和注意事项。

(1) 油性皮肤保湿。

油皮的问题是脸上油油的。很多人以为油皮不需要涂保湿产品，这其实是不对的，油皮依然要做好皮肤的保湿，而油皮保湿的最大原则就是轻薄。

市面上常见的保湿产品可分为乳液类、膏类和霜类。对于油皮，建议选择质地轻盈、水基的乳液，也可以选择无油配方的乳液或以吸湿剂成分为主的保湿精华。

(2) 干性皮肤保湿。

在秋季、冬季和夏秋换季时，干性皮肤最容易出现的问题就是皮肤起皮、脱屑。因此，保湿是干皮护理的重中之重。对于干皮来说，保湿的最大原则就是充足。充足包括两个方面：其一是单次涂抹要充足；其二是保湿产品本身应该具有良好的保湿功能，最好兼具吸湿、封闭和润肤三大功效于一体，或者可以通过多种产品共同达到这三大功效。

建议干皮选择油性重、保湿力强、能有效吸湿和锁住水分且阻止水分挥发的保湿霜类产品。

(3) 不管是油皮还是干皮都建议在洗完脸或洗完澡后，尽快涂上保湿产品。一般认为，洗脸或洗澡时皮肤所吸的水能在皮肤上停留大约 3 分钟，超过这个时间，水分就会挥发得所剩无几了。因此，在此时涂上保湿产品可以尽快锁住水分，从而起到更好的保湿效果。

（4）不管任何肤质，保湿产品的涂抹顺序都比较重要。一般来说，应按照保湿产品的稀薄和干稠程度来排序，越稀越薄的产品用在最前面。其基本顺序为：水—精华—乳液/霜。

3．防晒——竖起皮肤的防护墙

在学习防晒知识前需要先了解三个概念：UVA、UVB 和 UVC。阳光中的紫外线主要由 UVA、UVB 和 UVC 三种长波组成。

UVA 是波长 320～400 nm 的紫外线，又称长波黑斑效应紫外线，占地球表面太阳紫外线辐射的 95%。UVA 射线一年四季都存在，且具有很强的穿透力，它可以穿透到皮肤的真皮层，可以穿透玻璃和云层，多年来一直被认为是皮肤老化和产生皱纹的主要原因。有研究表明，它也可能引发皮肤癌和加剧皮肤癌的发展。

UVB 是波长在 290～320 nm 的紫外线，又称中波红斑效应紫外线，中等穿透力。它主要负责燃烧、晒黑以及加速皮肤老化，对皮肤癌的发展起着非常关键的作用。UVB 的强度因季节、地点和时间而异，但 UVB 射线不会穿透玻璃。

UVC 是波长小于 290 nm 的紫外线，波长最短且能量最高，又称短波灭菌紫外线。由于被臭氧过滤，因此 UVC 不会到达地球表面，也不会导致人体皮肤受损。

因此，我们要重视防晒，要明白防晒是一年四季都需要做的事情，防晒不仅是为了美白，更是为了健康。防晒的作用主要有防晒黑、防晒伤以及防皮肤老化，如预防各种色斑、肤色不均、红血丝、皱纹以及皮肤松弛和下垂等问题。

总体来说，防晒的原则可以总结为三句话：物理遮挡最重要，防晒产品来补齐，防晒产品要轻薄。

在条件允许的情况下，我们要避免在阳光最充足的时候（即上午 10 点到下午 4 点之间）出门，掌握能不晒就不晒的基本原则。上午物理遮挡的防晒永远是最重要的，不管是遮阳伞还是遮阳帽，甚至路边的大树都能够遮挡大部分紫外线，而剩下遮挡不了的就需要配合防晒霜来进行补齐。

对于油皮，建议选择质地相对轻薄的化学防晒霜。对于干皮，在晒前要充分保湿，再涂抹带有滋润成分的防晒产品。不管什么肤质，要充分发挥防晒产品的最大作用，需要注意以下两点：第一，防晒产品的涂抹量要足够，一般建议涂抹一块钱硬币大小及厚度的量；第二，涂抹防晒霜的时间要合适，建议在接受日晒 15 分钟前涂抹完毕。

知识拓展

正确&错误的洁面方法

正确的洁面方法如下：

（1）用温水湿润脸部。洗脸的水温非常重要，有的人为了省事，直接用冷水洗脸，有的人认为自己是油性皮肤，要用很热的水才能把脸上的油垢洗干净，其实这些都是错误的观点。正确的方法是用温水洗脸，这样既能保证毛孔充分张开，又不会使皮肤的天然保湿油分过分丢失。

（2）使洁面乳充分起沫。无论用什么样的洁面乳，量都不宜过多，面积有硬币大小即可。在向脸上涂抹之前，一定要先把洁面乳在手心充分打起泡沫，这是最重要的一步。因为，如果洁面乳不充分起沫，不但达不到清洁效果，还会残留在毛孔内而容易长痘痘。

(3) 轻轻按摩 15 下。将洁面乳加点温水打出丰富的泡沫，点在额头、两颊、下巴等部位，再用中指、无名指逆着毛孔以打圈的方式由下向上清洁。(为什么是中指、无名指呢？因为它们在美容界是美容指，力道在按摩的时候不会太大也不会太小。)先上下清洁 T 形区，额头往左右两侧，接下来顺带清洁脸部，眼部一带而过。清洁嘴周围的皮肤时要抿嘴，时间是一分钟。把泡沫涂在脸上以后要轻轻打圈按摩，不要太用力，以免产生皱纹。大概按摩 15 下，让泡沫遍及整个面部。

(4) 清洗洁面乳。用洁面乳按摩完后，就可以清洗了。具体方法是用湿润的毛巾轻轻地在脸上按压，反复几次后就能清除掉洁面乳，又不伤害皮肤。

(5) 检查发际。清洗完毕后还要用镜子检查一下发际周围是否有残留的洁面乳，这个步骤也经常被人们忽略。有些女性发际周围总是容易长痘痘，其实就是因为忽略了这一步。

(6) 用冷水撩洗。用双手捧起冷水撩洗面部 20 下左右，同时用蘸了凉水的毛巾轻敷脸部。这样做可以使毛孔收紧，同时促进面部血液循环。

以下认识不正确：

(1) 直接把洁面乳涂在脸上，然后边洗边搓。

正确做法：应该先把洁面乳放在手上搓起泡，然后涂在脸上搓洗。大多数洁面乳会直接在脸上起泡，如果在没有完全起泡时就将其放在脸上搓洗，则由于没有用水揉开，浓度太高，因此会对皮肤产生刺激作用，同时也会因为没有泡沫的保护而伤害肌肤角质，使肌肤越来越脆弱。

(2) 毛巾隐藏细菌，洗脸后不用毛巾擦。

正确做法：洗脸后应该用毛巾擦拭，但是擦脸的毛巾容易藏污垢，所以需要每隔 2 天用手清洗一次毛巾。因为洗脸后，皮肤表面有一层水分，此时如果不擦干，这层水分就会蒸发，导致面部皮肤内的水会随之蒸发，使皮肤变得更干，所以洗脸后一定要用柔软清洁的毛巾擦干。

(3) 用冷水洗脸后脸部毛孔不会变大。

正确做法：温水最适合洗脸。冷水会让脸部毛孔瞬间关闭，用冷水洗脸，毛孔内的污垢就没办法被清除。但是需注意，洗脸水不能太热，否则会让皮肤的出油量增加，导致肌肤加速老化。

(4) 洗脸次数越多越好，越干净。

正确做法：洗脸次数每天宜在 2～3 次，油性皮肤的人可适当增加 1～2 次。因为洗脸次数过多，脂肪膜会被不断地洗去，导致皮肤的保护能力大大降低，进而使皮肤受到损伤，并会使皮肤变得干燥，皱纹也会随之出现，所以洗脸的次数一定要适当。

(三) 护肤品的使用

1. 皮肤表皮层分析

皮肤是人类身体的第一道屏障，其主要作用是帮助人们抵御外界刺激的干扰。皮肤分为表皮、真皮、下皮三个部分。按照国家药监局的规定，护肤品、化妆品只作用于表皮层，因此了解皮肤表皮层的基本结构有利于我们做出合理的护肤安排。

表皮位于皮肤最外层，为角化复层鳞状上皮。表皮虽然只有薄薄的一层，但它由五个层次组成，分别是角质层、透明层、颗粒层、有棘层和基底层。需要注意的是，脸部皮肤无透明层，只有四层，如图 2-4 所示。透明层只有手掌和足底等角质层厚的部位皮肤才有。

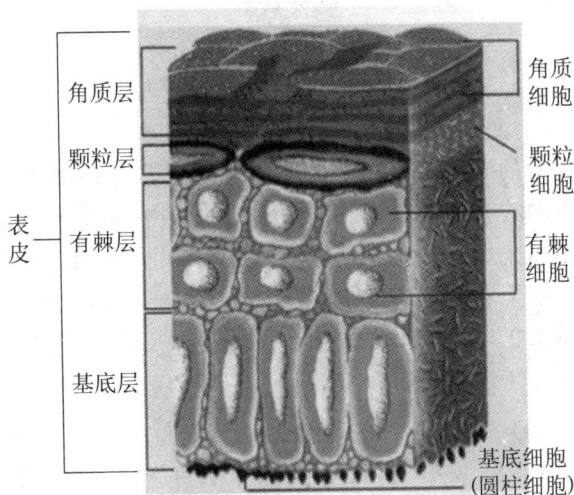

图 2-4　人体脸部皮肤表皮层结构图

下面具体分析除透明层外的其他表皮层的功能及作用，了解其结构的内在逻辑，以便有针对性地使用护肤品。

(1) 角质层。角质层位于我们皮肤表皮的最外层，具有很强的吸水性，但不溶于水，由 10～18 层扁平状无细胞核的角化细胞组成。角质层的主要成分是角质细胞和神经酰胺，其主要作用就是使皮肤柔软，帮助皮肤锁住水分，防止皮肤发生干燥和皲裂等问题。

(2) 颗粒层。颗粒层由 3～5 层扁平细胞组成，细胞质内出现大量透明的角质颗粒，是强折光性的半固体，是人体抵抗光线的主要物质。黑色素主要集中在这一层，当皮肤遭受紫外线的照射后，皮肤为了抵御紫外线的破坏，便产生了黑色素细胞来保护我们的皮肤，使皮肤免受紫外线和外界的干扰。

(3) 有棘层。有棘层由 8～12 层紧密结合在一起的多边形细胞组成，是表皮中最厚的一层。它主要用于吸收淋巴中的营养成分，给基底层提供养分，协助基底层细胞分裂。这一层含有一部分黑色素。

(4) 基底层。基底层位于表皮的最后一层，由基底细胞和黑色素细胞构成。它是单层的立方形和圆柱形细胞，与真皮层波浪式相接，也被称为真皮乳头层。基底层细胞具有分裂繁殖能力，是表皮各层细胞的生化之源。基底层被破坏后，会导致色素沉着或色素减退、色素脱失及疤痕等问题。

2. 护肤品的使用顺序

首先，需要注意的是护肤品的涂抹方向需要按照面部肌肉的走向进行，如图 2-5 所示。其次，护肤品的使用应该按照爽肤水—精华液—眼霜—乳液/乳霜—防晒霜的顺序进行。

图 2-5　人的面部肌肉走向图

普通护肤品以其成分的分子大小决定使用顺序，分子越小的越先使用。因为这些大小不同的分子各自含有不同的养分且对肌肤发挥不同的效用。判断顺序的最简单的方法就是：质地越清爽、越稀薄的越先用。如果先使用滋润度高的面霜，它在肌肤表层形成了一层保护膜，小分子的精华液便无法渗透进皮肤而发挥功效。一些具有疗效（如含有维生素 A、维生素 C 或治疗粉刺成分）的护肤品，因为需要先接触皮肤发挥治疗功效，所以应该先行使用。

1）爽肤水

爽肤水也称为紧肤水、化妆水等，它的作用在于再次清洁以恢复肌肤表面的酸碱值，并调理角质层，使肌肤更好地吸收，并为使用保养品做准备。因此洗完脸之后，按照正确的方法使用爽肤水，不仅可以迅速补充水分，还可舒缓张开的毛孔并调节皮肤表面的 pH 值。爽肤水的使用方法如图 2-6 所示。

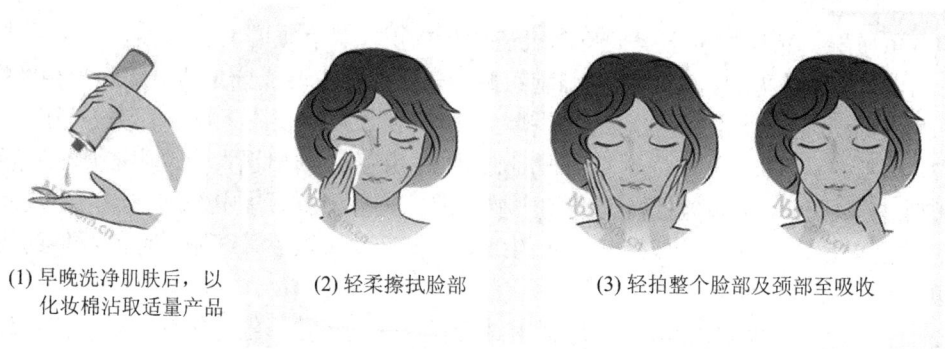

(1) 早晚洗净肌肤后，以　　　(2) 轻柔擦拭脸部　　　(3) 轻拍整个脸部及颈部至吸收
　　化妆棉沾取适量产品

图 2-6　爽肤水的使用方法

建议油性皮肤使用紧肤水，健康皮肤使用爽肤水，干性皮肤使用柔肤水，混合皮肤在 T 形区使用紧肤水，敏感皮肤选用敏感水或修复水。

2）精华液

精华液富含多种功效成分且其浓度较高，具有防衰老、抗皱、保湿、美白、去斑等作用，可让肌肤达到比较明显的护肤效果。

3）眼霜

由于眼部皮肤很薄，因此眼霜每次用两粒绿豆般大小即可，不宜太多，使用太多会对眼部造成负担，加速眼部皮肤的衰老。眼霜的使用方法如图 2-7 所示。

(3) 用无名指依次涂抹上下眼睑，沿着由内向外的方向轻柔涂抹，平滑眼部皮肤，上下眼睑各三到四次，直到本品完全被皮肤吸收。注意力度一定要轻柔，避免眼周因摩擦而可能导致的过敏和红肿

(1) 取适量本品在无名指，根据产品的质地来控制量。轻轻匀开后用无名指按照箭头方向轻点在眼睛周围的皮肤上，注意每个点的位置的量要尽量平均，眼角等重点位置更不可遗漏

(2) 用无名指按照箭头所示方向，对从下眼睑到上眼睑的曲线进行提拉，此动作需要重复5次且方向不可颠倒，因为这有助于提拉和紧致眼睛皮肤，有效防止松弛，对抗衰老保养来说是必不可少的

(4) 对眼部进行适当的放松，用指腹轻轻按压眉心，感受到眼部周围彻底放松。每个人的涂抹顺序可能有所不同，但一般情况下建议大家在涂抹完面部乳液后涂眼霜

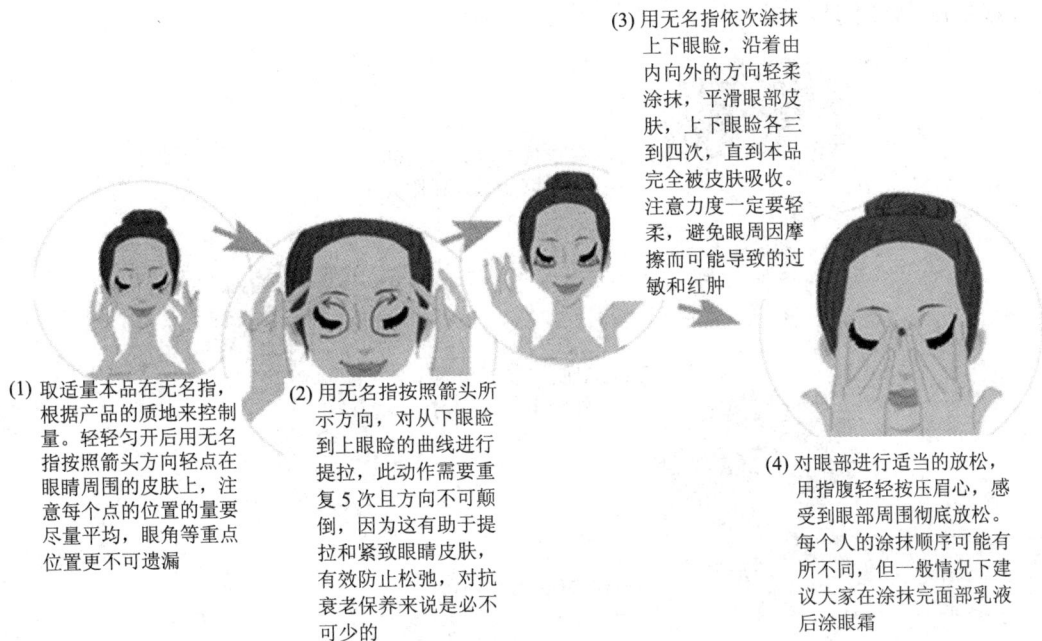

图 2-7 眼霜的使用方法

另外，在每周的特别护理中，可以在最后的步骤中加入眼膜以帮助减缓眼部压力。眼膜的使用方法如图 2-8 所示。

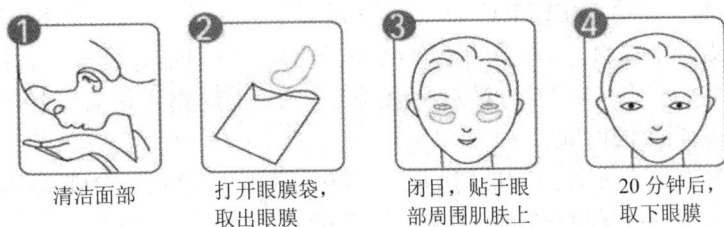

清洁面部　　打开眼膜袋，取出眼膜　　闭目，贴于眼部周围肌肤上　　20 分钟后，取下眼膜

图 2-8 眼膜的使用方法

4) 乳液或面霜

使用完精华后，就可以涂抹上乳液或面霜，如果是油性肌肤就使用乳液，若是干性肌肤可以使用面霜。乳液含水量较大，能为皮肤补充水分，同时乳液还含有少量的油分，可以滋润皮肤。乳液具有三个方面的作用，即去污、补充水分和补充营养。

面霜是基础护肤最重要的一步，面霜中的美白、抗衰老等有效成分能够更好地被肌肤吸收。

5) 防晒霜

防晒霜能有效地抵抗紫外线 UVA 和 UVB 对皮肤的损害。防晒霜上SPF(防晒系数)的数值适用于每一个人。假设紫外线的强度不会因时间改变，一个没有做任何防晒措施的人如果待在阳光下 20 分钟后皮肤会变红，当采用 SPF15 的防晒霜时，表示可延长 15 倍的时间，也就是在 300 分钟后皮肤才会被晒红。使用防晒霜的注意事项如下：

(1) 一年四季都要使用防晒霜，其使用方法如图 2-9 所示。无论什么季节，哪怕是阴天，

紫外线的威力都不能小觑。

(1) 将防晒霜点涂于面部、颈部及可能暴露在阳光下的皮肤上

(2) 沿肌肤纹理由内至外轻柔涂抹均匀

(3) 轻轻拍打至吸收

图 2-9　防晒霜的使用方法

(2) 如果要长时间接受阳光的照射，建议使用 SPF30/PA+ 以上的产品；如果长期待在办公室面对电脑，使用 SPF15/PA+ 的产品就足够了。

(3) 防晒霜一定要涂抹均匀，千万不要只记得脸部，却忘记脖子、胳膊等部位。

(4) 防晒霜要在出门前 20 分钟左右涂抹上，因为防晒霜不是涂抹上就有防晒功效的，所以需要给肌肤吸收的时间。

(5) 不要混合使用各种品牌的防晒霜。多种品牌的防晒霜混合在一起，不但几种防晒霜会相互排斥，达不到理想的防晒效果，还有可能会引起过敏现象。

(6) 使用卸妆产品。不要认为只有化了浓妆才需要使用卸妆油，使用了防晒霜以及隔离霜依然需要卸妆，避免防晒霜残留在肌肤上堵塞毛孔，引起肌肤粗糙或生痘等问题。

6) 其他护肤品的使用

(1) 肌底液。一般的肌底液，大多含有既亲水又亲油的成分，能够将护肤品中的水分和油分同时瓦解，继而被肌肤更好地吸收。肌底液用在洗脸后、化妆水之前，就像"开胃菜"一样，能打开肌肤的"胃口"，增加肌肤的吸收度，让后续使用的护肤品吸收效果更好。

(2) 去角质。如何判断脸上是否堆积过多老旧角质呢？皮肤自己会给出以下两个最显著的提醒：

① 皮肤看起来感觉有些暗沉，同时摸起来的触感也有点粗糙不平滑。

② 在使用精华液和面霜之后，感觉很长一段时间之内，护肤品都"浮"在皮肤表面而不能迅速被肌肤吸收。

根据医学研究，一般正常皮肤的生长周期为 27 天左右。因接触外在环境条件变差，加上饮食不均衡、生活作息不正常等因素的影响，常会使得新陈代谢速度减缓。肌肤表层每周都会新陈代谢，不正常的代谢使得角质细胞无法自然脱落，厚厚地堆积在表面会造成肌肤负担，导致皮肤粗糙、暗沉，所抹的保养品往往也被这道过厚的"屏障"挡住。因此，适度地去角质十分重要，去除肌肤表面的老化角质，让肌肤重新"呼吸"，许多肌肤问题都可以或多或少地获得改善。

(3) 面膜的使用。

① 一定要把脸洗干净。只有把脸洗干净才能使毛孔张开，面膜的精华才能导入我们的肌肤。

② 用温热毛巾敷脸。为增加肌肤的吸收能力，洁面后可用温热毛巾敷脸；若无毛巾，可将海绵泡在温热的水中，一分钟后拧干，敷在脸上，从而使毛孔张开，保证脸部更顺畅地吸收面膜精华液。

③ 加温面膜。用温水浸泡面膜，有助于面膜精华液的吸收。当面膜有微热的感觉时，可以把精华液很顺利地传输到肌肤的底层，发挥精华液的功效。

④ 用正确的方法敷面膜。尽量选择 3D 立体剪裁的面膜，因为它们更服帖于我们的脸部。撑开面膜时，用两个食指及中指夹住面膜，然后轻轻敷于脸上。随后，用我们的指腹轻轻把空气压掉，并配合按摩手法让面膜精华液充分吸收。

⑤ 揭开面膜后配合按摩。要用按摩手法把脸上残留的美白精华液推开，这样就可以让精华液完全渗透到肌肤的底层。

⑥ 使用面霜巩固。敷完面膜之后，用一些美白的面霜来加强巩固，这样才可以让我们的肌肤变得更加白皙。

⑦ 敷面膜的注意事项：敷 10～15 分钟即可，千万不要等到面膜完全干之后再撕掉，这样只会倒吸脸部的水分。

三、化妆

化妆是一种历史悠久的女性美容技术。古代人们在面部和身上涂上各种颜色和油彩，表示神的化身，以祛魔逐邪，并显示自己的地位和存在。如今，化妆则成为满足女性追求自身美的一种手段。随着科学技术的发展，化妆技术也在不断地提高，其主要目的是利用化妆品并运用人工技巧来增加天然美。

（一）脸型分析及特点

1. 黄金分割

黄金分割是将整体一分为二，较大部分与整体部分的比值等于较小部分与较大部分的比值，其比值约为 0.618。这个比例被公认为是最能引起美感的比例，因此被称为黄金分割比例。世界各国均认为瓜子脸、鹅蛋脸是最美的脸型，从标准脸型的美学标准来看，面部长度与宽度的比例为 1.618：1，这也符合黄金分割比例。

2. 三庭五眼

三庭五眼是指脸的长宽标准比例，如图 2-10 所示。三庭是指脸的长度，由前发际线到下颌分为三等份，前发际线至眉毛为一庭，眉毛至鼻底为一庭，鼻底至下颌为一庭。五眼是指脸的宽度，以眼睛为标准，把面部的宽分为五个等份，两眼的内眼角之间的距离应是一只眼睛的宽度，两眼的外眼角延伸到耳孔的距离也是一只眼睛的宽度。

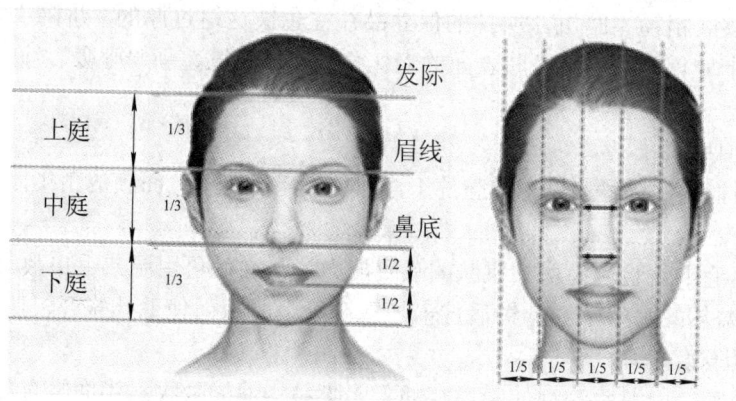

图 2-10　三庭五眼图

3．四高三低

四高三低是脸部垂直轴上的美学标准，如图 2-11 所示。四高的第一高是额头，第二高是鼻尖，第三高是唇珠，第四高是下巴尖。三低是指三个凹陷：两个眼睛之间，鼻额交界处必须是凹陷的；在唇珠的上方，人中沟是凹陷的，美女的人中沟都很深，人中脊明显；下唇下方有一个小小的凹陷。

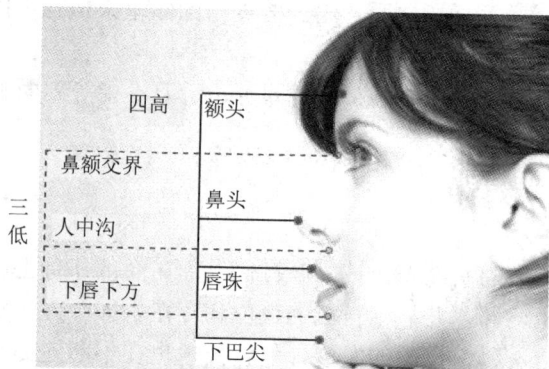

图 2-11　四高三低图

4．各类脸型介绍

各类脸型及特点介绍如表 2-1 所示。

表 2-1　各类脸型及特点介绍

脸型种类	脸型特点	脸型感觉
椭圆形脸	均匀理想的脸型，俗称瓜子脸。它的特点是额头与颧骨基本等宽，同时又比下颌稍宽一点，脸宽约是脸长的三分之二	这种脸型不需要任何矫正，应保持其完美。化妆时避免过多修饰，注重自然，适合多种发型

续表

脸 型 种 类	脸 型 特 点	脸 型 感 觉
圆形脸	额头、颧骨、下颌的宽度基本相同，面部轮廓宽；圆脸比较圆润丰满，不易突出优雅和立体感，给人一种肥胖的感觉	圆形脸给人感觉活泼可爱，而且显得小于实际年龄，常常透露出一种稚气，缺乏成熟的魅力
方形脸	又称"国"字脸。面部轮廓较方，即额头、颧骨、下颌的宽度基本相同，四四方方的。面型带直线，呈方形，而且有广阔的前额和方形颌骨。脸的宽度和长度相近	与圆形脸的不同在于下颌横宽有力，有稳重感，给人的印象是坚毅刚强，显得有生气，但缺乏女性妩媚温柔的气质，而且缺少亲切感
心形脸	又称倒三角形脸，特点是额头宽，下颌窄而下巴尖，容易给人留下单薄、刻薄的印象	有个美人尖形状如同"心"形，具有古典美，属于较理想的脸型，给人以俏丽、甜美、秀气的印象
长形脸	主要特点是脸长、腮宽、骨架结实	这种脸型给人留下文静庄重、老成又温柔的印象。但是显得人呆板、不精明，缺乏细腻和女性特有的风韵

（二）妆容分类

（1）按性质及用途划分，妆容分为日常生活妆、舞台妆及戏剧妆，其分述如下：

① 日常生活妆。它是日常生活、工作中的常见妆容，其主要特点是简约、上妆快。

② 舞台妆。它是用于舞台表演的妆容，常见于各类化妆比赛、走秀、话剧或者歌舞表演，如图 2-12 所示，是为塑造人物的外貌而进行的创作。因为舞台灯光强又和台下观众直接交流，所以要将面部的轮廓局部加以适当扩大，允许更多、更大的假定性，因此在色彩、线条方面比电影、电视化妆要重、要浓。

图 2-12　舞台妆

③ 戏剧妆。它是影视剧中根据剧本的要求来化的角色妆,是指根据剧本所提供的剧情和要求把演员本人的面貌通过化妆所采用的不同手段改变成所扮演的人物或接近角色的外貌。

(2) 按色度划分,妆容分为淡妆和浓妆,其分述如下:

① 淡妆。它是日常生活中一种较为普遍的化妆手段。它能增强面部层次,调整五官距离,改善面部色泽。其包括职业妆等。

② 浓妆。它是修饰感稍强的一种化妆手段。它强调突出面部的轮廓,强调色彩突出,层次分明,局部略有夸张。其包括新娘妆、晚宴妆、舞会妆等。

(3) 按冷暖划分,化妆分为暖妆和冷妆。冷暖色调对比如图 2-13 所示。

图 2-13　冷暖色调对比

(三) 化妆品及其分类

依据 2021 年国务院发布的《化妆品监督管理条例》,化妆品是指"以涂擦、喷洒或者其他类似方法,适用于皮肤、毛发、指甲、口唇等人体表面,以清洁、保护、美化、修饰为目的的日用化学工业产品"。

随着人们对日用化妆品的需求不断增加,化妆品行业面对大众需求,不断发展创新,化妆品行业也得到了快速发展,市场上化妆品种类繁多,且存在良莠不齐的现象。为了规范化妆品生产经营活动,保障化妆品的质量安全,国家药品监督管理局发布了《化妆品分类规则和分类目录》(2021 年第 49 号)。根据《化妆品监督管理条例》及有关法律法规的规定,该分类目录中按照化妆品的功效宣称、作用部位、产品剂型、使用人群和使用方法对化妆品进行了分类。

(四) 化妆工具的种类及用途

化妆工具是很重要的,就像在画画的时候不同的笔可以画出不同的肌理一样,化妆时使用不同的笔可以画出不同的造型效果。根据不同人的脸型特征也应使用不同的粉刷,即使是同一类型的妆,也要根据不同的形象使用不同的工具,如图 2-14 所示。

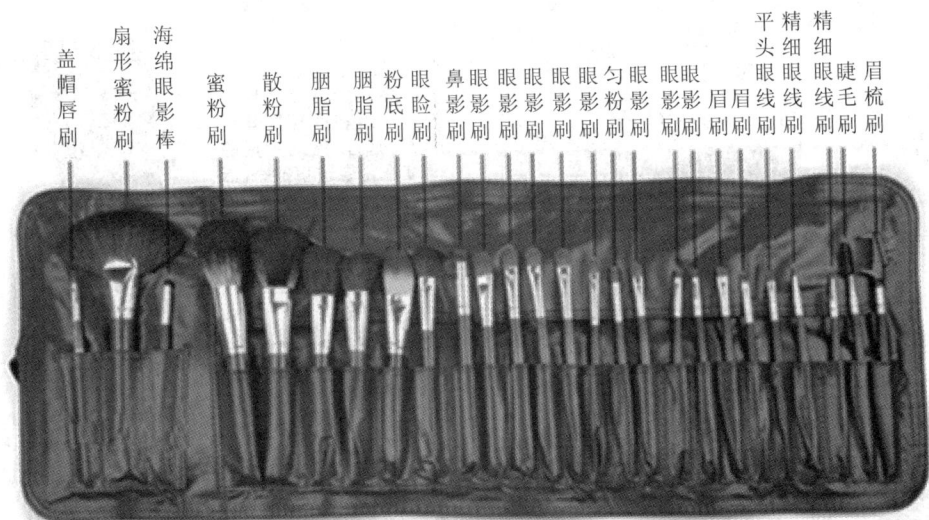

图 2-14 各类化妆刷

(五) 化妆的基本步骤和具体方法

化妆品有保护皮肤的作用，化妆品的成分必须符合药典规定，不得含有损伤皮肤的化学物质，能起到隔离作用，过酸或过碱对皮肤都会引起刺激作用。测试化妆品的方法：先将少量的化妆品涂抹在手臂内侧，等待一段时间，观察该部位是否发红、发痒。由于手臂内侧的皮肤较薄、敏感，若在此部位试用未发现异常即可使用。

1. 化妆的基本步骤

化妆的基本步骤：涂护肤霜→打粉底→涂遮瑕霜→扑定妆粉→画眼影→画眼线→画眉→涂睫毛→描画嘴唇→涂腮红→画鼻侧影→修容(修饰脸型时用)。

2. 化妆的具体方法

(1) 涂护肤霜。清洁面部，把脸部油污和面垢洗净，不与化妆颜色混合。由于洗脸后面部肌肤毛孔已经张开，应在面部自上而下涂抹化妆水并轻轻拍打，化妆水能使毛孔收缩，使皮肤变得柔软易于上妆，然后涂上润肤霜或化妆底油、隔离霜。

(2) 打粉底。粉底是用以修饰皮肤底色的化妆品，它可以掩盖皮肤上粗大的毛孔和瑕疵，调整皮肤的颜色，使皮肤颜色均匀、细腻紧密，并使妆面不易脱落。粉底是由水分、油分和颜色混合而成的，由于含量比例的不同而有许多品种。粉底可分为液状粉底、膏状粉底和固体粉底。

粉底液的涂抹方法是：将豆粒大小的粉底液点在脸上各个部位，再涂抹均匀即可。它起到遮掩皮肤底色并保护皮肤以免受粉底刺激的作用，因此不宜涂得过多。涂粉底液时最好使用化妆海绵均匀地拍打或涂抹，顺应肌肉纹理、毛孔方向，由上而下、由内向外，由面部向两侧匀开，特别注意不要使脸部与头发部分产生分界线。因此，粉底液要一直涂到发根处和额头以下至颈部，接近颈部时注意渐渐淡化，其涂抹方法如图 2-15 所示。

皮肤过于干燥的人可将粉底与精华素或乳状粉底按 1:1 的比例混合后使用，皮肤就会容易吸收。打粉底时最好用一个潮湿的海绵将粉底揉开，含水的海绵能把粉底涂得薄而均匀。抹粉底时手指略用点力，这样粉底和皮肤就会紧贴在一起，涂抹后给人一种自然明亮的感觉。

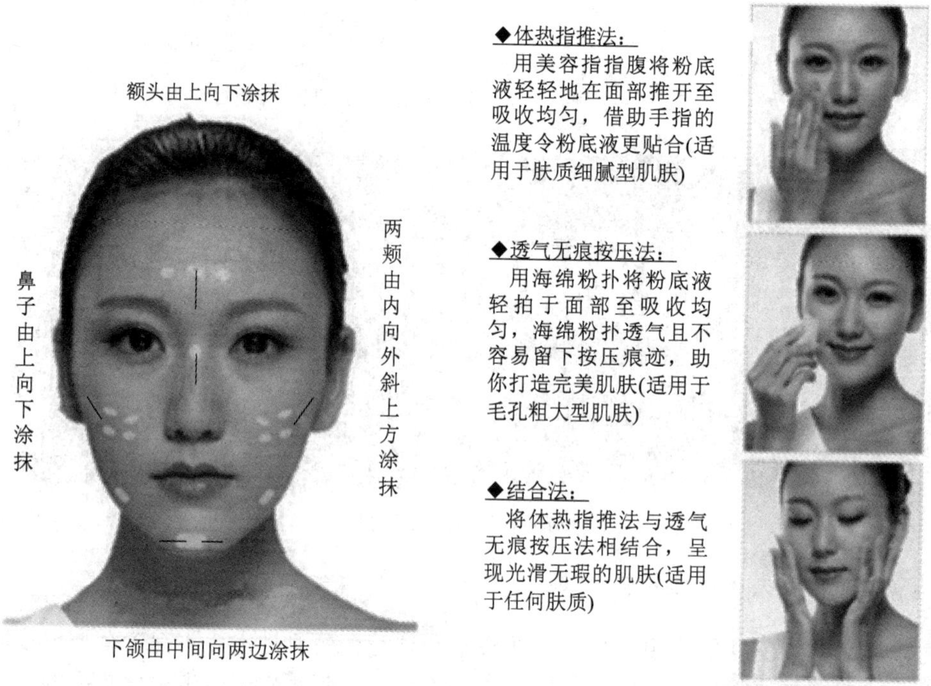

额头由上向下涂抹

鼻子由上向下涂抹

两颊由内向外斜上方涂抹

下颌由中间向两边涂抹

◆体热指推法：
用美容指指腹将粉底液轻轻地在面部推开至吸收均匀，借助手指的温度令粉底液更贴合(适用于肤质细腻型肌肤)

◆透气无痕按压法：
用海绵粉扑将粉底液轻拍于面部至吸收均匀，海绵粉扑透气且不容易留下按压痕迹，助你打造完美肌肤(适用于毛孔粗大型肌肤)

◆结合法：
将体热指推法与透气无痕按压法相结合，呈现光滑无瑕的肌肤(适用于任何肤质)

图 2-15　粉底液的涂抹方法

　　另外，可以针对不同的脸型，运用粉底来进行脸型的修正。其中，深色粉底具有收缩凹陷效果，浅色粉底具有膨胀凸出效果。

　　① 方形脸：以深色粉底抹于脸的外缘，上达颧骨，均匀涂抹，不留边缘痕迹。

　　② 圆形脸：在面颊两侧抹深色粉底，并逐渐向下淡化，使之与肤色相混，不露痕迹，腮红则自颧骨外侧抹起，向额角方向混化，再向下与深色粉底相结合。此法是以深的颜色使颧骨产生下陷的视觉效果，利用阴影使面庞显得较为瘦削，不至于过圆或过宽。

　　③ 脸型太短者：可用浅色的粉底抹在整个下颌部位或在此部位扫上白色的粉饼，使下颌看起来较长，同时结合梳蓬松的发型，来增加面部的长度。

　　④ 长方形脸：可在两颊侧由发鬓开始，直至颧骨抹上较浅色的粉底，使脸型较为丰满，再以棕色阴影粉底抹在下颈部位，使脸型看起来稍短而较丰满。

　　⑤ 双下巴者：用深色粉底沿下颌抹至下颌底部，以产生消除双下巴的视觉效果。若下颌短、后缩，则在口唇下面起沿下颌线用浅色粉底抹成三角形，以突出下颌的形象。此修饰法适合晚妆、舞台妆及电视妆。

　　⑥ 心形脸：额部过高过宽者，可用较深色的粉底抹在额部，使太高和太宽的额部不致太过显露，同时利用额前的刘海覆盖额部，使面部轮廓得以改观。

　　⑦ 额部较低者：用比肤色较浅的粉底抹于整个前额，同时配合头顶蓬松的短发搭住发际线，造成额部已被头发遮去一大部分的错觉。

　　⑧ 两颊凹陷者：用浅色粉底抹于凹陷处，再于颧骨上敷以浅色粉底，四周敷些柔和色调的胭脂，则可使面部颧骨有突出感，使轮廓明显。

知识拓展

粉底的分类

① 粉底液。它是护肤品和修饰化妆品的中间环节使用的,相当于皮肤上的一层保护膜,通过这层膜可以防止水分的流失,还可以减少粉底霜对皮肤的损伤。脸部不同部位颜色略有差别,有的部位偏黄,有的偏红,眼底和鼻子附近颜色总是发暗的,可以用不同颜色的粉底液来调整面部肤色。

A. 白色:化透明妆时使用或是用来遮盖眼睛底部的黑眼圈;可以使脸部看起来很有光泽。

B. 绿色:适用于粉刺或脸色不匀的皮肤,也能起到提亮作用。虽然改善脸色效果很好,但会因此使皮肤看上去很不自然。

C. 粉色或橙色:可以给过于苍白的皮肤增添一丝红润,使皮肤看起来更加健康。对晒得比较黑的皮肤则可以使用一些带珠光成分的粉色系产品,它可以使皮肤看上去更健康而且会显得性感。

D. 藕荷色或淡紫色:亚洲女性皮肤大多呈黄色,它可以中和偏黄的肤色,使皮肤看起来很有光泽。

E. 透明色:适用于所有皮肤,用于化透明妆,也是最常用的粉底液。通常除了肤色特别偏暗和过于苍白的脸部色调外,透明基础粉底液是最佳选择,效果最自然。如果同时使用很多颜色的粉底液,会由于控制使用量不当产生相反结果,从而使妆容不自然地浮在脸上,皮肤色调也会不均匀。

② 膏状粉底。这种粉底含油量高,具有较强的遮盖力,适合较浓艳的化妆。使用时应注意色彩与肤色的协调,避免形成"假面具"。

③ 固体粉底。这种粉底主要成分是粉质,制作时要采用特殊的方法将粉底用油和水包裹起来,使之成为湿粉,然后再制成固体状。它能消除皮肤的油脂和光泽,涂后不再擦干粉。由于这种粉质吸收皮肤水分,会使皮肤干燥,因此只适合油性皮肤。

脸部瑕疵较多或年龄较大的女性比较适合粉底霜,遮盖力比较强,粉底液则是相对适用范围广泛的粉底,看起来有透明感。油性皮肤或是有粉刺的皮肤尽量避免使用油分较多的霜质粉底,宜适用水质的无油产品。

(3) 涂遮瑕霜。一般打完粉底后再使用遮瑕霜,正确的方法就是先将少量粉底均匀地涂在脸上,然后以需要遮盖的部位为中心点适量涂抹遮瑕霜,也可以用化妆刷沾粉底霜来代替遮瑕霜,最后用海绵涂抹以消除分界线。由于遮瑕产品是用来遮盖色调较暗部位的,因此最好选用颜色比皮肤原色亮一些的遮瑕产品。如果遮瑕产品使用量过大,可能会使眼部周围的皱纹较明显,因此要特别注意。遮瑕产品的种类如图 2-16 所示。

遮瑕棒　　　　　　遮瑕笔　　　　　　遮瑕霜

图 2-16　遮瑕产品的种类

① 遮瑕棒。质感涩而硬是遮瑕棒的特征，虽然遮盖效果突出，但是不易涂抹均匀。

② 遮瑕笔。遮瑕笔虽然使用方便，但可能会使化出的妆略显不自然。

③ 遮瑕霜。遮瑕霜遮盖效果显著，掺水混合使用或用粉饼涂抹。

(4) 扑定妆粉。在涂有粉底的皮肤上，把香粉或干粉直接扑在粉底上，这一步骤是增加粉底和遮瑕霜的附着力，目的是使妆容更持久，并使皮肤干爽而防止脱妆以及便于涂敷辅助色等。

干粉的使用方法如图 2-17 所示。首先用粉扑蘸少量干粉，轻轻地由下而上扑，再用粉刷把多余的浮粉擦抹掉。在扑粉时，干性皮肤的人，扑上过多的粉会更加干燥，而且会产生很多皱纹，因此最好不用粉扑，改用大的粉刷，不过鼻子边缘部位和嘴角等处一定要用粉扑加以细致处理。油性皮肤最好使用粉扑，把蘸有干粉的粉扑从中间折叠，轻轻地摩擦一下，再扑在脸上。另外，不要一次把所有的粉都扑在脸上，分两三次，这样保持的时间会更长久。在皮脂分泌较多的 T 形区，要分几次扑粉，而且每一次都要尽量扑薄一些。

(1) 在妆容妥当后，先蘸取适量干粉，用以定妆

(2) 眼周部位一向是娇弱部位，拍打时应绕开这一部位

(3) 额、鼻、下巴这些部位要大面积地拍压

(4) 鼻底是最容易忽略的位置，但更是汗水光顾的位置，卷起粉扑，细细拍打

(5) 如果想要鼻子更挺，可蘸取麦色粉轻刷，最后完成定妆

图 2-17　干粉的使用方法

知识拓展

干粉的颜色选择

① 白色：最亮，一般用于额头、鼻梁、黑眼圈、眉骨，也是提亮色。

② 肤色：适用于大多数人，根据脸部的颜色选择可使皮肤整体色调显得平和、细腻。

③ 褐色：可作为修容色，营造立体效果，注意在定完妆之后，修容粉的使用才会自然。

④ 粉色：在黄色的灯光下效果好，比较适用于新娘妆和晚妆，可以给脸部增添红润色彩，看起来更健康、明艳。

⑤ 藕荷绿：可以在 T 形区使用，这会使皮肤看起来更有光泽、更立体，也可涂在眼底。

⑥ 紫色：在灯光下视觉效果比较强，如果和珍珠色混合使用可营造出梦幻感觉，与粉

色一样，起调和黄色的作用。

(5) 画眼影。眼影色是化妆时涂于眼睛周围的颜色，有阴影色、亮色、强调色、装饰色等各种颜色。选择时除了与皮肤色协调以外，还必须考虑到脸部特征和服饰。眼影的使用方法为：用眼影刷或海绵棒蘸上眼影粉按眼睛的外形尽量涂开，顺着眼窝处画圈，从下到上涂开，色彩才自然。开始涂抹时要紧贴睫毛根部，越往上越淡，眼角的色彩最重，眼睛最突出部位色彩明亮，这样会有立体感，如图 2-18 所示。

分层次涂抹的效果可以塑造出眼窝的立体感

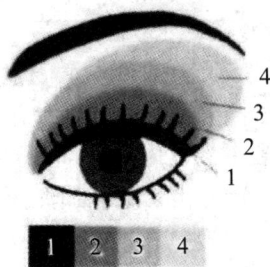

分层次涂抹眼影可以突出眼睛的立体感。在化妆术语中，眼窝指的是，用手指按压上眼皮的位置，覆盖眼球的没有骨感的圆形区域(图中3的内侧)。特别是2和3，它们是眼影的主要用色区域，色彩浓淡、层次的变化使眼影的效果更漂亮

图 2-18 眼影的画法技巧

需要注意的是，不同眼型需要采用不同的技巧，图 2-19 所示是不同的眼型适用的画眼影技巧。

小眼睛——要在整个眼皮部位涂上亮色的眼影，可以使整个眼睛看起来很清爽。从眼线的1/2处往后都涂上深色的眼影，可以使眼睛更显修长。出于同样的目的，下眼皮距眼角1/3处到眼头这个部位也可以涂上深色的眼影

眼角下垂——与其采用明亮、柔和的颜色，不如采用青色或者绿色这样的冷色素的颜色。首先从眼头部位开始，一开始要画得很细，以后随着接近眼角部位，眼影也要逐步地上扬

圆眼睛——在眼角的上部涂上深色的眼影，可以使眼睛看起来很修长。如果在眼睛的中央涂上较深颜色的眼影，会使眼睛显得更圆

细长的单眼皮眼睛——在眼眉下方添加一些亮色，然后从眼头到中间部位涂上亮色眼影，从中间到眼尾涂上深色眼影

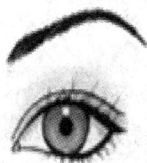

金鱼眼——不能选用粉质眼影，否则会适得其反。应该选用油质的、褐色或灰色的眼影。注意不要涂得太厚重。用粉质眼影在眉毛的下方添加一点儿亮色，还可根据眼睛的形态通过线条添加一些着重色影

凹陷的眼睛——在凹陷的眼皮部位涂以亮色眼影或粉质眼影

两眼之间的距离偏大——为了使眼睛之间的距离看起来小一些，可以在眼角和鼻子中间的部位淡淡地涂上一层眼影

图 2-19 眼影画法技巧

知识拓展

眼影的分类及使用选择

① 眼影粉：最为常用的一种，既有鲜明的色彩又有珠光闪亮成分，容易保存，可长时间使用。

② 眼影液：看起来很亮，很容易附在皮肤上，缺点是在双眼皮部位容易花。

③ 眼影笔：在快速化妆时使用，多用于强调线条的化妆。

④ 不同肤色适用的眼影：白嫩皮肤，任何颜色都可使用；微黄皮肤，适合使用褐色系或粉驼色等自然色的眼影，黄色、金色会使皮肤显得更黄，应避免使用；深褐皮肤，使用含珠光的自然色、海蓝色或深紫色都可以，能突出个性化的一面。

(6) 画眼线。画眼线的目的是让眼睑边缘清晰，并由于眼缘加深而形成与眼部巩膜的黑白对比分明。

增加眼睛的光彩及亮度的眼线画法如图 2-20 所示。从靠近鼻子的一侧画起，握眼线笔的手要平衡稳定，画笔与眼睑的水平形成 30°～40° 的角，先画上眼睑，紧贴眼皮边缘画。

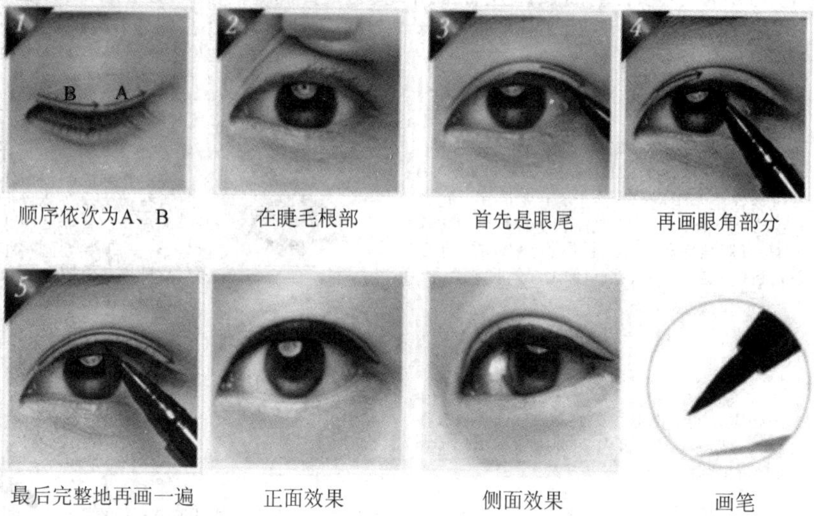

| 顺序依次为A、B | 在睫毛根部 | 首先是眼尾 | 再画眼角部分 |

| 最后完整地再画一遍 | 正面效果 | 侧面效果 | 画笔 |

图 2-20　眼线画法技巧

下眼睑因无睫毛遮盖，不能太浓，只用眼线笔沿着睫毛基层自内向外画出细线条，到下眼睑睫毛基层的三分之一处为止。

知识拓展

各种眼睛的修饰方法

① 小眼。它是指眼的长度小于脸颊宽度的五分之一。改变这种眼睛的方法是将上下眼线延长，可用眼线笔在眼内角处画延长线，尤其是在眼尾处画长。

② 细眼。眼细长，这种眼睛往往显得没有精神，改变的方法是用眼线笔在上、下眼睑

处画得深一些，眼眶中间画宽一些，眼睑两侧画细一些，以增加眼的宽厚感。

③ 圆眼。眼过圆，有瞪眼的感觉。修饰圆眼的方法为：首先将强调色用于上眼皮的内外眼角；其次在眼中部用阴影色收敛，并在眉骨部位用亮色提亮，最后在下眼睑的眼尾用强调色向外晕染。

④ 下垂眼。它是指眼睛外角下垂。对于双眼皮的下垂眼，在画上眼线时，上眼睑的内角略向下、向外画。对于单眼皮的下垂眼，只找出眼梢下垂的分界点，在这个分界点以下不涂色彩，眼线则画在靠近睫毛的上端，到分界点，眼线向上、向外延长，在眼皮处涂上中度色彩的眼影。

⑤ 单眼皮。先用眼线笔沿上眼睑画一道眼线，再用咖啡色眉笔在眼线上边假定双眼皮处画一条线，这样就成了双眼皮，亦可用"美目贴"贴出双眼皮。

⑥ 肿眼皮。用色泽较深的眼影膏，在眼皮中间加重眼影的浓度，用茶色或棕色较宜，由于色深有缩小、深邃的感觉，可向外至内眼角及眉骨淡出。

⑦ 陷眼窝。化妆时要求扩大眉毛与眼睛之间的距离，因此宜用明亮浅色的阴影。沿双眼线，用眉笔画一条明显的线，眼线则画在靠近睫毛的上端至眼尾处，最好能向上、向外延长。

⑧ 眼距过宽。化妆时，着色应尽量靠近鼻梁，上眼皮所画的眼影不可超过外眼角线。内眼角处必须涂以深色的眼影，不可用淡色眼影，上色时要从鼻两侧开始，在鼻梁中间淡出消失。眼线在内眼角处可稍画出一些，两眉可在鼻梁处稍画长一些。

⑨ 眼距过窄。为将两眼分开一些，可由鼻梁上端左右各描一道斜线，尾端细小，自然消失，使鼻子有隆起的感觉。眼线画至眼角稍向外处 0.33~0.66 cm，眼影在眼内角处宜用浅色(银灰、浅绿)，在眼外角用深色(棕色、灰色、黑色)。

(7) 画眉。

① 眉的修饰。画眉之前必须先修眉，首先用眉刷整理一下眉的形状，然后用修眉工具把多余的、过长的眉毛或向下垂的眉毛修剪到适当的长度。另外，用眉梳配合，从眉梢向眉头平平地挨着皮肤梳过去，用剪子把过长的眉毛剪短，眉梢要求短一些，眉头要求长一些，以保持眉的立体感。切忌把眉毛全部拔光而另画，这是失败的做法，同时也会影响眼睛的健康，失去了保护眼睛的围墙。只有半真半假结合的画眉方法，才能取得理想的效果。不同脸型与眉型的搭配如图 2-21 所示。

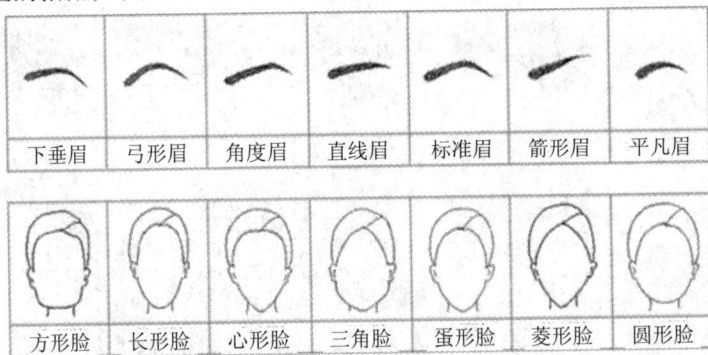

图 2-21 脸型与眉型的搭配

② 眉毛的基本画法。眉毛颜色较浓，是面部非常突出的部位，眉毛的形状、宽窄、长短、疏密、曲直往往会给人不同的个性印象。想要画出合适的眉型，应当考虑眉型与整个妆面是否协调，如果孤立地看待眉型则会使妆面显得突兀，破坏妆面的整体感。画眉最难的是判断位置，所以画眉前需要适当修眉，同时要明确眉头、眉尾、眉峰的位置，如图 2-22 所示。

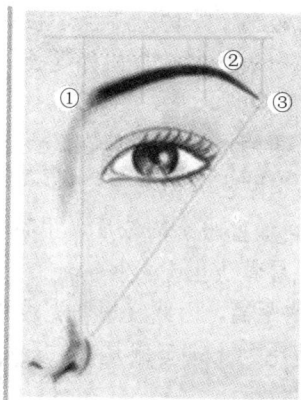

① 眉头：从鼻翼处开始垂直上升，与眉毛相交处是眉头的位置

② 眉峰：在将眉毛分成三等份时占 2/3 或从鼻翼开始向黑眼珠外线延长时的连接处，眉峰的宽度应占眉头宽度的1/2

③ 眉尾：从鼻翼开始沿着外眼角45°直线交叉处正是眉尾的位置

图 2-22　标准眉型示意图

下面以"标准眉"为例，介绍眉毛的基本画法。

首先，确定三点，即眉头、眉峰和眉尾。注意眉头、眉峰、眉尾的位置并不是固定不变的，可以根据脸型、三庭五眼等小范围调整，从而调整脸型以及形成不同风格。确定好三点的位置以后用眉笔柔和地进行描画，将三个点连成线条，画出基本轮廓。

其次，画好轮廓之后，用眉笔或眉粉填充，遵循画眉的"上虚下实，前虚后实"原则，即上轮廓虚画，下轮廓实画；眉头轻画，眉尾重画。

最后，用染眉膏或眉粉淡化眉毛，均匀眉毛颜色。先逆向刷，上色后顺着眉毛生长的方向再刷一次整理眉型。

(8) 涂睫毛。涂过睫毛膏的眼睛，能保持一定的卷翘感，不会显得下垂，眼底的妆也不易扩散，如图 2-23 所示。

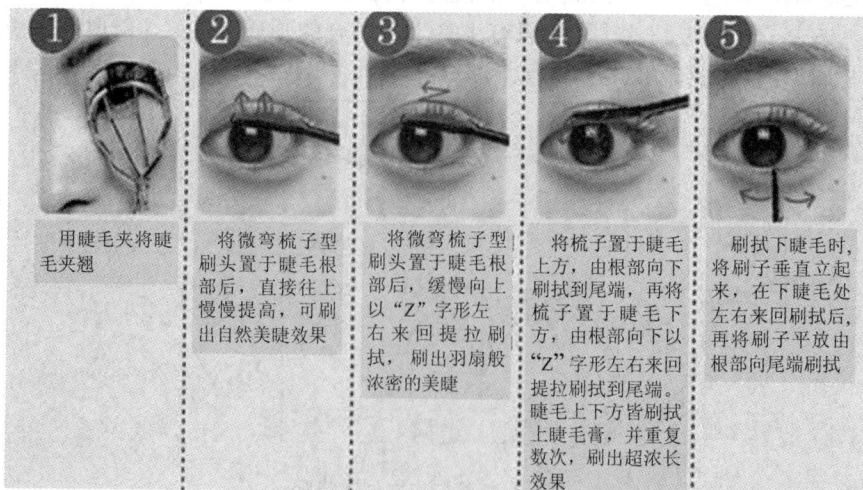

① 用睫毛夹将睫毛夹翘

② 将微弯梳子型刷头置于睫毛根部后，直接往上慢慢提高，可刷出自然美睫效果

③ 将微弯梳子型刷头置于睫毛根部后，缓慢向上以"Z"字形左右来回提拉刷拭，刷出羽扇般浓密的美睫

④ 将梳子置于睫毛上方，由根部向下刷拭到尾端，再将梳子置于睫毛下方，由根部向下以"Z"字形左右来回提拉刷拭到尾端。睫毛上下方皆刷拭上睫毛膏，并重复数次，刷出超浓长效果

⑤ 刷拭下睫毛时，将刷子垂直立起来，在下睫毛处左右来回刷拭后，再将刷子平放由根部向尾端刷拭

图 2-23　睫毛膏的使用方法

眼睛较细的人在眼球部位的睫毛处涂抹睫毛膏会使眼睛看上去比较圆润，眼睛较细且略向下垂的人在眼角处涂抹睫毛膏，可以使眼睛看上去显得长一些。眼睛较短的人应分别在眼睛中部和眼角的睫毛处集中涂抹睫毛膏，这样可以使眼睛看起来更大、更长，或在相同位置剪三分之一长度的假睫毛粘贴上，效果会更好。睫毛过密的人应用睫毛刷涂抹睫毛膏，这样比较均匀且不会产生结块。

知识拓展

睫毛的修饰方法

① 睫毛膏粘在一起。先用睫毛梳顺着睫毛的方向梳理，然后用化妆棉棒轻轻地擦拭一下睫毛膏的刷头后再涂抹一遍，可以使睫毛根根分明地向上卷曲。

② 睫毛膏蹭到下眼睑。先用棉棒沾润肤液或精华素拭擦下眼睑上的睫毛膏，然后再打上一层亮色调的底粉，最后再涂抹睫毛膏，这样即使再粘上也很容易清除。

③ 卸妆。因为眼睛周围的皮肤比较干燥且对刺激很敏感，因此最好使用眼部专用的卸妆用品。为避免卸妆用品进入眼内，可以用化妆棉蘸上卸妆用品，敷在睫毛根部 2 分钟后再顺着睫毛涂抹。

(9) 描画嘴唇。理想的唇型应有柔和的弧线，唇线分明，唇肌丰满，嘴角略向上翘。描画嘴唇的步骤如图 2-24 所示。

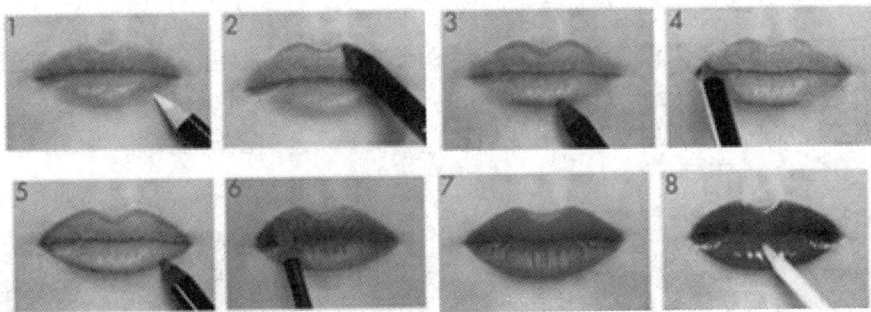

图 2-24 画唇的步骤

① 画唇线。先用软纸将嘴唇拭干，使其干燥，再用唇线笔勾出理想的唇廓线，唇廓线还可以起到固定唇膏的作用。

② 涂唇膏。用唇笔选择一些唇膏，先从上嘴唇的两边嘴角向唇中涂，再从下嘴唇的两边嘴角向唇中涂，涂完外缘后，逐步涂向内侧，直至全部涂满。涂完唇膏后，用唇笔将唇线和唇膏抹匀，不要留下分界线，然后根据需要用亮光唇膏在嘴唇中央加一点亮点使唇色润泽。

(10) 涂腮红。腮红可以赋予脸部立体感并增添生气。粉状胭脂用胭脂刷轻染胭脂粉后均匀而有层次地轻扫在面颊上。

做一个微笑的表情，脸颊上肌肉隆起处即为涂胭脂的中心，在上面涂上一些胭脂后，再随颧骨方向朝耳根涂抹，然后再与颧骨下面的腮红涂抹在一起，以产生真实自然的立体感。膏状、乳状腮红在印擦前先在手心印开，使其薄而均匀地混染在脸上，从浅色涂起，不够再一层一层地加上。图 2-25 所示为不同脸型的胭脂使用部位。

| (a) 标准脸 | (b) 长形脸 | (c) 圆形脸 | (d) 方形脸 | (e) 正三角形脸 | (f) 倒三角形脸 | (g) 菱形脸 |

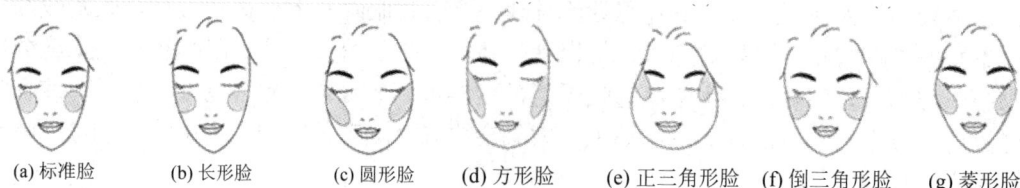

图 2-25　不同脸型的胭脂使用部位

知识拓展

修饰不同脸型时腮红的使用方法

① 椭圆形：为标准脸型，容易化妆。

A. 将胭脂涂在颧骨下方，并向颧骨上方自然晕染，既可增加面部的色彩，又可突出颧骨的结构。

B. 用深浅不同的胭脂，重点涂在颧骨部，再用很浅的胭脂涂在眼窝、鼻子、额、下颚等部位，利用多"色阶"形成的丰富层次，使面部呈现出美丽、生动的形象。

② 长形：胭脂要涂圆一点，由眼眶的中部开始，最高不超过眼尾，最低不低于鼻翼部位，使深色的胭脂横向发展，切忌把胭脂拉长。

③ 圆形：应选用比自己肤色暗两个色调的腮红，胭脂涂长一点，从唇角开始，直到眼外角，涂的面要宽一点，脸颊外侧要深一点，使脸有修长感。

④ 方形：在下颚部以深色粉底或咖啡色阴影盖住，应以眉毛下面、脸颊下部和下颌为三个点，在整个脸侧面扫上"3"字形的腮红，涂开，这样就可以使脸部看上去较小。

⑤ 梨形：胭脂应在两腮后涂，形成阴影，并在下颌角突出抹上胭脂，以削弱下宽上窄的缺点。

⑥ 心形：这种脸型的颧、额宽，下颌窄，若上部太宽，可用胭脂点在颧骨两侧，最低不低于鼻部，脸下部不用涂胭脂。

⑦ 菱形：胭脂要抹得柔和，抹在上颌角以外、眼角以下，集中在颧骨向两侧伸展。

(11) 画鼻侧影。鼻梁在脸部最容易吸引视线，它起着承上启下的作用，因而鼻子的外形结构及其在面部所占的位置，对脸的形状具有重要的影响。为了表现鼻子的俊美，化妆时可用深棕色阴影粉条先做些渲染。从鼻根两侧向外向下轻抹，越往下越淡，在靠近鼻根的眼角处稍加深一点阴影，使它看起来显得凹陷下去，鼻影与脸部粉底相连处的色彩要相互融合。鼻子的修饰在化妆上主要是画鼻侧影，如图 2-26 所示。

鼻侧影常用的颜色为浅棕色、棕灰色、土红色、褐色、紫褐色。鼻侧影的颜色是与面部底色相同的暖色调，只是要拉开与底色的明暗差别和底色和谐，形成自然的阴影色。鼻

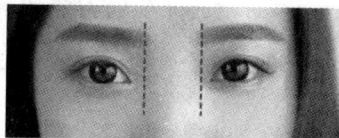

(1) 鼻子本来挺扁塌的，没有那么立体

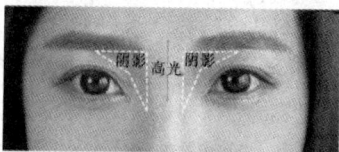

(2) 高光画在鼻梁处，阴影扫在鼻梁两侧

(3) 立体感觉马上出来了

图 2-26　鼻侧影位置图

侧影的颜色除与皮肤色统一外，还应与眼影色协调。如果在眼睑上涂蓝色或紫色眼影，而用棕红色涂鼻侧影就不和谐；若用紫灰色或偏冷的灰褐色，就能与眼影衔接，但应掌握分寸。

■■■ 知识拓展

不同鼻子侧影的画法

① 塌鼻梁者。在鼻子的两侧涂阴影色，可以用深于肤色的浅棕色、棕红色、紫褐色等。鼻侧影的上端与眉毛衔接，两边同眼影混合，下方则消失于底色。在鼻梁上涂明亮的颜色，用浅肉色或淡粉色加少量的白色与黄色调成一种比皮肤明亮的颜色。鼻梁的明亮色和鼻两侧的阴影要混染得均匀，不留痕迹，不显界限。

② 短鼻梁者。化妆的目的是调整鼻根使其延长。自眉头向鼻两侧涂抹深褐色鼻影，眉头处的鼻影要淡，越靠近鼻尖越深，从眉头到鼻尖形成一条由浅到深的鼻影带，再从额正中向鼻尖涂抹淡色的粉底，这样鼻型就会改变。

③ 圆鼻者。圆鼻是指鼻尖部分比较圆，呈圆柱状。圆鼻的鼻影限制在眉头和鼻子中间，鼻子的下半部不能涂阴影，在眉头到鼻侧中部两侧深鼻影，鼻翼用色宜浅，再从鼻深中部向鼻尖涂明亮色，高光。

④ 长鼻者。从鼻根至鼻尖的长度应占脸长的三分之一。如果鼻子偏长，整个脸型也就显长，改变的方法是降低眉头，可以用眉笔在原来的眉毛下加画几根或者在眉头下端揉搓一些绿褐色粉，再将鼻侧影与之相连接，鼻侧影向内眼角深染，颜色要淡，向下不要延续至鼻翼。鼻影的颜色既要与眼影自然衔接又要柔和过渡至眉毛，不要形成明显的化妆迹象。鼻梁的匀明色不要超过两内眼角连线且不宜打高光。

(12) 修容。修容粉的使用方法如图 2-27 所示，分为粉底和粉饼两种，在打粉底时使用。用深棕色阴影粉在面部轮廓上加阴影色，使腮部形成阴影，使面部轮廓更突出，并把其余的部分隐去，从而改变长形、方形、菱形或三角形等不同的脸型。例如，三角形脸可用阴影色使两腮显小，菱形脸可利用阴影色把两鬓和颧骨连接起来，不使两颧过于突出。

另外，利用深色粉底打腮影，使下颌骨部位颜色最深，但要与颈部肤色相协调，位置和颜色的深浅要视下颌骨的大小和面型而定。修容粉饼在整个妆面基本完成时使用，在脸型缺陷的部位进行修饰，深色可打在鼻影、脸侧，浅色可打在眉骨、T 形区或下巴等位置。修容粉饼颜色的使用如图 2-28 所示。

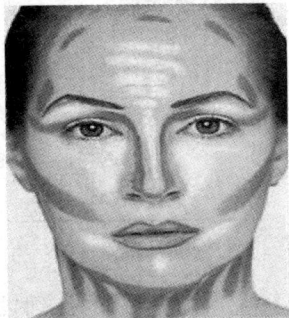

图 2-27 修容粉的使用

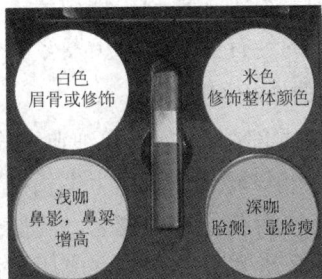

白色
眉骨或修饰

米色
修饰整体颜色

浅咖
鼻影，鼻梁
增高

深咖
脸侧，显脸瘦

图 2-28 修容粉饼颜色的使用

(六) 妆面检查及补妆

(1) 头发和眼睫毛上是否沾有粉迹。

(2) 眉毛、眼影色、眼线是否对称,有无粗细不同或深浅不一现象。

(3) 唇膏是否涂得左右一致,有无涂出唇线外,腮红是否左右均匀一致。

(4) 鼻影有无涂歪或颜色过重。

(5) 粉底和腮红是否协调。

(6) 是否有不足之处需要补妆。

面部化妆必须有整体效果,不能因注重面部而忽视了颈、颚、耳朵和手等其他部位,给人以不协调的感觉。因此,要检查裸露部位是否有底色衔接,发型和服饰是否搭配得当,全身颜色是否和谐,这些都要近距离、远距离反复检查。

四、发型

秦汉时期,国家统一,内外交流进一步加强,各类发型及其装饰日趋讲究。到中国封建社会的鼎盛时期,即隋唐年代,政治开明、经济发达、文化繁荣、生活富裕,此时的妇女发型及装饰可谓达到了历史上的登峰造极之势。发型的历史变革及其演变的过程,从一个侧面反映了人类社会的政治、经济、文化和一个民族的形象水平。

发型在人类生活中占据着举足轻重的位置并具有不可磨灭的功绩。现代生活中的发型,已不仅仅是人类出于劳动、生活以及社交礼仪等方面的需要。现代的发型是人们根据不同的需求和愿望,为了达到特定的效果,体现不同的个性和不同的审美标准而设计的,可以提高男人的气质和尊严,提升女人的形象和魅力。

(一) 头发的生理常识

人的头发是非常微妙的,只有充分了解头发的性能,才能进行妥善的修整,使头发保持正常状态,不失其光泽。

1. 头发的构造

头发是由毛小皮、毛皮质和毛髓质组成的,如图2-29所示。

2. 头发的数量

头发的数量很难一根一根地数清,只能大致计算一下,头发少的约有五万根,头发多的约十万根。

3. 头发的生长和周期

头发由毛球部分的毛乳头细胞的分裂增殖而生长,一般把这个分裂增殖期称为生长期;再由分裂增殖逐渐地变得不活跃,走向衰老,一般把这一时期称

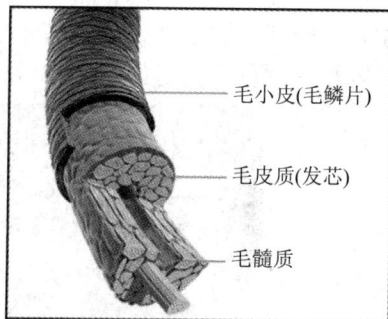

毛小皮(毛鳞片)

毛皮质(发芯)

毛髓质

图 2-29　头发的构造

为退行期;不久进入静止期,完成历史使命的毛发会自行脱落。在毛发衰老时期,不要急于用手拔,三到四个月后,衰老的毛发就会自己脱掉。旧发脱掉后毛乳头又开始活动,新发便逐渐发出。我们把头发从新生到衰老的时间,称为头发的周期。

头发在健康的状态下，一个月能长 1 厘米左右，但是头发的生长速度不是绝对不变的，它会受季节和年龄的影响。春夏两季头发生长的速度快，而秋冬季节相对较慢。头发的分类如下：

(1) 正常的头发，皮脂分泌正常，有光泽，有弹性。

(2) 油脂性头发，皮脂分泌过多，头的表皮及毛发均有黏糊之感。

(3) 干性头发，由于皮脂分泌过少，没有光泽，有干松之感。

4. 有益于增加头发营养的食品

头发所需的主要营养成分多来源于绿色蔬菜、豆类和海藻类等，分述如下。

(1) 绿色蔬菜。菠菜、韭菜、芹菜、圆辣椒、芦笋等绿色蔬菜有助于黑色素的形成，使头发保持黑色，并且由于这些蔬菜中含有丰富的纤维质，还能不断增加头发的数量。

(2) 豆类。大豆能起到增加头发的光泽、弹力和滑润等作用，防止分叉或断裂。

(3) 海藻类。海菜、海带、裙带菜等海藻类食物含有丰富的钙、钾、碘等物质，能促进脑神经细胞的新陈代谢，还可预防白发。

除此之外，甘薯、山药、香蕉、菠萝、芒果也是有利于头发生长的食品。

5. 不利于头发生长的因素

吸烟，快餐食品、碳酸饮料、过凉的食物等饮食过量，都能影响头发的正常生长，容易出现白发。另外，长期在潮湿、过凉的房间里工作的人，由于胃肠受凉，新陈代谢不调，血液循环受阻，因此容易出现头发变细、掉发、断发等现象，特别是头顶的头发会越来越稀薄。

6. 影响头发生长的因素

(1) 外在因素——生活环境、头发生长环境。不要在空气污浊(空气里充满粉尘)的环境中待得过久。忽冷忽热、温度反差较大的环境也会使头发难以适应，从而使头发失去抵抗力。

(2) 自身因素——选用适合的洗发水、护发素。补充维生素 B2、B6，多吃水果、多喝水、多参加体育锻炼。

(3) 内在因素——心情好坏也会影响头发生长。保持好的心情，可以使大脑不紧张，从而让头部放松，能给头发一个更好的生长环境。

健康头发发干的表皮呈"屋顶鳞瓦"状排列，能正常地反射光线，看起来柔顺亮泽，手感柔滑，易于打理。

受损头发的毛鳞皮不再呈"屋顶鳞瓦"状排列，粗糙甚至缠成一团，不能规则地反射阳光而显得色泽黯淡，同时，头发的柔软性也大大降低，不易打理，持续的损伤还会导致发端分叉。

(二) 发质的类型特征及护理方法

头发的类型由头发的天然状态决定，即由身体产生的皮脂量决定，不同的发质有不同的特性。了解头发的性质，是护理头发的第一步。认清自己的发质，选用真正适合的洗发、护发方法，对头发的健康美观十分重要。

1. 油性发质

特征：发丝油腻，洗发过的第二日发根已出现油垢，头皮如厚鳞片般积聚在发根，容易头痒。头发过分油腻不洁，会失去弹性，变得疏松，难于定型，烫发和染发都不持久。

护理：

(1) 切记不要大力梳擦、按摩头皮。

(2) 要用专用平衡油脂的洗发产品。

(3) 用温水洗发。每天洗发后，使用能收紧头皮、控制油脂分泌的护发露。

2．干性发质

特征：油脂少，头发干枯；缠绕、容易打结；松散，容易有头皮屑。特别是在浸湿的情况下难于梳理，通常头发根部颇稠密，但至发梢则变得稀薄，有时发梢还分叉。头发干燥、收紧，失去光泽，缺乏弹性，无生气。

护理：选用滋润的洗发露和护发素，使用时可轻轻按摩头皮和发梢，选用性质温和的烫发和染发产品，定时使用修护产品，使头皮和头发恢复健康。

3．中性发质

特征：不油腻，不干燥；柔软顺滑，有光泽，油脂分泌正常，只有少量头皮屑。如果没有经过烫发或染发，保持原来的发型，总能风姿长存。

护理：选用温和而含水分量大的产品来保护现有的发质。

4．混合性发质

特征：头皮油、头发干，处于经期的妇女和青春期的少年多为混合型头发。此外，过度进行烫发或染发，又护理不当，也会造成发丝干燥但头皮仍油腻的发质。

护理：首先，注意保持头皮毛囊的清洁，同时要集中修护发干，以避免头发分叉或折断；其次，建议选用保湿型护发素，但注意洗发时在发梢部位适量使用护发素即可；再次，如果需要修护混合性发质，建议停止烫发、染发，修剪干枯头发，让头发得到休养；最后，改善个人饮食，少食油腻食物，增加黑色食品的摄入量。

(三) 发型的选择

1．发型与脸型

1) 鹅蛋脸(椭圆形脸)

对策：完美的小鹅蛋脸，任何发型都可以尝试。选择最佳发型需要考虑的因素包括身材、年龄、职业、发质、侧面轮廓、两眼之间的距离以及是否戴眼镜等。

2) 圆脸

对策：

(1) 两侧打薄的短发型。

(2) 偏分而有层次的发帘能使脸型看起来修长，并与两侧的头发自然衔接，制造出飘逸的下垂感。

(3) 在发型轮廓线上应增加发顶的高度，使脸型稍稍拉长，给人以协调、自然的美感。

(4) 在梳妆时要避免面颊两侧的头发隆起，否则会使颧骨部位显得更宽。

(5) 宜侧分头缝，梳理垂直向下的发型，直发的纵向线条可以在视觉上减弱圆脸的宽度。

参考：

(1) 高部位盘发。

(2) 头顶部适当增高的中长发。

(3) 非对称发型。

圆脸男士的发型最好是两边短，顶部和发冠稍长一点，侧分头。可以将头顶头发吹得蓬松一点，显得脸长一些。

3) 方形脸

对策：

(1) 选发型的主要目的是尽量把方形的角盖住，不要使角太过明显。一般头发不要剪太短，也不要选择太平直或中分等发型，这样会使脸显得更方。

(2) 头发要有高度，使脸变得稍长，并在两侧留刘海，缓和脸的方正感。

(3) 头发侧分，会增加蓬松感，头发一边多一边少会造成鸭蛋脸的感觉。

(4) 自然大波浪卷发是修饰方形轮廓的最好办法，顶部尽量蓬松，有自然弯曲发梢的偏分发帘，会缓和方形脸坚硬的轮廓线。

(5) 前额不宜留齐整的刘海，也不宜全部暴露额部，可以选择中分或 4∶6 偏分，正面的头发尽量松软，以暴露耳朵以下的面部轮廓。

(6) 两耳边的头发不要有太大的变化，避免留齐至腮帮的直短发。

参考：

(1) 波浪式与波纹式超短发。

(2) 波浪式长发。

4) 长形脸

对策：

(1) 理想的发型是将前面刘海留长，然后采用旁分法并将刘海向两侧自然分开梳理，如此在前额会产生自然的大波浪，这是自然让头型变短的方法，应该避免的是将两侧头发打薄。

(2) 长度能盖住眉毛的厚、宽刘海。

(3) 头发在头顶不能高，不要增加脸的长度。不要留平直、中间分缝的头发，也不要把头发剪得太短或全部往后梳、不留刘海。

(4) 可以剪到腮帮以上，侧分头发，脸会显得稍圆。

(5) 如果一定要留长发，可以在前额处留刘海，提高眼睛的位置；也可以在两边修些短发，盖住脸庞。

(6) 斜刘海会暴露过高的发际线，增加纵向的线条，被视为长形脸的禁忌。

(7) 应避免没有刘海或在头顶增加高度的发型。

参考：

(1) 不对称式短直发。

(2) 嫩烫式短发。

5) 菱形脸

对策：

(1) 一般将额上部的头发拉宽，额下部分头发逐步紧缩，会柔和发缘，使脸型没有棱角。

(2) 靠近颧骨处可设计一种大弯形的卷曲或波浪式的发束，以遮盖其凸出的缺点。

参考：

(1) 大波浪式中长发。

(2) 嫩烫式短发。

(3) 不对称式短直发。

(4) 细密式卷发。

6) 正三角形脸

对策：

(1) 头发长度要超过下巴，避免短发型。如果烫一下则更好，容易做出大波浪，使发梢柔软地附在脸腮上。

(2) 为了掩盖其缺陷，两侧发量要蓬松，头顶尽量避免蓬松，重点摆在发型下半部的层次。

(3) 额头两侧必须有刘海，刘海的分线，建议从眉头处开始切分，额下部分头发逐步紧缩，最能掩饰三角形脸的状况。

参考：

(1) 直长发。

(2) 大波浪长发。

7) 心形脸(倒三角形脸)

对策：

(1) 正三角形脸刚好与倒三角形脸相反。在发式选择上综合方形脸和长形脸的缺陷掩饰方法，做法与倒三角形脸相反。在发型设计上应体现额部见宽，把太阳穴附近的头发弄得宽、高一点，以平衡下颚的宽度，尽量把刘海剪高一点，使额头看起来高一些。

(2) 倒三角形脸因为额头两侧比较宽，所以一定要遮一下，从腮帮子到脸两侧都不需要打薄，反倒是创造蓬松感来遮掩较恰当。

(3) 头发长度以中长或垂肩长发为宜，发型适合中分刘海或稍侧分刘海。发梢蓬松柔软的大波浪可以达到增宽下巴的视觉效果，并增添几分魅力。

(4) 避免将整个头发向后梳理是一个重要的原则，因为这会让倒三角形的脸更加明显。

(5) 两侧头顶尽量不要蓬松，否则脸会更加呈现倒三角形状。

(6) 不要用笔直短发和直长发等自然款式，因为过于朴素的样式会使脸部更加单调。头发厚重感的卷发，可以让头部看起来显得稳重，去掉轻飘飘的感觉，颈部后面浓密卷曲的秀发，最容易吸引别人的视线，从而减低尖下巴的薄弱感。

参考：

(1) 超短发。

(2) 短卷发。

8) 男士发型与脸型的最佳搭配

(1) 鹅蛋形脸：这是完美的脸型，基本上想做什么造型都可以，如图 2-30 所示。

(2) 圆形脸：此类脸型重点在于两侧的线条要向上修剪，头顶要弄蓬松，才不会让脸显得太圆。刘海记得留过眉毛，可以修饰圆形脸，如图 2-31 所示。

图 2-30　男士鹅蛋形脸参考发型

图 2-31　男士圆形脸参考发型

(3) 长形脸：这种脸型的头发切忌上方弄蓬松，避免强化长形脸。修饰的重点在于两侧的头发要弄蓬松来修饰，这种发型切忌剪太短，层次不要打太高，避免让脸型有拉伸的感觉，如图 2-32 所示。

(4) 多边形脸：这种脸型一般给人非常男性化的感觉，如何去柔化是发型设计的重点。侧边的头发修剪得让人有轻薄的感觉，避免脸颊与下巴线条被过分强调，如图 2-33 所示。

图 2-32　男士长形脸参考发型

图 2-33　男士多边形脸参考发型

(5) 方形脸：这种脸型和多边形脸给人的感觉很类似，有比较男性的感觉。头顶弄蓬松、刘海侧分，并尽量把在脸颊旁的头发弄蓬松，以减少直线的感觉，如图 2-34 所示。

图 2-34　男士方形脸参考发型

2. 发型与服饰的搭配

我们常常根据脸型来寻找适合的发型，其实，服饰也能够与发型搭配。其有以下几种形式：

(1) 长直发搭配服饰。长直发是女性最简单的发型，可以给人一种清新自然的感觉，面对这一类女生，往往感觉她们十分可爱。长直发女生在选择衣服的时候可以在衣服领口做一些"小文章"，选择领口是荷叶边或者蕾丝边的衣服，衬托自己的清新和自然，或者选择有蝴蝶结的装饰来弥补自己直发所造成的视觉单调。一些具有垂感的服饰能显得更优雅有型，增添干练的气息。将长直发扎起来，会令人显得十分清爽，可以搭配运动服饰或休闲服饰。

(2) 波波头搭配服饰。经过了漫长的岁月，波波头一直行走于时尚的前沿，如今到处都可见波波头的踪影。波波头女生适合走韩风路线，像连衣裙、雪纺衫都很合适，小腰带加上裙子，铅笔裤配上各种款式的 T 恤，学生风造型的衬衫配上小牛仔短裤加上两条黑色吊带都是经典的搭配，用大蝴蝶结来装饰就显得更加可爱了。

(3) 利落短发搭配服饰。越来越多的女性都选择短发，干练、清爽，甚至带一点点帅气的短发让许多女性都十分喜爱。利落短发的女性，可以选择黑色西服来衬托自己的帅气，再配上高跟鞋，又可增添性感的魅力。如果是职业女性，那么白色的衬衫是必备之物，这样看上去不仅干练，还十分突显独立的气质。如果是年轻的女孩，可选择一些运动型的衣服，看起来更加精神，更加有朝气。

(4) 长卷发搭配服饰。把头发设计成长卷发是展现女性气质的方式之一，长卷发给人以高贵、优雅、成熟的感觉，但是长卷发也会让女生显得老气，因此在服饰搭配上就要下一些功夫。长卷发发型的女生可以选择短款的韩版小棉衣、铅笔裤、高跟短靴，将老气转化成可爱，也可在头上戴只发箍，让发型不至于那么死板，让整个人焕发出一种生动、活泼的感觉。

(5) 丸子头搭配服饰。丸子头的样式很多，大多是在马尾辫的基础上，再把头发盘成一个圆盘状，用黑色的发夹固定。丸子头既可以彰显女孩子可爱的一面，也可以在出席宴会时作为盘发，显出高贵气质。梳丸子头的女生可以用黑白格子衬衫，随意搭配出休闲甜美的感觉；也可以用条纹衫搭配街头味的高筒运动鞋，同样有休闲的效果；还可以用黑白花雪纺上衣等。

3. 女士商务发型

女士商务发型，要求干净和整齐，在办公环境中最好不要披散头发，发型以干练利落为佳，刘海切忌遮挡眼睛。

4. 女士宴会发型

女士参加宴会应根据自身礼服款式去搭配发型。

5. 男士商务发型

(1) 不宜过长，最短标准是不得剃光头。

(2) 商务发型的标准为：前发不附额，侧发不掩耳，后发不及领。

(3) 不抹过多的发胶，不留过长、过厚的鬓角。

五、修饰仪容的禁忌

(一) 避免在他人面前修饰仪容

切记"修饰避人原则"，对自己的仪容进行整理、修饰时要自觉回避其他人。否则不仅不雅观，也是不尊重他人的一种表现。要避免津津有味地"挖掘"自己的鼻孔、眼睛或旁若无人地搔弄自己的头发。如果感到牙缝中塞了东西，可以用手优雅地遮蔽一下"龇牙咧嘴"的形象或者到洗手间里面剔牙。

(二) 避免人前发出异声

像打哈欠、吐痰、喷嚏、咳嗽、放屁等要注意忍耐。当打喷嚏时，应注意用手帕捂住口鼻，面向无人的一旁，尽力避免发出过大的响声。如果不慎弄出了异响，要向身边的人道歉。

(三) 手部及面部疾病的治疗

日常不要用手在脸上乱抠、乱摸，如果患了传染性的疾病，如面癣、沙眼、痤疮等，一定要遵照医嘱休息、治疗，还要避免接触他人，否则会令人不快，甚至产生反感。

（四）勿借用他人的化妆品

化妆品可能成为疾病传染媒介，借用他人的化妆品非常不卫生。因此，不要乱用他人的化妆品化妆，也不要将自己用过的化妆品随意借给别人。

（五）梳头的禁忌

1．一梳到底

一梳到底很容易会让头发打结，还会拽掉不少头发。正确梳头应该是先握住一截头发，梳开散乱的发梢，然后再由头发的中段梳向发尾，最后再从发根开始慢慢梳向发梢。

2．不洗梳子

梳子用久了，上面就会残留不少油脂、灰尘等污垢，如果不注意定期清洗，很容易滋生病菌，通过与头皮的接触感染人体。

3．不梳头皮

很多人梳头都只梳理头发，这样不利于梳去头发上的污垢，还刺激不到头皮的血液循环。正确梳头应把头发分成几块区域，如头顶、前额、两侧，然后由表及里，触及头皮，轻柔地梳。这样有利于把头皮分泌的油脂转移到头发表面，形成天然保湿层，防止头发干燥分叉。梳子轻轻划过头皮可刺激头皮神经末梢，有缓解疲劳、促进睡眠的功效。

4．头发没干就梳

头发没干就梳理头发，这样很容易让未闭合的角质层受伤。其实在洗头发之前就应该先梳通头发，然后等头发吹干或者自然阴干后再进行梳理。

5．用塑料梳

塑料梳子容易与头发摩擦，易产生静电，伤害毛发。最好使用天然材质的梳子，如鬃毛梳、牛骨梳、桃木梳等。

第二节 仪表礼仪

服装在无声地帮助人们进行交流、沟通，传递着信息，告诉人们自己的社会地位、个性、职业、收入、教养、品位、发展前途等。得体的穿着，不仅可以显得更加美丽，还可以体现出一个现代文明人良好的修养和独到的品位。仪表的打造需要遵循 TPO 原则，它是在 1963 年由日本男装协会(MFU)作为该年度流行主题提出来的，旨在尽快树立和提高国民整体国际形象，为 1964 年日本东京奥运会做准备，之后成为国际社交界通行的男装规则和知识系统。

TPO 是三个英语单词的缩写，它们分别代表时间(Time)、地点(Place)、场合(Occasion)，即着装应该与当时的时间、地点和所处的场合相协调。

首先，时间原则。从时间上讲，一年有春、夏、秋、冬四季的交替，一天有 24 小时变化，显而易见，在不同的时间里，着装的类别、式样、造型应有所变化。

其次,地点原则。从地点上讲,置身在室内或室外,驻足于闹市或乡村,停留在国内或国外,身处于单位或家中,在这些不同的地点,着装的款式理当有所不同,切记不可以不变应万变。

最后,场合原则。衣着要与场合协调,与顾客会谈、参加正式会议等,衣着应庄重考究;听音乐会或看芭蕾舞,则应按惯例着正装;出席正式宴会时,则应穿中国的传统旗袍或西方的长裙晚礼服;而在朋友聚会、郊游等场合,着装应轻便舒适;如果以便装出席正式宴会,不但是对宴会主人的不尊重,也会令自己颇觉尴尬。

一、服装选择三要素

在服装的选择上遵循三要素:款式、色彩、面料。首先,服装款式变化多端,如 Y 形、A 形、H 形、O 形、郁金香形、不规则形等;其次,色彩是服装的另一基本要素,颜色分无彩色系(黑、白、灰)和有彩色系;最后,要了解面料(主料和辅料之分)的材质、成分、性能等。三要素的选择都可以根据自己的身型、喜好、场合等进行有针对性的选择。

二、服装风格分类

常见的服装风格包括:瑞丽、百搭、嬉皮、淑女、韩版、民族、欧美、洛丽塔、简约、学院、中性、通勤、嘻哈、田园、朋克、OL、街头、波希米亚等 18 种。各类风格的服装都有其不同的特点,如表 2-2 所示。

表 2-2　服装风格分类及特点

服装风格	特　点	服装风格	特　点
瑞丽风格	《瑞丽》是日本著名的时尚杂志。瑞丽风格分有三个大类:"可爱先锋"主要受众群是学生,"伊人风尚"主要受众群是年轻白领,而"服饰美容"大家都可以看。总体来说,瑞丽的主要风格还是以甜美优雅为主,因此深入人心	学院风格	学院派风格简单却又充满理性,如针织帽、藏青裙、条纹衫、白衬衫等
百搭风格	百搭一般为单品,可以搭配各类衣服或很实用的单件服饰,一般都是比较基本的、经典的样式或颜色,如纯色系服装、牛仔裤等	中性风格	20 世纪 90 年代末,中性成了流行中的宠儿。T 恤衫、牛仔装、低腰裤被认为是中性服装;黑白灰是中性色彩;染发、短发是中性发式
嬉皮风格	嬉皮士(Hippie)本来被用来描写西方国家 20 世纪六七十年代反抗习俗和当时政治的年轻人。从细节上看,繁复的印花、圆形的口袋、细致的腰部缝合线、粗糙的毛边、珠宝的配饰等,都成为个性化穿着的表达方式	通勤风格	通勤与 OL 最大的区别是通勤更具有休闲风格,是时尚白领的半休闲主义服装。它不仅是度假时的装束,而且会出现在职场和派对上。人们宽容地接纳了平底鞋、宽松长裤、针织套衫,因为这些服饰品让穿着者看上去温和,更加贴近自然,重点在于打造干练、简洁、清爽的形象

服装风格	特　点	服装风格	特　点
淑女风格	自然清新、优雅宜人是淑女风格的概括。蕾丝与褶边是柔美新淑女风格的两大时尚标志	嘻哈风格	虽然说嘻哈很自由,但还是有些明确的服装标准(Dress Code),好比宽松的上衣和裤子、帽子、头巾或胖胖的鞋子。衬衫、刷白牛仔裤、靴子和渔夫帽,嘻哈中也有时尚感
韩版风格	韩装的设计者通过面料的质感与对比,加上款式的丰富变化来强调冲击力,那种浓艳的、繁复的、表面的东西被精致的展现取而代之,不规则的衣裙下摆、极具风情的褶皱花边都在表明它的美丽与流行	田园风格	田园风格的设计特点,是崇尚自然而反对虚假的、华丽的、烦琐的装饰和雕琢的美。纯棉质地、小方格、均匀条纹、碎花图案、棉质花边等都是田园风格中最常见的元素
民族风格	服装以绣花、蓝印花、蜡染、扎染为主要工艺,面料一般为棉和麻,款式上具有民族特征,或者在细节上带有民族风格。目前流行的经典唐装、旗袍、改良民族服装等是主要款式	朋克风格	早期朋克的典型装扮是穿一条窄身牛仔裤,加上一件不系纽扣的白衬衣,再戴上一个耳机听着朋克音乐。进入20世纪90年代以后,时尚界出现了后朋克风潮,它的主要指标是鲜艳、破烂、简洁、金属
欧美风格	主张大气、简洁,面料自然,比较随意,极具简约搭配感	OL风格	OL是英文Office Lady的缩写,通常指上班族女性,OL时装一般来说多数是指套裙,很适合在办公室穿着
洛丽塔风格	西方人说的"洛丽塔"女孩是那些穿着超短裙,化着成熟妆容但又留着少女刘海的女生,简单来说就是"少女强穿女郎装"的情况。但是当"洛丽塔"流传到了日本,日本人就将其当成天真可爱少女的代名词,统一将14岁以下的女孩称为"洛丽塔代",而且态度变成"女郎强穿少女装",即成熟女人对青涩女孩的向往	街头风格	街头服饰一般来说是宽松得近乎夸张的T恤和裤子,很多人喜欢包头巾,一种典型的服饰是篮球服和运动鞋,也以宽松为标准
简约风格	廓形是设计的第一要素,既要考虑其本身的比例、节奏和平衡,又要考虑与人体的理想形象的协调关系。这种精心设计的廓形常常需要精致的材料来表现,通过精确的结构(板型)和精到的工艺来完成	波希米亚风格	波希米亚风格的服装其实并不是单纯指波希米亚当地人的民族服装,服装的"外貌"也不局限于波希米亚的民族服装和吉普赛风格的服装。它是一种以捷克共和国各民族服装为主的,融合了多民族风格的现代多元文化的产物。此类风格的典型表现为层层叠叠的花边,大朵的印花、手工的花边和细绳结、皮质的流苏;其用色是运用撞色取得效果,如宝蓝与金啡,中灰与粉红……比例不均衡;注重领口和腰部设计

三、服装的功能

为了取暖和遮羞，人类的祖先开始用衣服来遮盖身体，但也就在那时，装饰作用也同时成了服装功能的一个重要组成部分。在特定的时代、特定的群体里，生活方式的变化及外界的压力都影响着人们对装饰方式的选择。今天，虽然人们穿戴衣物的基本原因还是为了取暖、消暑和遮羞，但更重要的原因已经是为了更好地装扮自己。

四、人体比例及身材类型

标准身材的黄金分割比例为：人体上下身的比例以肚脐为分界线，上下身比例约为5：8，这样的比例就是俗称的"黄金分割比例"，如图 2-35 所示。

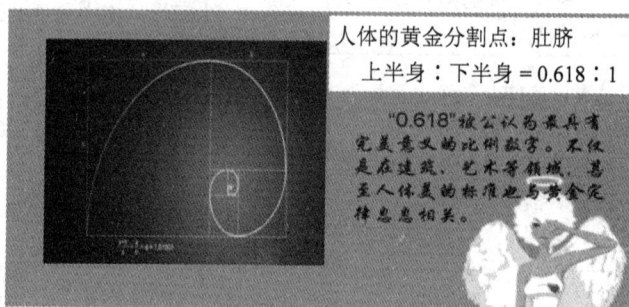

图 2-35　黄金分割比例图

(一) 九头身

顾名思义，九头身就是脸长和身高的比例为 1：9，即身高是脸长的九倍，如图 2-36 所示。头在这里是代指脸，这是一个美学概念。男性拥有九头身，通常身高最少也要有 186 cm，除了个别脸部特别小的男性。女性除了脸特别小的，通常身高最少要有 172 cm。其算法为："身高"除以"脸长"。例如，165/22 = 7.5，那么就是 7.5 个头身，约等于 8 个头身。

(二) 身材比例

(1) 上下身比例以肚脐为界，上下身比例应为 5：8，符合黄金分割比例，如图 2-37 所示。

(2) 胸围。由腋下沿胸部的上方最丰满处测量胸围，应为身高的一半。

(3) 腰围。在正常情况下，量腰的最细部位，腰围较胸围小 20 cm。

(4) 髋围。在体前耻骨平行于臀部最大部位，髋围较胸围大 4 cm。

(5) 大腿围。在大腿的最上部位，臀折线下，大腿围较腰围小 10 cm。

(6) 小腿围。在小腿最丰满处，小腿围较大腿围小 20 cm。

(7) 足颈围。在足颈的最细部位，足颈围较小腿围小 10 cm。

(8) 上臂围。在肩关节与肘关节之间的中部，上臂围等于大腿围的一半。

(9) 颈围。在颈的中部最细处，颈围与小腿围相等。

(10) 肩宽。两肩峰之间的距离，肩宽等于胸围的一半减 4 cm。

图 2-36 九头身图

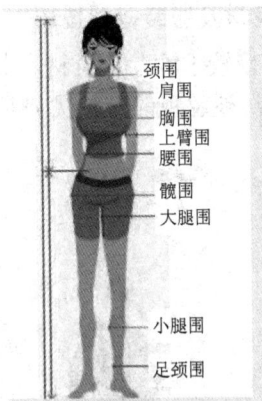

图 2-37 身材比例测量部位图

(三) 标准三围的尺寸

标准三围的尺寸对照表如表 2-3 所示。

表 2-3 标准三围的尺寸对照表　　　　　　　　单位：cm

身高	170	164	158	152
胸围	88	86	84	80
腰围	68	66	64	62
臀围	94	90	86	82

(四) 身材类型

女性身材大致可分成五类，分别为沙漏形、H 形、梨形、倒三角形和苹果形。这五种身材各有长处，但其中最受青睐的无疑还是沙漏形身材。虽说身材的改变并非一朝一夕的事，但如果能掌握一些简单的穿搭技巧，同样可以达到扬长避短的视觉效果。

1. 沙漏形身材及服装搭配技巧

胸部、腿部、腰部、臀部都凹凸有致，是亚洲女性较为常见的体型，如图 2-38 所示。

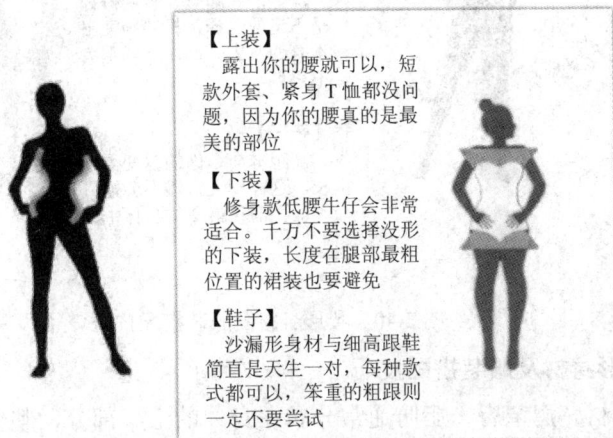

【上装】
　　露出你的腰就可以，短款外套、紧身 T 恤都没问题，因为你的腰真的是最美的部位

【下装】
　　修身款低腰牛仔会非常适合。千万不要选择没形的下装，长度在腿部最粗位置的裙装也要避免

【鞋子】
　　沙漏形身材与细高跟鞋简直是天生一对，每种款式都可以，笨重的粗跟则一定不要尝试

图 2-38 沙漏形身材及服装搭配技巧

2．H形身材及服装搭配技巧

H 形身材相较于沙漏形身材，曲线并不明显，除了胸部和臀部欠缺丰满，整体来看比较显瘦，但却常被忽视的一个优势是背部线条，如图 2-39 所示。

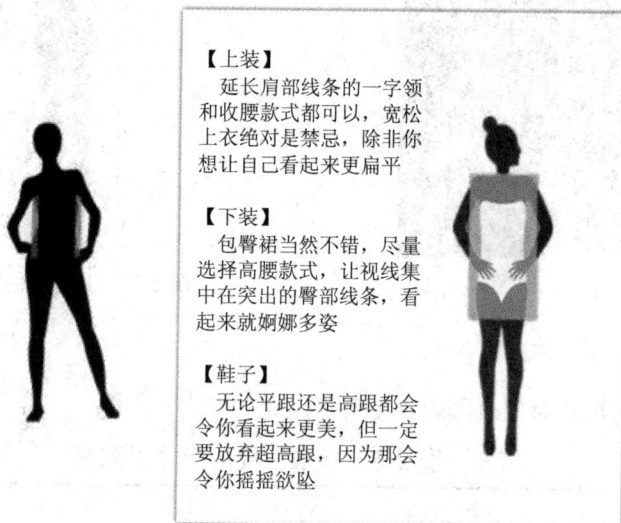

【上装】
延长肩部线条的一字领和收腰款式都可以，宽松上衣绝对是禁忌，除非你想让自己看起来更扁平

【下装】
包臀裙当然不错，尽量选择高腰款式，让视线集中在突出的臀部线条，看起来就婀娜多姿

【鞋子】
无论平跟还是高跟都会令你看起来更美，但一定要放弃超高跟，因为那会令你摇摇欲坠

图 2-39　H 形身材及服装搭配技巧

3．梨形身材及服装搭配技巧

梨形身材比较鲜明的特征是肩比臀窄，有溜肩的可能，上身较瘦，胸部线条不太明显，腿部、腹部、腰部、臀部则较为丰满，如图 2-40 所示。

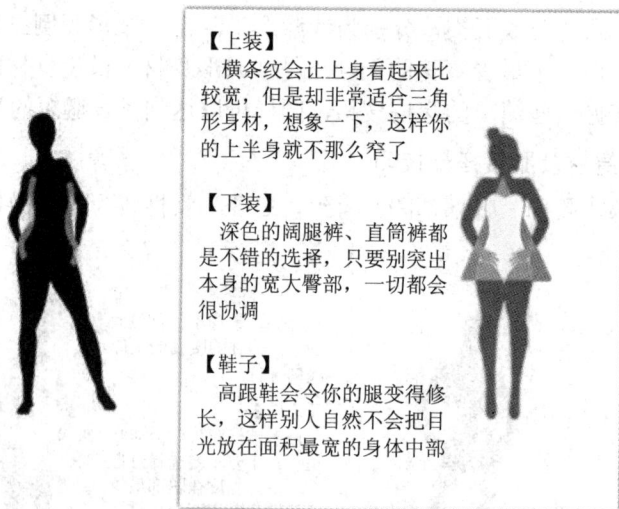

【上装】
横条纹会让上身看起来比较宽，但是却非常适合三角形身材，想象一下，这样你的上半身就不那么窄了

【下装】
深色的阔腿裤、直筒裤都是不错的选择，只要别突出本身的宽大臀部，一切都会很协调

【鞋子】
高跟鞋会令你的腿变得修长，这样别人自然不会把目光放在面积最宽的身体中部

图 2-40　梨形身材及服装搭配技巧

4．倒三角形身材及服装搭配技巧

倒三角形身材宽肩窄臀，脂肪通常分布在身体的上半部分，整体身材有上宽下窄的视觉效果，手臂、腰部略显粗，胸部丰满，臀部和腿部较瘦，如图 2-41 所示。

【上装】
　　请不要选择那些袖子带有装饰感的上衣，除非你想让自己的上半身看起来更宽、更粗壮

【下装】
　　蓬松的下装可以修饰过窄的胯部，例如伞摆裙和灯笼裤，调整胯部和肩部的比例是重点

【鞋子】
　　选择夸张色彩的鞋比浅色更适合，适度转移上半身注意力，才不会造成头重脚轻的错觉

图 2-41　倒三角形身材及服装搭配技巧

5. 苹果形身材及服装搭配技巧

　　苹果形身材的特征是凸起的腹部，腰部的宽度大于肩部与臀部的宽度。腰部曲线不明显，腰部、臀部丰满，腿部细，整体给人圆润的感觉，如图 2-42 所示。

【上装】
　　外套能遮住身上的肉这是最好不过了，若是单穿的宽松上衣，露出锁骨的大圆领会更显瘦

【下装】
　　苹果型身材一般下肢比较瘦，修身的下装能让人们只关注这种身材的优点，那就是纤细的双腿

【鞋子】
　　不要冒险去选择一双小巧的细跟尖头鞋，粗跟和圆头更适合你

图 2-42　苹果形身材及服装搭配技巧

五、服装材料

　　服装材料是构成服装的一切材料，它可分为服装面料和服装辅料。

(一) 常用服装面料

1. 棉型织物

棉型织物是指以棉纱线或棉与棉型化纤混纺纱线织成的织品，其透气性、吸湿性好，穿着舒适，是实用性强的大众化面料。它可分为纯棉制品和棉的混纺两大类。

2. 麻型织物

麻型织物是由麻纤维纺织而成的，纯麻织物及麻与其他纤维混纺或交织的织物统称为麻型织物。麻型织物的特点是质地坚韧、粗犷硬挺、凉爽舒适、吸湿性好，是理想的夏季服装面料。麻型织物可分为纯麻和混纺两类。

3. 丝型织物

丝型织物是纺织品中的高档品种，主要是指由桑蚕丝、柞蚕丝、人造丝、合成纤维长丝为主要原料的织品，具有薄轻、柔软、滑爽、高雅、华丽、舒适的优点。

4. 毛型织物

毛型织物是以羊毛、兔毛、骆驼毛、毛型化纤为主要原料制成的织品，一般以羊毛为主，具有弹性好、抗皱、耐穿耐磨、保暖性强等优点。

5. 纯化纤织物

化纤面料以其牢度大、弹性好、挺括、耐磨耐洗、易保管收藏而受到人们的喜爱。纯化纤织物是由纯化学纤维纺织而成的面料，其特性由其化学纤维本身的特性来决定。化学纤维可根据不同的需要，并按不同的工艺织成仿丝、仿棉、仿麻、弹力仿毛等织物。

(二) 其他服装面料

(1) 针织服装面料是由一根或若干根纱线连续地沿着纬向或经向弯曲成圈，并相互串套而成的。

(2) 裘皮是带有毛的皮革，一般用于冬季防寒靴、鞋的鞋里或鞋口装饰。

(3) 皮革是各种经过鞣制加工的动物皮，鞣制的目的是防止皮变质。

(4) 新型面料及特种面料，如蜡染、扎染、太空棉等。

六、男士商务服饰

人们常说："西装七分在做，三分在穿。"现如今，西装是举世公认的国际服装，美观大方、穿着舒适，因其具有系统、简练、富有气派的风格，所以正发展成为当今国际上最标准、最通用的礼服，在各种礼仪场合都被广泛穿着。

(一) 西装服饰的三要素

1. 颜色

从色彩的角度来讲，正装西装的基本特点是单色、深色，一般以蓝色、灰色居多，也有咖啡色和黑色(黑色西装一般用于非常正式的场合，作为礼服穿着)，男士应常备蓝色、灰色的西装。而休闲西装，色彩上就会异彩纷呈，可以是单色的，也可以是艳色的，还可以是多色的，有的还不止一种颜色，有的还有方格或者条纹图案，比较随意。

2. 面料

正装西装一般都是纯毛面料或者是含毛比例比较高的混纺面料。这种面料悬垂、挺括、透气，显得比较高档、典雅，当然价格也比较贵。而休闲西装的面料就无奇不有了，有麻的，还有皮的、棉的及真丝的等。

3．款式

正装西装是套装，在色彩、面料、款式风格上要一致。休闲西装则是单件的，上身穿蓝色的西装，下身可以穿黑裤子，它不是套装。

（二）西装着装的注意事项

1．三大禁忌

(1) 穿正装西装必须打领带，不可无领带。涉外商务交往中忌穿夹克时打领带，夹克属于休闲装，与领带搭配不协调。当然穿夹克时打领带，有一种情况是允许的，那就是穿制服式夹克。

(2) 西装袖口上的标签必须拆除。西装左边袖子的袖口上有一个商标，有些还有一个纯羊毛标志。购买之后头一件事就是要把商标拆掉，这表示西装启封了。

(3) 穿深色西装不可配白色袜子。男士的袜子和皮鞋采用同一颜色最合适、美观。还有一种选择，就是袜子和裤子采用同一颜色，也是很好看的。

2．三一定律

男士在穿西装外出时，身上的鞋子、腰带、公文包应该同色，并且首选黑色。

3．三色原则

穿正装西装时，全身上下的颜色不能多于三种。

（三）西装的开衩

西装款式上的开衩如图 2-43 所示。

图 2-43　西装开衩示范图

1．骑马衩(单开衩)

骑马衩是在西装的后中开衩，是比较特殊的一种款式，源于英国贵族骑马时避免衣服后面下部挤压褶皱而开缝的后衩款式。

2．边衩(双开衩)

边衩是在西装的两侧双开衩，这是英版西装的特点，同样源于英国贵族骑马或坐下时避免衣服后面下部挤压褶皱而开缝的又一款式。

3．不开衩

日本版西装大部分是不开衩的，就是没有以上开衩款式的常规款。因为日本人身材不高大，如果两侧开了很高的衩，就会把腰带露出来，这样不好看。

(四) 西装的板型

板型是指西装的外观轮廓。严格地讲，西装有四大基本板型，如表 2-4 所示。

表 2-4　西装的板型及其特点

版　　型	特　　点
 欧版西装	欧版西装是在欧洲大陆流行的。其基本轮廓是倒梯形，基本特点是双排扣、肩宽收腰
 英版西装	英版西装是欧版的一个变种，一般是三个扣子的居多，其基本轮廓也是倒梯形，但是领子比较狭长
 美版西装	美版西装的基本轮廓是 O 形的，宽松肥大，适合于休闲场合穿。因此美版西装往往以单件者居多，一般都是休闲风格
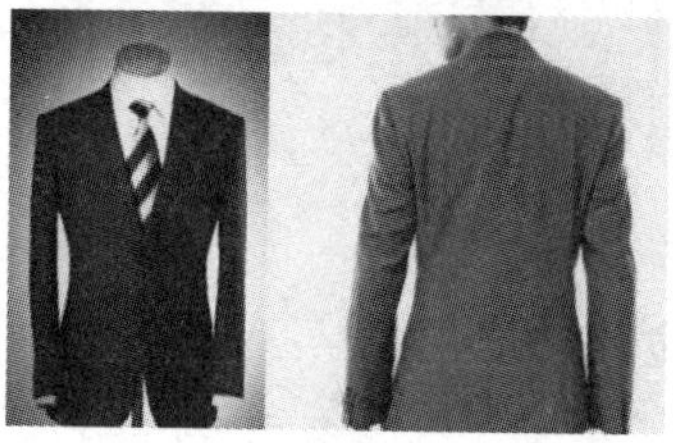 日版西装	日版西装的基本轮廓是 H 形的，适合亚洲男人的身材，没有宽肩，也没有细腰。它多是单排扣式，衣后不开衩

(五) 西装的款式

选购西装不仅要选择适合自己身材的板型，也应根据场合来选择西装的款式。西装的款式共有以下三种。

1. 西服套装(Suit)

西服套装颜色主要为鼠灰色、藏蓝色，有两件套或三件套。两件套为一衣一裤，三件套为一衣一裤一背心。一般西装套装为单排扣，平驳领，上下同质同色。左胸有手巾袋，袋盖是双开线，如图 2-44 所示。

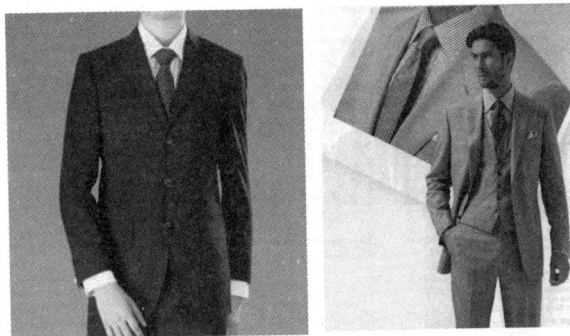

图 2-44　两件套及三件套西装

2．运动西装(Blazer)

运动西装分为两种：一种是单排三粒扣，平驳领，纽扣为金属扣，多为徽章设计，袋盖为贴口袋；另一种是运动西装(水手版)，如图 2-45 所示，颜色为上深下浅，双排扣，戗驳领，其特点是金属扣加袋盖。

3．夹克西装(Jacket)

夹克西装是单排三粒扣，平驳领。其特点是深浅、纹理分明。

图 2-45　运动西装(水手版)

(六) 西装的合身尺寸

西装是以剪裁合体为前提而制作的，即使是非常时尚的最新款，如果不合身，穿在身上也会变得很难看。

1．确认肩宽

在选择西装的大小时，最重要的就是合适的肩宽。其检查的方法为：在两个胳膊自然下垂的时候，袖子是否感觉非常紧，背部下面有没有褶皱，如图 2-46 所示。

合适　　太窄　　太宽

图 2-46　西装肩宽示范图

2．胸部周围

合身得体的西装，在系上扣子后，无论从前面看或是从侧面看，线条都很自然。为了行动方便，在系上扣子的状态下，胸部周围仍然可以自由出入一个拳头的松紧才最合适，如图 2-47 所示。

图 2-47　西装胸部示范图

3. 西装袖口长度

普通衬衫和叠袖衬衫露出的长度是不同的，普通衬衫应该到腕骨，而叠袖衬衫的袖长则应该稍微超过腕骨，如图 2-48 所示。如果用数字来精确表示，那么普通衬衫应该比西装袖子长出 1.3 cm(大约为 0.5 英寸)，叠袖衬衫袖长应该比西装长 2 cm(大约为 0.8 英寸)。

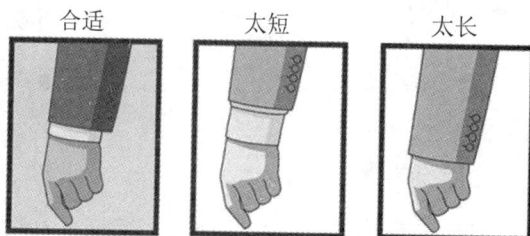
图 2-48　西装袖口长度示范图

4. 西装上衣长度

现今西装的长度变得越来越短，但是最佳的西装长度是可以盖住臀部，最短也要确保遮住臀部的 80%，这才是经典穿法，如图 2-49 所示。

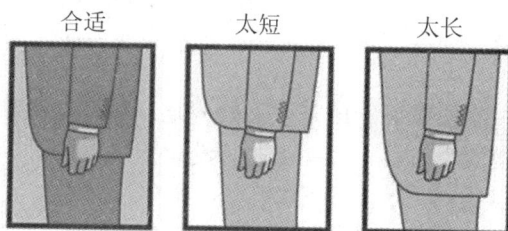
图 2-49　西装上衣长度示范图

5. 臀部线条

大部分人都以腰围来选择裤子的大小，其实更重要的是臀部和腿部的合适度。在站立的状态下，拉一下裤子的大腿后侧，多出来 2～3 cm 的空间，就是合身的西裤，如图 2-50 所示。

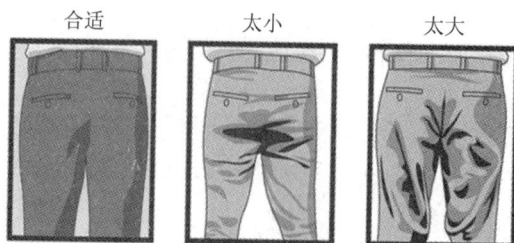
图 2-50　西裤臀部示范图

6. 裤子长度

裤子前面长度稍微凹进去一点，可以显示出有均衡感的魅力。但是如果不是翻边样式的裤子，稍长一些会更加合适。如果裤子过短，走路的时候裤子会有一些飘，太长又会显得有些臃肿笨拙，所以一定要注意合适的长度，如图 2-51 所示。

合适　　　太短　　　太长

图 2-51　西裤长度示范图

（七）西装的领型

正规的西装不但有详细的领型与衣身款式搭配标准，而且对于在什么场合使用什么领型的西装都是被严格规定在正装礼仪中的。西装的领子按照驳头的宽窄和外观分类，可以分为平驳领、戗驳领、青果领等。

1. 平驳领

平驳领(Flat Collar)通常属于钝领的一种，其领子的下半片和上半片通常有一个夹角。这是一种适合穿着场合比较广的西装类型，商务、婚礼、休闲都可以穿，包括在日常生活中使用的场合也很多。此类西装颜色比较沉稳，适合婚礼、重要场合以及工作场合；颜色比较活泼的，可以在休闲、娱乐场合穿，如图 2-52 所示。

2. 戗驳领

戗驳领(Closure Collar)西装是比较特别的，它既有平驳领的稳重、经典，又有礼服款的精致、优雅，适合在年会、酒会、婚礼等重要场合穿，特别是包绢的戗驳领会给人高贵感，而小驳领更适合年轻人，混搭穿出不同的风情，如图 2-53 所示。

3. 青果领

青果领(Shawl Collar)是 20 世纪 80 年代的复古风，是翻驳领的一种变形，领面形似青果形状。青果领又名大刀领，也是礼服领中的一款，适合在隆重场合穿。青果领的服装是现今社会青年一代非常流行的服装，穿在身上既舒适又有美感，如图 2-54 所示。

图 2-52　平驳领　　　　图 2-53　戗驳领　　　　图 2-54　青果领

(八) 西装纽扣的系法

不同西装款式的纽扣有不同的系法，以下分类说明，如图 2-55 所示。

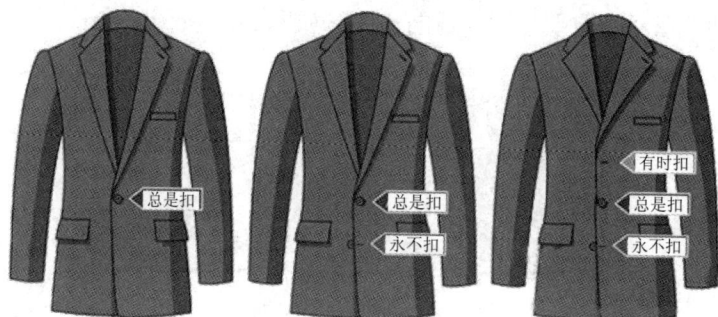

图 2-55　西装纽扣的系法

1. 单排一粒扣

正式场合需扣上纽扣，坐定后可以解开纽扣。

2. 单排两粒扣

正式场合扣上面的纽扣，下面的纽扣应解开。

3. 单排三粒扣

应扣中间的纽扣；最上面的是正式、严肃场合的纽扣，最下面的是解开的纽扣。

4. 双排纽扣

正式场合要把两个扣子都扣好，坐定后也不能解开扣子。非正式场合，可以不扣纽扣。

(九) 西装口袋

西装口袋有正常口袋(带个盖子)、外置的口袋(相对休闲)和斜口袋(个性)之分。其作用如下：

(1) 西装上衣两侧的衣袋原则上只作装饰用，不放东西。

(2) 西装上衣胸部的衣袋放置装饰性手帕或口袋巾，不可他用。

(3) 西装内侧胸袋可放钢笔、钱包、名片夹，其他的也不要放，手机之类的物品应放到自己的公文包里。

(4) 西裤插袋不可放鼓囊之物，否则会影响西装的整体美观。

(十) 口袋巾

口袋巾是正式西装或礼服的必要配件，传统的口袋巾通常是白色的，由上好的亚麻或者纯棉布料制成。现在的口袋巾可以是任何颜色和质料的，不再像过去那样必须郑重其事地使用白色纯棉质地，但其花色不能跟领带一模一样，应选择同色系或具有协调感的方巾。口袋巾应该露出胸部口袋的上方 2.5～4 cm。左前胸上袋专门放置口袋巾，口袋巾不能用来擦鼻涕，那是手帕的功能。(西裤右边的后袋是放手帕的地方。) 一般毛料领带搭配丝质方巾，丝质领带搭配亚麻方巾。

知识拓展

口袋巾的折法

(1) 口袋巾的两角折法，如图 2-56 所示。

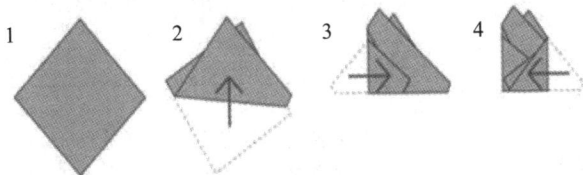

图 2-56 口袋巾的两角折法

(2) 口袋巾的角锥折法，如图 2-57 所示。

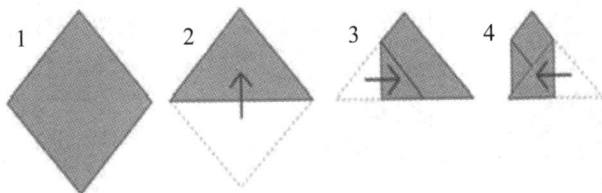

图 2-57 口袋巾的角锥折法

(十一) 衬衫

1. 衬衫的着装要求

(1) 衬衫只能穿一件。

(2) 在正式场合穿的衬衫，应为白衬衫或单色，没有过多图案，彩色的衬衫一般不建议选择。

(3) 长袖衬衫是正装，短袖衬衫则是休闲装，后者不宜用来搭配西装。

(4) 长袖衬衫里面穿内衣、背心时，领型要选 U 形领或 V 形领，不能使之露出来。

(5) 如果打领带，最上面的纽扣要系上；如果不打领带，衬衫最上面那个纽扣可以不系。

2. 衬衫相关知识

(1) 领衬。领衬，是用在服装衣领上的一种衬布，主要起定型作用。领衬分为衬衫领衬、衬布领衬、西装领衬等。优质衬衫都有硬质领衬，来配合领口的形状，不过现代衬衫的领衬一般是塑料的，有些高档定制衬衫还会选择黄铜领衬。领衬能够保持领口形状，尤其是在系领带的时候，领衬能让衬衫的领口不卷边，如图 2-58 所示。

图 2-58 领衬

(2) 领子的尺寸。衬衫的领子一定要合适，不能太松，也不能太紧。在量领子时，要从喉结的下面开始量，然后放出 1~1.25 英寸，最重要的是衬衫领口要合得拢。如果太紧，会使人感到不舒服。

(3) 衬衫的类型。根据衬衫领子的不同，衬衫可分以下几种类型，如表 2-5 所示。

表 2-5　西装衬衫的类型

类　型	特 点 及 搭 配
方领衬衫	百搭佳品，一般配西装的衬衫是方领衬衫
尖领衬衫	大尖领基本都是正装衬衫的领子。小尖领一般是韩版系上领带之后，只有一点点领尖露出来
扣领衬衫	美式衬衫的衬衫尖上有个扣眼，把领带打好之后，固定领带
立领衬衫	立领衬衫一般是时装穿法或者休闲穿法，可以配休闲装
翼领衬衫	穿燕尾服、穿礼服时配蝴蝶结用

3. 衬衫与领带

(1) 如果衬衫是有图案的，领带最好不要有图案。

(2) 领带、衬衫也可以选择同一种颜色，如黑衬衫配黑领带。

(3) 戴领带时穿衬衫要很贴身，不戴领带时穿衬衫可以放松一点儿。但如果穿的是有扣领的衬衣，一定要把领角的纽扣扣上。

4. 纽扣

关于衬衫上的纽扣，有两个不被注意的小细节，这些细节通常与衬衫的历史发展和生活习惯、文化等息息相关，同时也有特定的功用。

细节一，衬衫的第一颗扣子和其他扣眼是不一样的，其他的扣眼都是竖着的，而第一颗扣子的扣眼则是横着的。设计第一颗扣眼为横扣眼的主要原因在于横扣眼更具抗压性，因为人们脖子的位置会频繁活动，横扣眼能将衬衫锁住，不容易松开或脱落。

细节二，衬衫纽扣位置为女左男右。为什么会这样设计呢？现实生活中，无论男女，人们大部分习惯用右手，因此用右手从右边扣扣子比较方便，但为什么女装衬衫的扣子位置却要设计在左边？其实，衬衫纽扣的方向设计有着生活、文化和功能的考量。在 13 世纪扣子出现的时候，只有富人的外套上才有扣子，按当时的风俗，贵夫人、太太、小姐，起居打扮靠仆人服侍。因此将女士衬衣上的扣子钉在左边，极大地方便了伺候女主人的仆人们。而劳动阶层的妇女为了适应生活和生产的需要，也把纽扣钉在衣服的左边，因为女性抱婴儿多习惯用左手，这样右手就可以方便解开衣服扣子为婴儿哺乳。男士衬衫的扣子位置在右边，不仅因为大多数男人是自己穿衣服，还因为 19 世纪战事连连，男人们会随身佩剑，而大多数人都习惯用右手拔出挂在左腰上的剑，这样可以更方便地用左手掀衣服、拔剑和系扣子。到了现代社会，由仆人伺候穿衣的女士寥寥无几，但由于人们的思维、行为习惯以及衬衫厂商们的经济考量，衬衫纽扣的位置依然沿袭以前的设计，将女装扣子的位置留在了左边。

5. 袖扣

(1) 一般只有法式双叠袖口的衬衫才使用袖扣。法式衬衫是翻边的，它实际上是把翻边的袖口下面固定了之后把袖扣穿上，如图 2-59 所示。

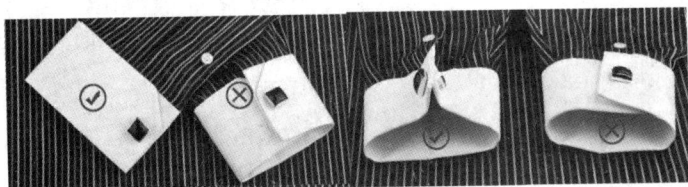

图 2-59　袖扣的正确使用

(2) 袖扣与衬衫。

① 水晶玻璃袖扣因其透明，最好搭配白色衬衫。

② 红色衬衫搭配金色袖扣，有华丽、时髦的感觉；蓝色衬衫搭配金色袖扣，有强势而让人信服的伟大力量；横条衬衫搭配金色袖扣，有活力四射的感觉。

③ 暗斜纹的粉色衬衫搭配同样有斜纹的金色包边的紫色袖扣，可营造一种浪漫的法国绅士格调。

④ 黑、白、灰衬衫搭配银色袖扣，则有沉稳、高贵的效果。

(十二) 领带

1. 领带的着装要求

(1) 穿正装西装一定是要系领带的，不穿正装西装是可以不系领带的，不穿西装一般则不系领带的。

(2) 非正式场合可以不系领带，不系领带时，衬衫领扣不可扣上。

(3) 领带太长、太短都不雅观，领带最佳长度以到皮带扣处为宜，如图 2-60 所示。

(4) 领带的花色可以根据西装的色彩配置，可以和西装一个颜色。例如，蓝色的西装打蓝色的领带，灰色的西装打灰色的领带。领带如果有图案也可以，但图案要简洁，以格子、条纹、点为最佳。

图 2-60　领带最佳长度

(5) 如衬衫外再穿羊毛衫，则须将领带放置在羊毛衫之内。

2．领带的搭配

不同场合需要搭配不同颜色或图案的领带，其中斜纹领带代表稳重理性，适合于谈判、主持会议、演讲的场合；圆点、方格领带代表中规中矩，适合初次见面和见长辈、上司时用；不规则图案领带活泼、有个性、较随意，适合于酒会、宴会和约会。

3．领带的系法

领带的系法有很多种，以下列举几种常见的领带结打法，可以根据自己的喜好来选择：

(1) 单结。它是领带结的古典形式，也是最常用的一种结法。打结和解结都比较容易，对大部分的领带和一般的衬衫领都非常适合，如图 2-61 所示。

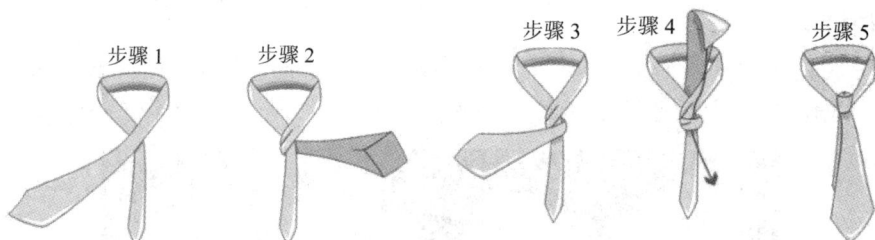

图 2-61　领带单结系法

(2) 双单结。它类似单结，有两个结，即两圈。这种结适合个子矮小的男士，适合意大利领和稍细的领带，简单易做，如图 2-62 所示。

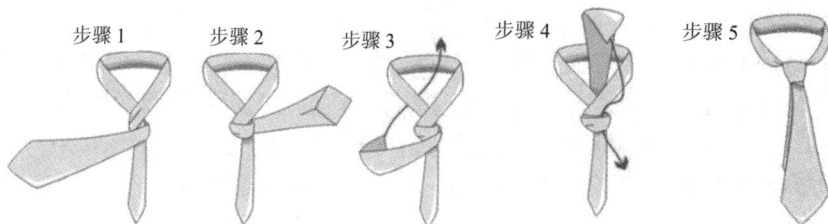

图 2-62　领带双单结系法

(3) 温莎结。它是一种非常英国式的经典的领带结法，其体积大，因此适合系在分得很开的衣领和很细的领带上。这种结要非常对称地打才能成功，操作起来有点复杂，如图 2-63 所示。

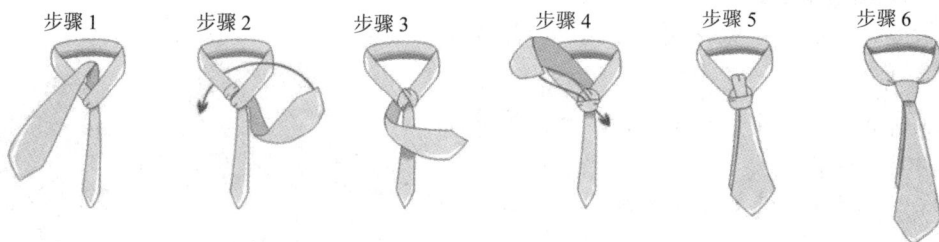

图 2-63　领带温莎结系法

(十三) 领带夹

领带夹可用可不用。通常，有两种人需要用领带夹：一是穿制服的人，像工商、税务、警察、军人、航空公司的人用领带夹，领带夹上有国徽、警徽、航空公司徽记；二是高级官员、高级将领或大老板。用领带夹领带会显得比较笔直，也不会被风吹起，弯腰时也不会垂直向着地面，更避免用餐时领带"品尝"汤水，显示对别人的尊重和不失礼仪。

另外，领带夹应在穿西装时使用，仅仅单穿长袖衬衫时没必要使用领带夹，更不要在穿夹克时使用领带夹。领带夹夹在衬衫从上向下数的第四与第五粒纽扣之间的位置，从西装外应当看不见领带夹。

(十四) 西裤

西裤的长度以接触脚背为宜，如果是宽版的西裤，裤管要能贴在鞋面上；如果是窄版的裤子，站立时要看到一点点袜子。过长的裤管褶皱在脚踝部位，会让腿看上去不直而且变短。一般场合穿的西裤裤腰要穿到腰鼓的位置，太低腰或者过于时髦的款式在正式的场合都不适合。裤扣要扣，拉链要全部拉严。

(十五) 皮鞋和袜子

1．皮鞋
正式场合穿西装只能配皮鞋，首选系带款皮鞋，依照西装的颜色搭配皮鞋，一般选择黑色或棕色。同时，皮鞋应保持鞋面的清洁光亮，如果旧了，应当换新的。需要注意的是，在出席寿婚葬祭时，鞋子不能是棕色而应是黑色的。

2．袜子
男士为避免在坐下时露出腿毛，应穿黑色或深蓝色不透明的中长筒袜。一般不应穿尼龙丝袜，而是要穿棉袜或者毛袜。尼龙丝袜最大的问题就是不吸湿、不透气，容易产生异味，会妨碍交际。同时，穿深色西装时不穿白袜子。

(十六) 公文包

穿西装时，腕表与包是最重要的饰物，而公文包是男士的隐形名片，选用皮制公文包可以提升个人的气质。公文包的大小应该保证能够放入 A4 纸张或者最好能够放得下小型笔记本电脑。

(十七) 腕表

首先，对于盛装华服的场合而言，正装腕表的直径不宜过大，目前以 36 mm 为主，偶尔有 38 mm 也不为过。若时光倒流 50 年，34 mm 才是正装腕表的标准尺寸。

其次，腕表与衬衫要合理搭配。有些人为了显摆腕表本身而把整块表裸露在衬衫袖口之外，是不可取的。最标准的处理方式是腕表的三分之一露出在衬衫袖口之外。

最后，腕表色彩的选择不可一成不变。很多人觉得似乎白色或者银色才是正装腕表的唯一选择，其实不然。黑色、蓝色，甚至电脑压花表盘的颜色都可以作为正装腕表颜色的选择。在颜色选择问题上的关键是与衬衫袖口颜色不形成冲突即可，金属表带的腕表可以作为正装腕表来佩戴。

(十八) 皮带

黑色、棕色的皮带配以钢质、金质或银质的皮带扣比较正统。高质量的皮带应该是全皮或者直接由一块皮子制成。牛皮通常是制作正装皮带的最佳材质，除此之外，也有鳄鱼皮、蜥蜴皮、鸵鸟皮或蛇皮等。皮带的宽度最好保持在 3 cm。皮带上不能挂钥匙或手机等，这些都应该放在公文包里。

(十九) 徽章

徽章，简言之就是佩戴在身上用来表示身份、职业的标志，它有着悠久的历史，起源最早可以追溯到原始社会氏族部落的图腾标志。

徽章的种类有国徽、党徽、团徽、队徽、警徽、军徽等。徽章一般都是佩戴在左胸位置，但一些会议徽章则佩戴在西装的领子上，而袖章、领章都有相对固定的位置。佩戴徽章时要注意徽章的大小与轻重，如徽章比较大和重，则要求增加刺马针，以防徽章掉落；一些小巧轻便的徽章，则可以配磁铁贴，这样可避免衣服上留下刺马针孔。孕妇与小孩在佩戴徽章时，尽量使用磁贴配件，以免刺伤皮肤。

七、女士商务服饰

20 世纪初，由外套和裙子组成的套装成为西方女性日间的一般服饰，适合上班和日常穿着。女性套装比男性套装物质更轻柔，裁剪也较贴身，以凸显女性身型的曲线感。20 世纪 60 年代开始出现配裤子的女性套装，但被接受为上班服饰的过程较慢。在日益开放的现代社会，西装作为一种衣着款式也进入女性服装的行列，体现出女性和男士一样的独立、自信，也有人称西装为女人的千变外套。按穿着场合，西装可以分为礼服和正装两种。

(一) 礼 服

女士礼服是指出席正式社交场合所穿着的服装。女士礼服与男士礼服相比，无论从风格造型、色彩装饰、面料配饰上都更为丰富多彩。女士礼服可以划分为日礼服(又称为晨礼服，白天、日常穿)、晚礼服(晚间穿，使用闪光布料及装饰品)、婚礼服、鸡尾酒会礼服等种类。

(1) 日礼服。日礼服是白天出席社交活动时的正规穿着，如开幕式、宴会、婚礼、游园、正式拜访等场合穿用的礼服。它不像晚礼服那样露肤，通常表现出优雅、端庄和含蓄的特点，以表现穿者良好的风度为目的。日礼服多采用毛、棉、麻、丝绸或有丝绸感的面料。外观端庄、郑重的套装均可作为日礼服。

(2) 晚礼服。晚礼服又称为夜礼服，是晚间八点以后在礼节性活动中穿用的正式礼服，也是女士礼服中档次最高、最具特色和能充分展示个性的穿着样式。源于欧洲着装习俗的晚礼服，最早盛行于宫廷贵妇之间，后来，经过设计师的不断创新，最终演变发展成为女性出席舞会、音乐会、晚宴等活动必备的服装。

晚礼服的形式有两种：一种是传统的晚礼服，形式多为低胸、露肩、露背、收腰和贴身的长裙，适合在高档的、具有安全感的场合穿用；另一种是现代的晚礼服，讲求式样及色彩的变化，具有大胆创新的时代感。

① 传统晚礼服。传统晚礼服更强调女性窈窕的腰肢，夸张臀部以下裙子的重量感，多采用袒胸、露背、露臂的衣裙式样。经常采用低领口设计，通过镶嵌、刺绣、领部细褶、华丽花边、蝴蝶结、玫瑰花的装饰手段突出高贵优雅的着装效果。传统晚礼服注重搭配，饰品可选择珍珠、蓝宝石、祖母绿、钻石等高品质的配饰，搭配华丽、精巧的晚礼服包。

② 现代晚礼服。现代风格的晚礼服受到各种现代文化思潮、艺术风格及时尚潮流的影

响，注重式样的简洁亮丽和新奇变化。而与传统晚礼服相比，现代晚礼服在造型上更加舒适、实用、经济和美观。西装套装式、短上衣长裙式、内外两件的组合式，甚至长裤的合理搭配都可作为晚礼服穿着。

(3) 婚礼服。嫁娶是人一生中的重大事情，人们往往要举办隆重热烈的仪式以示庆贺。在整个婚礼的仪式中，婚礼服是其中必不可少的着装内容，涉及新娘、新郎、伴娘、伴郎及伴童的穿着种类，而新娘穿的结婚礼服是所有婚服中最漂亮的衣装形式。婚礼服根据款式的风格，可分为西式婚礼服与中式婚礼服。

① 西式婚礼服。西式婚礼服源于欧洲的服饰习惯，在多数西方国家中，人们结婚时要到教堂接受神父的祈祷与祝福，新娘要穿上白色的婚礼服表示真诚与纯洁，并配以帽子、头饰、披纱和手捧花，来衬托婚礼服的华美。伴娘则穿着用来陪衬并与新娘婚礼服相配的相关礼服，小花童(女)作为天使的象征则穿着女式白色短裙。

新娘婚礼服一般裙内都用尼龙网、绢网、尼龙布等材料做裙撑。色彩上通常为白色，象征着真诚与纯洁。面料一般采用塔夫绸、绸缎、丝绸、纱、薄纱等。配饰则为自披头(用刺绣、白纱绸缎和串珠制作)、白手套、白缎高跟鞋等。

② 中式婚礼服。中式新娘婚礼服以传统的短袄长裙或旗袍为主，造型多为修身的适体型，带有中式立领、襻扣的式样，具有浓郁的中国传统特色。色彩多以红色为主，象征喜庆、吉祥和幸福。纹样上多采用龙凤、牡丹等传统吉祥图案，表现婚者对未来生活的憧憬和美好祝愿。面料多采用丝绸、织锦缎或薄纱等。常用刺绣、手绘、钉缀珠、饰亮片等装饰手法来表现或富丽华贵或清雅优美的风格。男士通常穿不完全相同于长袍马褂的中式制服类礼服。伴娘、伴童的穿着也相应搭配中式的礼服。

(4) 鸡尾酒会礼服。鸡尾酒会礼服是指女士在鸡尾酒会、半正式或正式场合穿戴的介于日装与晚礼服之间的礼服。与豪华气派的晚礼服相比，鸡尾酒会礼服款式上相对简化一些，更为典雅、含蓄。鸡尾酒会礼服需袒露一些皮肤，但不像晚礼服那样大片裸露，裙长一般在膝盖上下，随流行而定，一件式连衣裙或两件式、三件式的服装都可选择。颜色以黑、白、粉、金等色彩为主，点缀水钻、亮片等。面料多采用天然的真丝绸、锦缎、合成纤维及一些新的高科技材料，素色、有底纹及小型花纹的面料也常被使用。饰品多为珍珠项链、耳钉或垂吊式耳环，与之相搭配的鞋子装饰性很强，略带光泽感，更为正式的场合可选择鲜艳的颜色，也可裸露部分脚面。

(二) 正装

女士正装的最佳颜色是黑色、藏青色、灰褐色、灰色和暗红色。如果是毛料套装，上下身必须是同色、同料，最好含毛量在 70%以上。女性穿正装(西服套裙/裤)时，需要注意以下几点：

(1) 着裙装时需穿肉色的连裤丝袜，不允许光腿或穿彩色丝袜、短袜，并且袜子不可以有破损。

(2) 确保内衣要合身，身体线条曲线流畅，既穿得合适，又要注意内衣颜色不要外露。

(3) 丝绸是最好的衬衫面料，但是干洗起来可能会贵一些。另外一种选择就是纯棉面料，须熨烫平整。穿衬衫时，内衣与衬衫色彩要相近、相似。

(4) 穿面料较为单薄的裙子时，应穿着衬裙。

(5) 不穿无领、无袖、领口较低、太过紧身的衣服。

(6) 不穿黑皮裙。

(7) 羽绒服不能作为正装大衣穿着。

(三) 鞋 子

传统的皮鞋是最畅销的职业用鞋。它们穿着舒适，美观大方。按照鞋跟的高度，皮鞋分为高跟鞋(5～8 cm)、中跟鞋(3～5 cm)和低跟鞋(低于 3 cm)。

正式的场合不穿前露脚趾后露脚跟的凉鞋、后跟用带系住的女鞋，不穿过高、过细鞋跟的皮鞋。鞋的颜色应与衣服下摆一致或再深一些。衣服从下摆开始到鞋的颜色一致，可以使大多数人显得高一些。如果鞋是另一种颜色，人们的目光就会被吸引到脚上。一般正式场合推荐黑色、藏青色、暗红色、灰色或灰褐色的正装鞋，商务场合尽量不要选择红色、粉红色、玫瑰红色和黄色的鞋，因为即使在夏天，穿白鞋也带有社交而非商务的意义。

(四) 手提包

手提包最好是用皮革制成的。手提包最实用的颜色是黑色、棕色和暗红色。

(五) 首 饰

首饰是指宝石、戒指、耳环、项链及其挂件、手镯、手链、足链、胸针等饰物，它是服装美感的一种延伸。首饰选配得当，会使人增添魅力，但若使用不当，则会影响服饰的整体美。一般只有在非常隆重的场合才适宜佩戴套饰，但也要主次分明，才能有良好观感。

首饰的选配应当与场合、身材、脸型、服装、身份协调，并非越多越好、越贵重越好。项链、耳环、手镯、戒指、胸针通通戴在身上彼此争艳，反而没有视觉重点，给人杂乱无章的感觉。商务场合佩戴首饰以少为宜(数量不超过三件)，并选择同质同色的，不戴展示财力的珠宝首饰。

1. 戒指的佩戴

(1) 一般戴在左手手指上，商务场合最好仅戴一枚，至多可戴两枚，只有新娘例外。

(2) 戴两枚戒指时，可戴在一只手上两个相邻的手指，也可以戴在两只手上对应的手指上。

(3) 拇指通常不戴戒指，一个指头上一般不应戴多枚戒指。

(4) 戴薄纱手套时戴戒指，戒指应戴在手套里面，只有新娘不受此限制。

(5) 国际上比较流行的戴法，如图 2-64 所示。

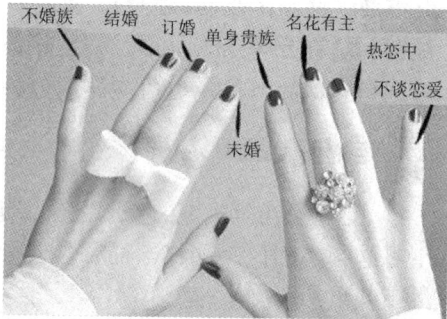

图 2-64　戒指的国际佩戴法

2. 耳饰的佩戴

(1) 一般情况下，它仅为女性所用，并且讲究成对使用，即每只耳朵均佩戴一只。

(2) 商务场合不宜在一只耳朵上同时戴多只耳环。

(3) 在国外，男子也有戴耳环的，但习惯做法是左耳上戴一只，右耳不戴。

(4) 若无特殊要求，不要同时戴链形耳环、项链或胸针，三者皆集中于齐胸一线，容易显得过分张扬且繁杂凌乱。

3. 手上饰品的佩戴

(1) 男人一般不戴手镯。

(2) 手镯可以只戴一只，也可以同时戴上两只。戴一只时，通常应戴于左手。戴两只时，可一只手戴一个，也可以都戴在左手上。商务场合不要在一只手上戴多只手镯。

(3) 男女均可佩戴手链，一般情况下，一只手上仅限戴一条手链，并应戴在左手上。

(4) 商务场合不要一只手上戴多条手链或者双手同时戴手链，也不要手链与手镯同时佩戴。

(5) 手链与手镯均不应与手表同戴于一只手上。

4. 珍珠首饰的佩戴

(1) 珍珠耳环。耳珠式或长款吊垂式珍珠耳环可适合不同场合的需要。办公室装扮简洁而严肃，耳钉式珍珠耳环可以将女性的柔美以含蓄的方式表达出来，也可使办公室装扮不至于那么严肃和过于硬线条。长款吊垂式耳环更适合配合礼服佩戴，耳环在耳垂与脖子间摇荡，可增添礼服和女性妩媚的美感。

(2) 珍珠项链。戴安娜王妃曾说过："女人的一生如果只能拥有一件珠宝，那必定是珍珠。"珍珠是由生物孕育而成的，珍贵稀有，珍珠尤其是珍珠项链最能体现和衬托女性的气质美。珍珠项链根据长度可以分为衣领型项链、短项链、公主型项链、马天尼型项链、歌剧型项链和结绳型项链。以下简单介绍六种项链的特点及佩戴。

第一，衣领型项链。此类项链比较短，长度在 30 cm 左右，戴起来仅到锁骨上方，刚好可绕脖子一圈，紧密贴合颈部，适合长脸的女士佩戴，可以将脸型修饰得圆润流畅。

第二，短项链。此类项链的长度在 40 cm 左右，戴起来刚到或稍过锁骨，给人以精致优雅的印象，可以很好地展现出女性的自信和气质，无论出席酒会晚宴、出入职场、参加朋友聚会等，都是不错的选择。

第三，公主型项链。此类项链的长度约 43～48 cm，戴起来在衣领线稍下一点，刚好可以形成一个 V 形线条。最初，此类项链被视为王公贵族们出席重要场所的专属配饰，所以是最能体现庄重感的珍珠项链。此类项链比较适合圆脸或者脖子稍短的女性，适合搭配晚礼服，也可以搭配商务套装。

第四，马天尼型项链。此类项链的长度约 50～60 cm，戴起来位于锁骨和胸部之间，有着拉长身材、修饰脸型的作用。此类项链既有淡淡的复古感，又不显得过于隆重，无论日常和晚宴都适合佩戴。

第五，歌剧型项链。此类项链的长度约 71～86 cm，最初出现在歌剧中，有着独特的复古韵味，艺术感十足，高贵且奢华。此类项链可以根据着装不同，打结、反向或是绕成两圈甚至是三圈佩戴，无论搭配正式礼服还是轻松的休闲装都能带来极好的层次感。

第六，结绳型项链。此类项链的长度在 120 cm 左右，是个性与优雅的结合体，一般有两种戴法：一种是多层戴法（经典法、双层法和三层法），可自由调节；另一种是打结式戴法，这种时尚戴法可以修饰脸部线条，拉长身体曲线，冬天穿大衣可以选择这种戴法，显得温柔典雅。

珍珠项链仪态万方、低调不喧哗，同时也不易出错，只要搭配得当，无论什么场合，都可以得体大方、应对自如。

(3) 珍珠戒指。珍珠戒指是参加晚会活动时所戴的一种豪华宝石戒指。

5. 胸针的佩戴。

胸针又称为胸花,是一种别在衣服上的珠宝,也可认为是装饰性的别针。胸针一般为金属质地,上面镶嵌宝石等饰物,可以用作纯粹装饰或兼有固定衣服(如长袍、披风、围巾等)的功能。

女性用的胸针多佩戴于西服的驳领上,或饰于羊毛衫、衬衣或裙装上。它有别于西装驳领处佩戴的一种形似别针的首饰,后者多为插针。目前,胸针流行的款式可大致分为大型与小型两种类型。

大型胸针的长度或直径约为 5 cm,图案比较复杂,多嵌有天然宝石或人造宝石。小型胸针的长度或直径仅为 2 cm 左右,除了可以在胸前部位使用外,还可在领口、驳领口使用,又称为襟头针或领针。它的体积小,花样也较为简单,多为独枝花朵。

(六) 香水

香水会随着时间、温度由下往上升,因此在使用香水时,不要只集中在上半身使用。参加宴会香水最好喷洒在腰部以下,否则过浓的香水会影响食物的味道。如果活动时间较长,可以在 5 个小时以后补喷一次。探病、就诊、严肃会议及工作时间用淡香水,户外选用运动型香水。

(1) 香水的前调、中调、基调。香水的调制创造要像设计制造焰火那样,能让它分阶段地释放香气。首先是立刻能引人注意的"头香"(前调);头香通常带有刺鼻的气味,因为香气是通过酒精的挥发释放出来的,所以闻香时不要立刻闻刚喷出的香水,应过 1 分钟左右再闻。然后,逐渐释放出较浓的"体香"(中调)。接着,放出"底香"(基调),留下余香,萦绕在环境中。

(2) 香水的前味、中味、后味。前味是香水最先透露的信息,也就是当你接触到香水的那么几十秒到几分钟之间所嗅到的、直达鼻内的味道。前味通常由挥发性的香精油所散发,味道一般较清新,大多为花香或柑橘类成分的香味。前味并不是一瓶香水的真正味道,因为它只能维持几分钟而已。

中味在前味消失之后开始发出香味,中味是一款香水的精华所在。这部分通常由某种特殊花香、木香及微量辛辣刺激香制成,其气味无论清新或浓郁,都必须和前味完美衔接。中味的香味一般可持续数小时或者更久一些。

后味也就是我们常所说的余香,通常用微量的动物性香精和雪松、檀香等芳香树脂所组成。它不仅只是散发香味,更兼具整合香味的功能。后味的作用是给予香水一种绕梁三日不绝的深度,它持续的时候最长久,可达整日或者数日之久,抹过香水隔天后还可以隐隐感到的香味就是香水的后味。

每一瓶香水都由不同的香料调配而成,每一瓶香水有它独特而丰富的前、中、后味的变化。前味是在香水擦后 10 分钟左右散发的香气;中味是在擦后 30~120 分钟才能显现;后味则需 120~360 分钟才能闻到香气。

(3) 保持香味持久的方法。

① 先擦身体乳。在喷香水前先擦上同系列的身体乳,这样不仅做足了保湿工作,还能延长身上的香味。

② 选对最佳时间。沐浴后穿衣前的身体肌肤最为滋润嫩滑，这时是使用香水的最佳时间，能牢牢锁住香味。

③ 不要揉搓手腕。很多人习惯在手腕处喷香水后相互揉搓增加香气，殊不知这个动作反而会加速香水挥发，不久味道就只剩余香了。

④ 用秀发锁味。将香水喷洒在梳子上，再用梳子梳头，这样既温和又能使香味分布均匀持久。

⑤ 选对脉搏点。脖颈、手腕内侧、手肘内侧、中腹下、膝盖后与脚踝这些脉搏点是血管最接近皮肤的地方(体温最高)，最能促进香味均散到身体各处，如图 2-65 所示。

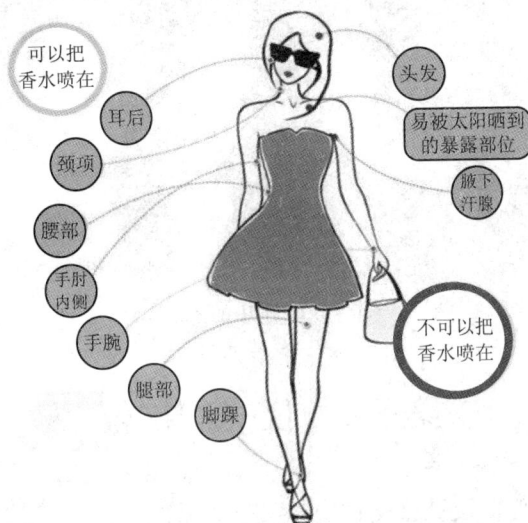

图 2-65　喷香水的脉搏点

(4) 香水的错误及正确用法如表 2-6 所示。

表 2-6　香水的错误及正确用法

香水的错误用法	香水的正确用法
用喷头冲着自己喷香水，这样会显得味道过重	在空气中喷洒，于弥漫香水的空气中转一圈
在散发异味的头发、腋下喷洒	在干净的深色衣物上喷洒
味道越香越显高档，越靠头部越好	宴会用香水最基本的礼仪就是在腰部以下喷洒

(七) 手套

在很多正式场合和高端场所中，女士佩戴手套是一种十分常见的服装搭配形式。在西方社会文化中，最初人们佩戴手套主要是为了防寒保暖以及保护手臂，而如今手套具有了更多样的用途，如彰显身份、体现礼仪、时尚服饰搭配等。

不同风格的手套是通过长度来区分的。半正式和正式的女式手套通常有三种长度：到手腕、到手肘和完整长度。手套一般由皮革和针织品制成，材料包括小羊皮、山羊皮、牛皮、绸缎和天鹅绒等。

(八) 围巾

围巾是围在脖子上的长条形、三角形、方形等面料，面料一般采用羊毛、棉、丝、莫代尔、人造棉、腈纶、涤纶等，通常用于保暖，也可因美观、清洁或是宗教原因而穿戴。选择围巾时要注意颜色中应包含有套裙颜色。围巾的系法如图 2-66 所示。

图 2-66　围巾的系法

第三节　仪态礼仪

　　在人们的生活、工作以及社会交往中，第一印象往往是最深刻的。在形象礼仪中，人们的行为举止(仪态)往往比相貌更能体现人的气质与精神，也更受到交往对象的关注。现代传播学理论认为，人们的行为举止可被视为一种表里如一的"无声语言"。相比于口头语言，它对于了解一个人的内心世界，把握其真实品行，往往更加准确与可靠。

　　仪态属于人的行为美学范畴，英国哲学家培根说："在美的方面，相貌的美高于色泽的美，而优雅合适的动作又高于相貌的美。"我们中国传统的"站如松、坐如钟、行如风、卧如弓"也体现了一个人的静态与动态的形态美。仪态需要规范严格的形态训练与自身内在气质的共同支撑，而优美的仪态体现出了一个人的精神风貌。因此，在现代交往中，每一个人都应当对自己的个人行为举止有所规范，要做到举止敬人、文明、优雅。

一、仪态规范的整体要求

(一) 举止敬人

　　一个人的行为举止常常会自觉或者不自觉地展现出其对待他人的基本态度和看法。通常，人们应该真心诚意地通过自己的行为举止来向交往对象表达敬重之意，此即为举止敬人。具体而言，举止敬人主要体现在：表达重视之意、展现重视之举。

　　在日常交往中，人们需要通过自己的行为举止来表达对对方的重视。无论何时，都不能因为自己的行为举止而给人以目中无人、忽略对方之感。例如，在公众场合，与人交谈时，不可东张西望、摆弄手指，或者抱臂端肩，或者不正视对方等不敬的表现；在商务场合，职场人员尤其是女性切勿当众高跷"二郎腿"。

（二）举止文明

作为一名现代人，代表着国家、地方、公司及单位的形象，举止文明要求人们的行为举止不仅要体现出自身的良好教养，而且要表现出自己的成熟与稳重。

"内在美"是依赖于"外在美"表现出来的，一个人的教养和基本素质通常会体现在其举止的具体细节中，因此在任何情况下，一位有修养的人都会对自己的举止多多注意，重视细节。例如，在公众场合或外人面前整理自己的妆容和服饰，是一种失礼的行为，尤其是在对外交往的商务活动中，化妆、补妆、拉领带、提裤子、脱鞋子等行为都是不文明之举。

除了要杜绝上述缺乏教养与不文明的行为之外，人们的行为举止还应该要表现出成熟与稳重，这不仅可以说明自己阅历丰富，举止文明，还可以体现出自己教养甚佳，处事有方。因此，要尽量做到稳健沉着、有条不紊，泰然自若。例如，在公众场合入座时力求悄然无声，不宜响声大作、制造噪声；拜访他人时，应先敲门或者按门铃，获得许可后方可入内；与人通电话时，根据具体情况，一般遵循"尊者优先，女士优先，主叫优先"挂电话的原则。

（三）举止优雅

一般而言，举止优雅是要求一个人的举止美观、大方自然，能给人以赏心悦目之感。

所谓举止美观，是指一个人的动作、举止、行为漂亮、好看。而要想做到举止美观，就要对自己的行为举止有所要求和约束，甚至还要认真观察、学习，反复练习。

例如，在商务场合，一位有教养的女士，在身着商务套裙时不宜将自己的双腿叉开，尽量做到"女子站坐不开膝"。实际上，这样的行为举止仅属于举止文明层面的要求，如果要达到举止美观优雅，还会有一些更高的要求，如女士坐姿可以采用"双腿正脚位""双腿斜放式"等礼仪举止。

所谓举止大方自然，就是要求人们要得体洒脱、不卑不亢，而在美观大方的同时，应注意矫枉过正，不能呆板、虚假、做作，要做到自然展现，"顺理成章、水到渠成"。

例如，当与对方打招呼、交谈时，要正视对方，表示自己的尊敬和重视，不要害羞、忸怩或者眼睛往下看，不然会给人羞怯、小家子气之感。

举止自然，可以通过三点来达到：避免程式化、防止脸谱化和力戒戏剧化。优雅的举止，有一定的规范要求，但是在讲究相关规范时，要强调表里如一，防止出现重视外表，不重视内涵的倾向；同时，对于同一种行为举止，在不同的场合与不同的对象交往时，往往会有一些不同的具体要求，要做到"有所为、有所不为"，不要墨守成规、教条主义、本本主义；另外，任何一种行为都被赋予一定的思想感情，在日常生活和工作中，没有必要让自己的行为夸张、戏剧化、表演化，虚张声势，华而不实。

二、仪态的具体规范

（一）站姿

站立是人们生活交往中的一种最基本的举止。优美而典雅的站立造型，是优雅举止的基础。男士要求"站如松",刚毅洒脱;女士则应秀雅优美,亭亭玉立。训练符合礼仪规范的站姿,是培养仪态美的起点,其动作要领也是培养其他优美仪态的基础。

1. 基本站姿

基本站姿的要求是:头正、颈直、肩平、立腰、收腹、紧臀、膝直、臂垂、脚踩。基本站姿中,由于性别方面的差异,男女站姿又各有一些不尽相同的要求,主要体现为:男子稳健,女子优美。

(1) 头正:头部不要歪,双目平视,嘴唇微闭,下颌微收,面部平和、自然。

(2) 颈直:颈部直立,不要缩着或者歪斜。

(3) 肩平:双肩放松,稍向下沉,身体有向上的感觉,呼吸自然,不要有耸肩驼背、缩肩或者高低肩。

(4) 立腰:腰部立直,不要太用力,直立就好。

(5) 收腹:躯干挺直,收腹、挺胸,呼吸自然。

(6) 紧臀:双腿收紧上提,大腿前侧向后推,脊柱延展,不塌腰弓背。

(7) 膝直:膝盖打直,不要一边高一边低。

(8) 臂垂:双臂放松,自然下垂于体侧,手指自然弯曲。

(9) 脚踩:双腿并拢立直,两脚跟靠紧,脚尖分开呈45°～60°,男子站立时,双脚可分开,但不能超过肩宽。

基本站姿分别如图2-67和图2-68所示。

图2-67 基本站姿(正面)　　图2-68 基本站姿(侧面)

2. 站姿中手位与脚位的规范

站姿中手位与脚位的规范如表2-7所示。

表2-7 站姿中手位与脚位的规范

站姿中的手位选择	站姿中的脚位选择
双手置于身体两侧	V字形
右手搭在左手上叠置于身体前	小丁字形
双手叠放于身体后	双脚平行分开不超过肩宽

3. 不同类型的站姿

在基本站姿的基础上,选用适合自己且舒适美观的手位和脚位,来进行不同类型站姿的搭配，可根据不同的场合，选用不同类型的站姿，凸显自己的气质。

(1) 腹式礼仪式站姿。腹式礼仪式站姿男女皆可用，女士可显示出其优雅之态，男士可显示出阳刚之气。其基本规范是：女士双脚呈 V 字步或丁字步站立，男士双腿分开与肩同宽，呈 V 字步站立。男女式双手皆虎口相交叠放于脐下三指处，手指伸直但不要外翘，上身正直，头正目平，微收下颌，面带微笑，立腰收腹，背直肩平，双臂自然下垂，两腿站直，肌肉略有收缩感，分别如图 2-69 及图 2-70 所示。

图 2-69　腹式礼仪式站姿(女士)　　　　图 2-70　腹式礼仪式站姿(男士)

(2) 脐式礼仪式站姿。脐式礼仪式站姿，又称为迎宾站姿，男女都可用，男士通常在酒店等特殊工作岗位迎宾时使用。其基本规范是：双脚呈 V 字步或丁字步站立，双手虎口相交叠放于腰际，大拇指贴近肚脐处，手指伸直但不要外翘，上身正直，头正目平，微收下颌，面带微笑，立腰收腹，背直肩平，双臂自然下垂，两腿相靠站直，肌肉略有收缩感，如图 2-71 及图 2-72 所示。

图 2-71　脐式礼仪式站姿(女士)　　　　图 2-72　脐式礼仪式站姿(男士)

(3) 交流式站姿。交流式站姿通常为女士所用，其基本规范是：在基本站姿的基础上，双手轻握放在腰际，手指可自然弯曲。站立与客户或同事交流时可采用这种站姿，如图 2-73 所示。

(4) 男女通用式站姿。男女通用式站姿一般要求用右手握住左手手腕，左手自然握拳，置于身体前。这种站姿比较自然、舒适、通用，一般情况下，男女都可以选择，如图 2-74 所示。

(5) 背手式站姿。背手式站姿一般为男性所用，为了体现男性的阳刚稳健之气，其基本规范是：身体立直，抬头挺胸，下颌微收，双目平视，嘴角微闭，双脚平行分开，两脚之间距离不超过肩宽，一般以 20 cm 为宜，双手在身后交叉，右手搭在左手上，贴于臀部，如图 2-75 所示。

图 2-73　交流式站姿　　　　图 2-74　男女通用式站姿　　　　图 2-75　背手式站姿

4．站姿禁忌与站姿检测

(1) 站姿禁忌。在正式场合中，应该避免不雅站姿，以下列举一些站姿禁忌：

① 忌身体抖动或晃动。

② 忌双手插入衣袋或裤袋中。

③ 忌双臂交叉抱于胸前，双手或单手叉腰。

④ 忌头歪、肩斜、胸凹、腹凸、背弓、臀撅、膝屈。

⑤ 忌双腿叉开超过双肩，双脚乱动或交叉地站立。

⑥ 忌自由散漫，无精打采或下意识地做些小动作。

(2) 健康站姿自我检测。良好的站姿不仅给人感觉优美、挺拔，更与个人的健康息息相关，因此个人要注意检测自己的站姿。正确的站姿与错误的站姿如图 2-76 所示。图 2-77中是一些不健康的站姿。生活中可用镜子对自己进行自我检测，并及时纠正不良姿态，以塑造健康、良好的站姿。

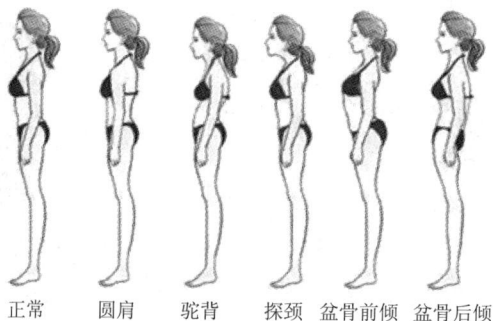

正常　　　圆肩　　　驼背　　　探颈　　　盆骨前倾　　盆骨后倾

图 2-76　正确的站姿与错误的站姿

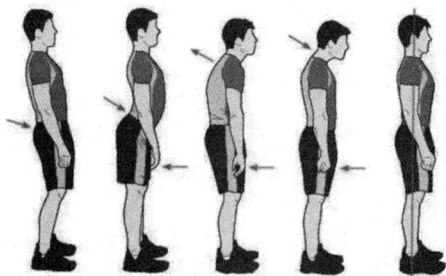

图 2-77　不健康的站姿与健康的站姿

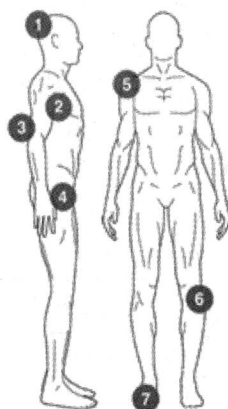

可对照以下七点来进行人体姿势自我测评(如图 2-78 所示),以纠正不良姿态:

① 注意自己的耳朵,如果耳朵在肩膀中点的前面,那么就表示自己的头过度往前了。

② 如果可以看到自己的肩部,那么表示自己的背部太圆,容易产生驼背现象。

③ 如果自己的背部有一个过大的凸曲线,那么表示身体过度往前弯了。

④ 如果发现自己的皮带线前低后高,那么表示骨盆发生了前倾斜。

⑤ 注意自己的肩膀,不应出现一边肩高、一边肩低。

⑥ 如果自己的髌骨中心向内移,那么说明膝关节发生了旋转。

图 2-78 人体姿势自我测评

⑦ 如果脚趾向外 10° 以上,那么表示踝关节过度外旋了。

另外,在生活和工作中,不同的职业特点和劳动特点要求不同的站立姿势,但是人们往往容易忽略一些需要长期站立的工作或者需要站立的职业和劳动,因此长久下来很容易患上站立所造成的职业病,图 2-79 列举了一些建议姿势和错误姿势。

图 2-79 建议姿势和错误姿势

5. 站姿训练

(1) 九点靠墙训练,如图 2-80 所示。其基本训练方法为:后脑勺、双肩、臀部、两个小腿肚子、两个脚跟九点紧靠墙面,并由下往上逐步确认姿势要领。脚跟并拢,脚尖分开不超过 45°，两膝并拢；立腰、收腹，使腹部肌肉有紧绷的感觉；收紧臀肌，使背部肌肉也同时紧压脊椎骨，感觉整个身体在向上延伸；立腰、收腹、挺胸，双肩放松、打开，双臂自然下垂于身体两侧使脖子也有向上延伸的感觉，双眼平视前方，脸部肌肉自然放松。每次训练控制在 20～30 分钟。

(2) 头顶书训练。基本训练方法为：把书放在头顶中心，使书不能掉下来，头、躯挺直，自然保持平衡。这种训练方法可以纠正仰脸、晃头、低头及左顾右盼等不良行为习惯，如图 2-81 所示。

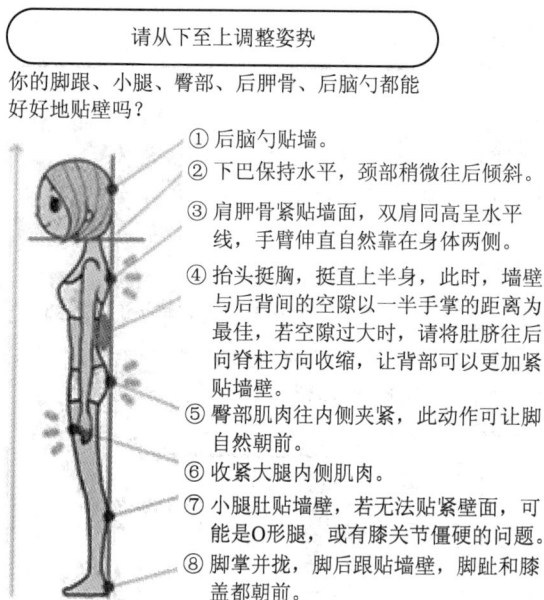

请从下至上调整姿势

你的脚跟、小腿、臀部、后胛骨、后脑勺都能好好地贴壁吗？

① 后脑勺贴墙。

② 下巴保持水平，颈部稍微往后倾斜。

③ 肩胛骨紧贴墙面，双肩同高呈水平线，手臂伸直自然靠在身体两侧。

④ 抬头挺胸，挺直上半身，此时，墙壁与后背间的空隙以一半手掌的距离为最佳，若空隙过大时，请将肚脐往后向脊柱方向收缩，让背部可以更加紧贴墙壁。

⑤ 臀部肌肉往内侧夹紧，此动作可让脚自然朝前。

⑥ 收紧大腿内侧肌肉。

⑦ 小腿肚贴墙壁，若无法贴紧壁面，可能是O形腿，或有膝关节僵硬的问题。

⑧ 脚掌并拢，脚后跟贴墙壁，脚趾和膝盖都朝前。

图 2-80　九点靠墙训练　　　　　　　　　图 2-81　头顶书训练

(二) 坐姿

坐姿是人在就座后所呈现的姿势，坐姿与站姿一样，是一种静态的姿势，在人际交往和社会交往中，坐姿通常是人们所采用的最多的姿势。一般正确、良好的坐姿，需要兼顾角度、深浅、舒展三个方面。角度是指坐定后上身与大腿、大腿与小腿所形成的角度。这两个角度有大小之分，坐姿因此大有不同。深浅，即坐下时臀部与座位所接触面积的多少，因此，坐姿有"深座"与"浅座"之别。舒展是指入座前后手、腿、脚的舒张与活动程度。坐姿的重点是坐定后的姿势，但入座时的姿势，也应当尽量雅观。

1. 入座与就座

(1) 入座：在较正式的场合，入座应该注意入座顺序，若与他人一起入座，则入座时要先礼让尊长，同时遵循入座"左进左出"的原则，即通常都讲究从椅子的左侧入座，左侧离座。

(2) 就座：通常坐下之后不应满座，一般占据椅子的三分之二的位置即可。就座后，在基本站姿要求的基础上，要求身体保持挺直，立腰收腹，腰背挺直，双手交叠相握后，掌心向下，置于大腿上。

2．不同类型的坐姿

(1) 垂直式坐姿。此种坐姿就是通常意义上的"正襟危坐"，一般用于最正式的场合，男女通用。其基本规范是：上身与大腿、大腿与小腿、小腿与脚部均为直角，身体保持挺直；立腰收腹，腰背挺直；女士双腿、双膝完全并拢，双手交叠相握后，掌心向下，置于大腿上，如图 2-82 所示；男士双膝、双腿分开与肩同宽，双手置于双膝上，如图 2-83 所示。

图 2-82　垂直式坐姿(女士)　　　　　图 2-83　垂直式坐姿(男士)

(2) 左、右侧平行式坐姿(斜放式)。此种坐姿通常女性使用，显得优雅从容。其基本规范是：坐正，上身挺直，双腿并拢，两腿同时侧向左或侧向右，两脚并放或交叠。双手交叠相握后，掌心向下，置于大腿上。左侧与右侧平行式坐姿分别如图 2-84 和图 2-85 所示。

(3) 交叉式坐姿。此种坐姿一般场合下男士或女士都可以使用，比较自然舒适。其基本规范是：身体保持挺直，立腰收腹，腰背挺直，女士将两腿和膝盖并拢，左脚与右脚交叉，双手交叠相握后，掌心向下，置于大腿上，如图 2-86 所示。男士可以适当分开两膝，双手置于双膝上。

图 2-84　左侧平行式坐姿　　　　图 2-85　右侧平行式坐姿　　　　图 2-86　交叉式坐姿

(4) 叠步式坐姿。此种坐姿可以体现出男士稳健成熟，女士优雅美观。其基本规范是：身体保持挺直，立腰收腹，腰背挺直；女士将右腿搭于左腿上，膝盖并紧，双腿、双脚紧靠并保持平行，脚尖下压，双手交叠相握后，掌心向下，置于腿上，同时叠好的双腿稍向右侧，自然斜放，反之亦然，如图 2-87 所示；男士则将一腿搭于另一腿上，膝盖并紧，自然放于体前中央即可，如图 2-88 所示。

图 2-87　叠步式坐姿(女士)　　　　图 2-88　叠步式坐姿(男士)

(5) 曲直式坐姿。此种坐姿是女士非常优雅、美观的一种坐姿。其基本规范是：大腿与膝盖靠紧，一脚稍伸向前，另一脚屈回，两脚着地并在同一直线上，双手交叠相握后，掌心向下，置于腿上。通常女性使用此种坐姿较多，如图 2-89 所示。男性也可以使用此种坐姿，如图 2-90 所示。

图 2-89　曲直式坐姿(女士)　　　　图 2-90　曲直式坐姿(男士)

3．坐姿的注意事项

(1) 坐时不可前倾后仰或歪歪扭扭。

(2) 双腿不可过于叉开或长长地伸出。

(3) 不可将大腿并拢，小腿分开，或双手放于臀部下面。

(4) 不可高架"二郎腿"或"4"字形腿。

(5) 腿、脚不要不停抖动，不要猛坐猛起。

(6) 与人谈话时不要用手支着下巴。

(7) 坐沙发时不应太靠里面，不能呈后仰状态。

(8) 脚尖不要指向他人。不要把脚架在椅子、沙发扶手或茶几上。

4．坐姿检测

良好的坐姿不仅给人优雅、稳健之感，能提升个人气质，塑造自己的良好形象，给对方留下良好印象，还关系到自己的身体健康。现代科技的发展，使人们的劳动方式发生着巨大的改变，一部分工作职业要经常依赖电脑来完成，人们久坐伏案工作的机会加大，不良的坐姿会造成人们的亚健康状态，常常伏案工作的人们如果不注意良好、健康的坐姿，容易患上颈椎病、腰疼、肩周炎等。因此，要时刻注意自己的坐姿，同时不提倡久坐伏案工作，若长时间伏案工作，建议每半个小时起来稍做活动。图 2-91 是健康坐姿。自身可对照进行自我检测，纠正不良坐姿，避免因久坐造成的亚健康状态。

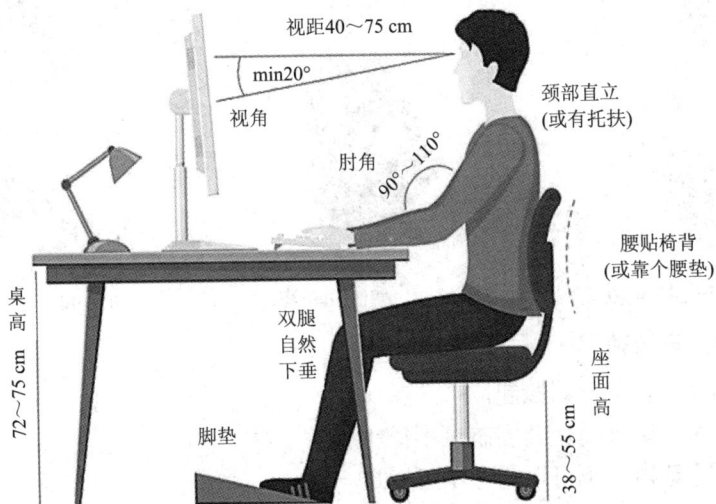

图 2-91　健康坐姿

(1) 身体微微向后倾，颈部有托扶，保证颈部释放自身压力于托扶之上，可避免颈部疲劳。

(2) 手臂自然下垂，放松肩部肌肉，手臂有扶托，减少手臂因用力维持自身位置而疲劳。

(3) 调整办公桌的高低，保证手臂能与键盘平行。

(4) 放置腿部健康踏板，使膝盖略高于大腿，保证腿部血液循环通畅。

(5) 视线与向地心垂线的夹角为 115°左右，也就是电脑屏幕略低于平行视线。

5. 坐姿训练

坐姿的训练同样需要规范和反复练习，影响坐姿优美的因素主要在于脚位和腿位。训练时依然是在基本站姿的基础上，保持上半身的挺直及手位的规范，经常训练能做到自然、优雅。

(三) 蹲姿

蹲姿是人在处于静态立姿时的一种特殊情况。在日常生活、工作中，通常用于拾捡物品、整理鞋袜、帮助别人等，或者在一些服务行业中涉及蹲式服务。因此，在他人面前如果需要捡物品或者进行蹲式服务时，弯腰、翘臀、俯首等不雅观的姿态都不宜出现。美观大方的蹲姿要求动作美观、姿势优雅、舒适自然。

1. 蹲姿的类型

蹲姿主要有高低式、交叉式两种基本类型。

(1) 高低式蹲姿。高低式蹲姿是生活中的常用蹲姿，男女均适用，但略有不同。其基本规范是：下蹲后双腿一高一低，互为倚靠，双脚一前一后，左脚前脚掌完全着地，右脚脚掌着地，脚跟提起，双手轻握放在左腿上，女士双腿应尽量靠紧，如图 2-92 所示。男式双腿可以微分，如图 2-93 所示。

(2) 交叉式蹲姿。交叉式蹲姿优雅美观，适用于女士，但因舒适自然有限，所以在日常生活中较少使用。其基本规范是：下蹲时双腿交叉在一起，如图 2-94 所示。

图 2-92　高低式蹲姿(女士)　　　图 2-93　高低式蹲姿(男士)　　　图 2-94　交叉式蹲姿

2．蹲姿的注意事项

(1) 两腿叉开，臀部向后撅起。

(2) 两腿展开平衡下蹲，其姿态也不优雅。

(3) 下蹲时注意内衣不可以露，不可以透。

3．蹲姿训练

在日常生活、工作及社会交往中，要有意识地形成良好习惯，同时进行规范练习。可以运用形体训练的一些方式，如压腿、活动腿关节、加强腿部力量训练及柔韧训练，来进行基础训练，以便练就优美、自然的蹲姿。

(四) 走姿

走姿，或称为行姿。它是人体所呈现出的一种动态，是站姿的延续，如图 2-95 所示。走姿文雅、端庄，不仅给人以沉着、稳重、冷静的感觉，而且也是展示自己气质与修养的重要形式。走姿通常体现的是人的运动美和精神风貌及风采，注意走姿也可以防止身体的变形走样，甚至可以预防颈椎疾病。

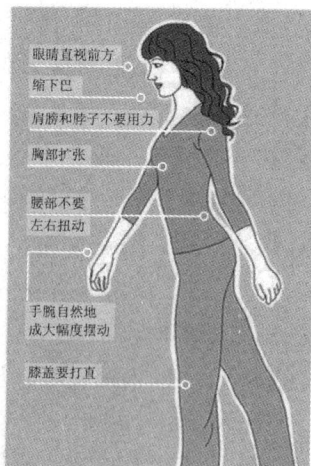

图 2-95　走姿

一般而言，对于走姿的整体要求是：轻松、优美、矫健、不慌不忙、稳重大方。

正确的走姿，在基本站姿的基础上，身体直立、立腰收腹；两眼平视前方，双臂放松在身体两侧自然摆动；脚尖微向外或向正前方伸出，跨步均匀，两脚之间相距约一只脚到半只脚，步伐稳健，步履自然。正确的走姿，同时要有节奏感。起步时，身体微向前倾，身体重心落于前脚掌，行走中身体的重心要随着移动的脚步不断向前过渡，而不要让重心停留在后脚，并注意在前脚着地和后脚离地时伸直膝部。

行进时，步幅应当适中，正常的步幅应为一脚之长，即行走时前脚脚跟与后脚脚尖二者相距为一脚长。另外，男女步态风格有别。男子的走姿应步伐稍大，步伐应矫健、有力、潇洒、豪迈，展示阳刚之美；女子的走姿则步伐略小，步伐应轻捷、蕴蓄、娴雅、飘逸，体现阴柔之美。步幅的大小可以根据身高、着装与场合的不同而有所调整。女性在穿裙装、旗袍或高跟鞋时，步幅应小一些；相反，穿休闲长裤时步伐就可以大些，凸显穿着者的靓丽与活泼。

1. 走姿的注意事项

走路的姿势不好，会导致腿部肥胖，生活中可注意找出自己走路不标准的姿势，以便确认自己如何做出改善。下面提示几种容易使腿部肥胖的错误走路姿势：

(1) 踢着走。有些人因为怕地上的脏水或脏东西弄脏鞋子或裤子，会有一种习惯就是踢着走。踢着走的时候身体会向前倾，走路时只有脚尖踢到地面，然后膝盖一弯，脚跟就往上一提。所以，走路的时候腰部很少出力，很像走小碎步一样。如果有踢着走的习惯，应注意改正，因为这会使整条腿变胖。

(2) 压脚走。压脚走与踢着走很类似，但这种走路方式却是双脚着地的时间比踢着走的人长，走的时候身体重量会整个压在脚尖上。

(3) 内八字走法。很多日本女人都是内八字走法，看起来很可爱，但是这种内八字走法长久下来会形成 O 形腿。

(4) 外八字走法。外八字走法会使膝盖向外，腿型变丑，甚至产生 X 形腿。

(5) 踮脚尖走。踮着脚尖走的人，其实本意是为了使步伐更美妙，但由于过于在脚尖上用力，会使膝盖因为脚尖用力的关系而太用力于腿肚上，容易导致萝卜腿。

2. 走姿训练

(1) 行走辅助训练。

① 摆臂。直立，保持基本站姿。在距离小腹两拳处确定一个点，两手呈半握拳状，斜前方均向此点摆动，由大臂带动小臂。

② 展膝。保持基本站姿，左脚跟起踵，脚尖不离地面，左脚跟落下时，右脚跟同时起踵，两脚交替进行，脚跟提起的腿屈膝，另一条腿膝部内侧用力绷直。做此动作时，两膝靠拢，内侧摩擦运动。

③ 平衡。行走时，在头上放个小垫子或书本，用左右手轮流扶住，在能够掌握平衡之后，再放下手进行练习，注意保持物品不掉下来。通过训练，使脊背、脖子竖直，上半身不随便摇晃。

(2) 迈步分解动作训练。

① 保持基本站姿，双手叉腰，左腿擦地前点地，与右脚相距一个脚长，右腿直腿蹬地，

髋关节迅速前移重心，成右后点地，然后换方向练习。

② 保持基本站姿，两臂体侧自然下垂。左腿前点地时，右臂移至小腹前的指定点位置，左臂向后斜摆，右腿蹬地，重心前移成右后点地时，手臂位置不变，然后换方向练习。

(3) 行走连续动作训练。

① 左腿屈膝，向上抬起，提腿向正前方迈出，脚跟先落地，经脚心、前脚掌至全脚落地，同时右脚后跟向上慢慢垫起，身体重心移向左腿。

② 换右腿屈膝，经过与左腿膝盖内侧摩擦向上抬起，勾脚出，脚跟先着地，落在左脚前方，两脚间相隔一脚距离。

③ 迈左腿时，右臂在前；迈右腿时，左臂在前。

将以上动作连贯运用，反复练习。

3. 行走礼仪

如果是两个人一起行走，行走的规则是以右为尊，以前为尊。例如，与客户或上司一同行走的时候，就应该站在他们的左侧，以示尊重。如果是一位男士和一位女士同行，那么就应该遵照男左女右的原则；如果是一位男士和两位女士同行，那么男士应该在最左边的位置；如果是一位女士和两位男士同行，则女士在中间。很多人一起行走时，以前为尊，按照此原则向后排序。

如果是三人同行，都是男性或都是女性，那么以中间的位置为尊，右边次之，然后是左边。

如果在室外行走，应该请受尊重的人或者女性走在马路的内侧。如果道路比较拥挤狭窄，应该注意观察周围情形，照顾好同行的人，同时要保持良好的仪态，不能因为在户外就左顾右盼、四处张望或是推推搡搡、拉拉扯扯，不论多么熟悉的同事和客户，在大庭广众之下也应该保持职业人士的端庄仪态。在道路上行走，不能三人以上并排，这样会妨碍其他的行人和车辆通行，同时也是不安全的做法；到达电梯口、车门口或房门口时，男性应该快走两步为女士服务；在不太平坦的道路或是上下比较高的台阶时，男性应该适当帮助女士；"女士优先"是国际通行的礼仪规则，同时也是绅士行为的体现。

(五) 手势

手的姿势，通常称为手势。手势是指人类用语言中枢建立起来的一套用手掌和手指位置、形状构成的特定语言系统。它是人在运用手臂时，所出现的具体动作与体位。

手势是人类最早使用的、至今仍被广泛运用的一种交际工具。在一般情况下，手势既有处于动态之中的，也有处于静态之中的。在长期的社会实践过程中，手势被赋予了种种特定的含义，具有丰富的表现力，加上手臂有指、腕、肘、肩等关节，活动幅度大，具有高度的灵活性，手势便成了人类表情达意的最有力的手段，在体态语言中占有最重要的地位。

手势是人们交往时不可缺少的动作，是最有表现力的一种"体态语言"，人在紧张、兴奋、焦急时，手都会有意无意地表现着自己的情绪。作为仪态的重要组成部分，手势应该得到正确的使用。俗话说："心有所思，手有所指。"手的魅力并不亚于眼睛，甚至可以说手就是人的第二双眼睛。手势语是一种礼仪，要求人们运用恰当。下面列举一些社会交往中常用的手势。

1. 递接物品手势

一般而言，为了表示尊敬应该用双手递接物品，尤其是在现代服务行业，需要更加注重这一手势的运用。递送物品时最好直接送到对方手中且方便对方接收；递送有文字、图案等有正反面的物品时，要正面向上且正面朝向对方；递送带尖、带刃等容易伤害到对方的物品时，应使其闭合或者尖刀面朝向自己和他处，切不可朝向对方，以免误伤；接拿物品时，要稳且慢，不要急于拿取。递接物品手势如图 2-96 所示。

图 2-96　递接物品手势

2. 引领、指引手势

在人际交往中，引领、指引手势是展现内心的尊重和优雅外在的肢体语言，是社交和商务场合运用非常频繁的手势。

有客人到访，用手势来表达欢迎、邀请并且指引方位，干练而规范的动作能够呈现给客人一种训练有素值得信赖的良好的印象。

由于距离、方位不一样，引领、指引手势的方向、幅度大小等也不一样。下面就以一个八等分圆来分析不同引领手势的做法，如图 2-97 所示。

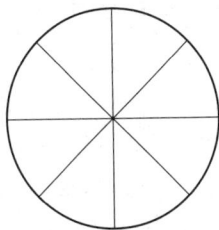

图 2-97　八等分圆

图 2-97 为一个八等分圆，每个角度均为 45°，现以圆的直径为轴，其中，竖向直径比作人的身体，横向直径比作人的手臂。

(1)"有请"手势。"有请"的手势，以上圆为标准，并用右手为例，做"右边请"手势，如图 2-98 所示。

其基本规范是：在基本站姿的基础上，挺直躯干、立腰、收腹。右手五指伸直并拢，右手手臂从身体的侧面抬起，掌心微斜向上，小臂与地面平行，即小臂在八等分圆的横向直径上，大臂与身体的夹角约为 30°，即约一个拳头的距离。左手自然垂于体侧或置于小腹前，身体微转向右边，眼睛目视来宾，并且礼貌微笑地说"有请"或"这边请"；反之，左边亦然。如若向对方指引方向，且距离较远时，伸直手臂即可。

图 2-98　"右边请"手势

(2)"往上"或"往下"等方位手势。这些往上或往下的手势,通常表现为"请上楼,请向上看,请下楼"等方位的引领或指引。

以上圆为标准,并用右手为例,做"请上楼"手势,如图 2-99 所示。其基本规范是:在基本站姿的基础上,挺直躯干、立腰收腹,右手五指伸直并拢,右手手臂从身体的侧面抬起,掌心微斜向上,小臂在横向直径的基础上,斜向上抬起,即小臂在八等分圆的横向直径的基础上,再往上抬起 45°,也就是小臂与地面或横向直径成 45°角,而大臂与身体的夹角约为 30°,即一个拳头的距离,左手自然垂于体侧或置于小腹前,身体微转向右边,眼睛目视来宾,且礼貌微笑着说"请上楼";反之,左边亦然。

若是"往下"的引领或指引,其他基本规范不变,小臂在横向直径的基础上,斜向下伸直手臂,也就是小臂在八等分圆的横向直径的基础上,下移 45°即可,如图 2-100 所示。

图 2-99　"请上楼"手势　　　　　图 2-100　"请下楼"手势

3．手势语

(1) 跷大拇指(Thumb)。在中国,跷大拇指表示"好",用来称赞对方干得不错、了不起、高明,这个意思在世界上许多国家都是一样的。英美人伸大拇指,向上跷,意为"It's good"或"It's OK";而伸大拇指,向下跷,意为"It's bad"或"I don't agree it"。但是在一些国家还有另外的意思。例如,在日本,跷大拇指还表示"男人""你的父亲""最高";在韩国,表示"首领""自己的父亲""部长"和"队长";在澳大利亚、美国、墨西哥、荷兰等国,则表示"祈祷命运";在法国、印度,拦路搭车时可以使用这一手势;在尼日利亚,它又表示对远方亲人的问候。此外,一些国家还用这一手势指责对方"胡扯"。

(2) 将拇指和食指(Forefinger)弯曲合成圆圈,手心向前。这个手势在美国表示"OK";在日本表示钱;在拉丁美洲则表示下流低级的动作。

(3) 伸出食指。这个手势在美国表示让对方稍等;在法国表示请求对方回答问题;在缅甸表示请求、拜托;在新加坡表示最重要的;在澳大利亚则表示"请再来一杯啤酒"。

(4) 伸出食指和中指(Middle Finger)做"V"字状。"V"是英文"Victory"和法文"Victore"(胜利)的第一个字母,故在英国、法国、捷克等国此手势含有"胜利"之意;但在塞尔维亚语中这一手势代表"英雄气概";在荷兰语中则代表"自由"。

(5) 食指弯曲。这一手势在中国表示"9";在日本表示小偷,特别是那些专门在商店里偷窃的人及其偷窃行为;在泰国、新加坡、马来西亚表示死亡;在墨西哥则表示钱或询问价格及数量的多少。

(6) 伸出中指。这个手势在法国、美国、新加坡表示"被激怒"和"极度不愉快"；在墨西哥表示"不满"；在澳大利亚、美国、突尼斯表示"侮辱"；在法国还表示"下流行为"。

(7) 伸出小指(Little Finger)。这个手势在日本表示女人、女孩子、恋人；在韩国表示妻子、女朋友；在菲律宾表示小个子、年轻或表示对方是小人物；在泰国、沙特阿拉伯表示朋友；在缅甸、印度表示要去厕所；在英国表示懦弱的男人；在美国、韩国、尼日利亚还可以表示打赌。

（六）表情

表情，是人类在神经系统的控制之下，面部肌肉所进行的运动变化和调整以及面部在外观上所呈现出的某种特定的形态。现代传播学认为，表情属于人际交流中的"非语言信息传播系统"，是一种无声的语言。相对于举止而言，表情更为直观、形象，同时也更易于被人们所察觉和理解。表情是情绪的主观体验的外部表现模式。人的表情主要有三种表现方式：面部表情、语言声调表情和身体姿态表情。

在人际交往中，表情真实可信地反映着人们的思想、情感、反应以及其他一切心理活动与变化。传播学认为：在人们所接收的来自他人的信息中，只有45%来自有声语言，有55%以上来自无声语言，而在后者中，又有70%以上来自表情。由此可见表情在人际交往中所处的重要地位。

随着社会分工的不断发展，人与人的相互合作越来越频繁和复杂，人与人之间的利益联系也变得越来越紧密和多变，这就要求每个人一方面通过情感表达来及时、准确而有效地向他人展示自己的价值关系，以便求得他人有效的合作；另一方面又通过识别他人的情感表达来及时、准确而有效地了解他人的价值关系，以便更好地与他人进行合作。因此本书中的表情礼仪，主要探讨面部表情中的眼神与笑容，要理解表情、把握表情在社会交往中和人际交流中的适当、合理使用，使自己表现出友好、热情、自然等礼仪状态。

1. 眼神

眼神，通常是对眼睛表现的统称。人们常说"眼睛是心灵的窗户"，那是因为它是人体传递信息最有效的器官之一，它能够最直接、最完整、最深刻、最丰富地表现人的精神状态和内心活动。同时，它是人体传递信息最有效的器官，能表达出人们最细微、最精妙的内心情思。

眼睛通常是情感的第一个自发表达者，在人类的眼、耳、鼻、舌、身的五种感觉器官中，眼睛最为敏感，它一般占据人类总体感觉的70%左右，眼神最能有效地传递信息和表情达意。因此，泰戈尔说："一旦学会了眼睛的语言，表情的变化将是无穷无尽的。"

我们在与人进行交往时，务必要注意眼神的运用。眼语主要由时间、角度、部位、方式和变化这几个方面构成。以下主要分析时间、角度及部位三方面的眼神礼仪：

1) 眼神礼仪——时间

在人际交往中，尤其是与熟人相处时，注视对方时间的长短，往往十分重要。在交谈中，听的一方通常应多注视说的一方。通常眼神注视时间不同，所表示的含义也不同，有以下几种：

(1) 友好：注视对方的时间应占全部相处时间的三分之一左右。

(2) 轻视：注视对方的时间不到相处全部时间的三分之一。

(3) 重视：注视对方的时间应占全部相处时间的三分之二左右，比如听报告、请教问题等。

(4) 敌意：注视对方的时间超过了全部相处时间的三分之二。

(5) 兴趣：注视对方的时间长于全部相处时间的三分之二。

2) 眼神礼仪——角度

在注视他人时，目光的角度，即其发出的方向，是事关与交往对象亲疏远近的一大问题。注视他人的常规角度有：

(1) 平视：或称为正视，即视线呈水平状态，一般适用于在普通场合与身份、地位平等之人进行交往。

(2) 仰视：主动居于低处，抬眼向上注视他人，它表示着尊重、敬畏之意，适用于面对尊长之时。

(3) 俯视：抬眼向下注视他人，一般用于身居高处之时，它可对晚辈表示宽容、怜爱，也可对他人表示轻慢、歧视。

(4) 侧视：它是一种平视的特殊情况，即位于交往对象对角一侧，面向对方，平视着对方，它的关键在于面向对方，否则即为斜视对方，是非常失礼的表现。

3) 眼神礼仪——部位

在与对方交流时，目光所及之处即为注视的部位。注视的具体部位不同，可以体现出对对方的态度不同和双方的关系不同。一般情况下，不能注视对方的大腿、头顶、脚和手，对异性而言，通常不应注视其胸部、裆部、腿部。一般而言，允许注视的部位有眼睛、额头和唇部，而所注视的部位不同，所形成的区域也表示着不一样的含义。

(1) 上三角区(眼角至前额)——公务凝视区，表示公事公办，郑重严肃，如图 2-101 所示。

(2) 中三角区(眼角以下至下颌)——社交凝视区，表示亲切温和、坦诚平等，如图 2-102 所示。

(3) 下三角区(双眼至前胸)——亲密凝视区，表示关切或热爱，如图 2-103 所示。

图 2-101　公务凝视区　　　　　图 2-102　社交凝视区　　　　　图 2-103　亲密凝视区

4) 不同国家的眼神礼仪

世界上不同的国家，往往用特定眼神来表示一定的礼节或礼貌。

(1) 注视礼。阿拉伯人在倾听尊长或宾朋谈话时，两眼总要直直地注视着对方，以示敬重。日本人交谈时，往往恭恭敬敬地注视着对方的颈部，以示礼貌。

(2) 远视礼。南美洲的一些印第安人，当同亲友或贵客谈话时，目光总要向着远方，似东张西望状。如果对三位以上的亲朋讲话，则要背向听众，看着远方，以示尊敬之礼。

(3) 眯目礼。在波兰的亚斯沃等地区，当已婚女子同丈夫的兄长相谈时，女方总要始终眯着双眼，以示谦恭之礼。

(4) 眨眼礼。安哥拉的基母崩杜人，当贵宾光临时，总要不断地眨着左眼，以示欢迎之礼，来宾则要眨着右眼，以表答礼。

(5) 挤眼礼。澳大利亚人路遇熟人时，除了说"哈罗"或"哈"以示礼遇之外，有时要行挤眼礼，即挤一下左眼，以示礼节性招呼。

2. 笑容

人们在笑的时候所呈现出的面部表情，通常表现为脸上露出喜悦的表情，就是笑容。从广义上讲，笑容是一种令人感觉愉快的、既悦己又悦人的表情，它是人际交往中的润滑剂，可以缩短人与人之间的心理距离，打破交际障碍，为深入沟通与交往创造和谐、温馨的良好氛围。

笑是最动人的表情，也是最动听的语言。在日常生活中，笑容的种类很多，绝大多数含有善意，如含笑、微笑、轻笑、浅笑、大笑、狂笑，但也有一些笑容是失礼的，如冷笑、窃笑、假笑、怯笑、媚笑、狞笑等，以下重点介绍微笑礼仪。

微笑，即轻微地笑，略带笑容，是不显著、不出声的一种笑。双唇轻启，牙齿半露，眉梢上推、脸部肌肉平缓向上、向后舒展而带来的一种效果。

1) 微笑的"温度"

(1) 一度微笑：像春天里的阳光让人感觉身心舒畅。

(2) 二度微笑：要轻轻扬起自己的嘴角，让笑意荡漾在眼底，像冬日里的暖阳，给人无限的温暖。

(3) 三度微笑：就是传说中的"八颗牙微笑"，或称为大笑，笑起来像夏天似火的骄阳，分外地热情灿烂。

2) 微笑的标准

(1) 眼神的标准：面对对方目光友善，眼神柔和，亲切坦然，眼睛和蔼有神，自然流露真诚。眼睛礼貌地正视对方，不左顾右盼、心不在焉。同时，眼神要实现"三个度"：集中度、光泽度与交流度。

(2) 声音的标准：声音要清晰柔和、细腻圆滑，语速适中，富有感染力；语调平和，语音厚重温和；控制音量适中，让对方听得清楚；说话态度诚恳，语句流畅，语气不卑不亢。

(3) 面部表情的标准：面部表情和蔼可亲，伴随微笑自然地露出上排的 8 颗牙齿，嘴角微微上翘；微笑注重"微"字，笑的幅度不宜过大。微笑时真诚、亲切、善意、充满爱心，口眼结合，嘴唇、眼神含笑。

3) 微笑的"三结合"

(1) 与眼睛的结合：眼睛的笑容有两种——"眼形笑"与"眼神笑"。眼睛在笑容当中扮演着非常重要的作用，不然很容易出现皮笑肉不笑的假笑状态。

（2）与语言的结合：要微笑着说"早上好""您好""欢迎光临"等礼貌用语，只笑不说或只说不笑都不合适。

（3）与身体的结合：强调微笑要与正确的身体语言相结合，才会相得益彰，给对方以最佳的印象，如挥手、鞠躬等身体语言与微笑相结合。

4）微笑训练

（1）基本训练。

第一阶段——肌肉放松。放松嘴唇周围肌肉是微笑练习的第一阶段，又名"哆来咪练习"的嘴唇肌肉放松运动，是指从低音"哆"开始，到高音"咪"，大声、清楚地把每个音说三次，注意要一个音节一个音节地发音。

第二阶段——给嘴唇肌肉增加弹性。形成笑容时最重要的部位是嘴角，如果锻炼嘴唇周围的肌肉，能使嘴角的移动变得更干练、好看，也可以有效地预防皱纹；如果嘴角变得干练有生机，整体表情就给人有弹性的感觉。伸直背部，坐在镜子前面，使背部最大限度地收缩或伸张，反复练习。

首先，张大嘴，这样使嘴周围的肌肉最大限度地伸张，张大嘴能感觉到颚骨受刺激的程度，并保持这种状态10秒。其次，使嘴角紧张，闭上张开的嘴，拉紧两侧的嘴角，使嘴唇在水平上紧张起来，并保持10秒。最后，聚拢嘴唇，在嘴角紧张的状态下，慢慢地聚拢嘴唇。当出现卷起来的嘴唇聚拢在一起的感觉时，保持10秒。

第三阶段——形成微笑。这是在放松的状态下，根据嘴的大小练习笑容的过程。练习的关键是使嘴角上升的程度一致，如果嘴角歪斜，表情就不会太好看。在练习各种笑容的过程中，就会发现最适合自己的微笑。

第四阶段——保持微笑。一旦寻找到满意的微笑，就要进行至少维持那个表情30秒的训练。尤其是照相时因不能敞开笑而伤心的人，如果重点进行这一阶段的练习，就可以获得很大的效果。

第五阶段——修正微笑。虽然认真地进行了训练，但如果笑容还是不那么完美，就要寻找其他部分的问题。但如果能自信地敞开地笑，就可以把缺点转化为优点，不会成为大问题。

第六阶段——修饰有魅力的微笑。如果经常练习，就会发现只有自己拥有的有魅力的微笑，并能展现出微笑。伸直背部和胸部，用正确的姿势在镜子前面一边敞开笑，一边修饰自己的微笑。

（2）不同训练方法。在以上基本训练的基础上，可以采取以下几种训练方式来进行深入及强化训练：

① 美好回忆法。通过回忆自己的美好往事，引发微笑。

② 情景熏陶法。在自己的房间周围，挂上一些笑脸，或者在周围的物品上也画上笑脸，以此来提醒与熏陶自己，做到时刻拥有微笑的心情。

③ 瑜伽冥想法。准备一段瑜伽音乐，配上一段自然、放松的瑜伽冥想词，轻闭双眼，舒展眉心，通过音乐与瑜伽引导词忘记心中的烦恼、忧愁等负面情绪，保持内心的从容与发自内心深处的喜悦。

④ 咬筷子训练法。咬筷子的训练方法是礼仪小姐最常用的一种方法，主要是为了强化面部肌肉，使之形成习惯性记忆。

A．用上下两颗门牙轻轻咬住筷子，看看自己的嘴角是否已经高于筷子了。

B．继续咬着筷子，嘴角最大限度地上扬。也可以用双手手指按住嘴角向上推，上扬到最大限度。

C．保持上一步的状态，拿下筷子。这时的嘴角就是自己微笑的基本脸型。能够看到上排 8 颗牙齿就可以了。

D．再次轻轻咬住筷子，发出"Yi"的声音，同时嘴角向上向下反复运动，持续 30 秒。

E．拿掉筷子，观察自己微笑时的基本表情。双手托住两颊从下向上推，并要发出声音，反复数次。

F．放下双手。同上一个步骤，数"1、2、3、4"，要发出声音，重复 30 秒结束。

知识拓展

西装保养方法

1．西装建议不要连续穿三天以上

高品质的西装大都采用天然纤维如羊毛、蚕丝、羊绒等材质，这类西装穿过后，因局部受张力过大而变形，但让它平整挂起，就能复原，所以应备两至三套西装来换穿为佳。

2．西装脱下一定要挂起

回家后西装脱下切不可随便放，应立即取出口袋内的物品(口袋内添满东西而吊挂着，衣服很容易变形。)然后将西装挂起，一定要用宽柄圆弧形的西装专用衣架，确保肩部不变形，不可用钢丝衣架挂西装，如图 2-104 所示。

图 2-104 挂起西装

3．经常轻刷西装

尘污是西装最大的敌人，会使西装失去新衣感，故须常用刷子轻轻刷去尘土，或者用胶带纸加以吸附，效果很好，如图 2-105 所示。

图 2-105　用胶带吸附尘土

4．西装简易除皱

久穿或久放衣橱中的西装，挂在稍有湿度的地方，有利于衣服纤维恢复自然状态，但湿度过大会影响西装的定型效果，一般毛料西装在相对湿度为 35%～40%的环境中放置一晚，可除去西装上轻微的皱纹。如果褶皱太死或褶皱太多，应尽量送到正规的洗衣店熨烫，切不可自己熨烫，因为西装熨烫对技术和设备要求较专业。

5．西装的清洗

高档西装一定要干洗，以避免西装变形、缩水、褪色等问题。在衣物送洗时，先告知服饰污点处，尤其是酒类或汽水的污渍，因为这些污渍都有糖分，干洗前必须先处理干净，否则在干洗过程中遇热即会焦化成为咖啡色，破坏西服整体色泽。

6．西装的收藏

收藏西装前，先送洗衣店干洗，干洗后用专用西装衣架挂起，套上西装袋，如图 2-106 所示，挂放到衣柜即可。

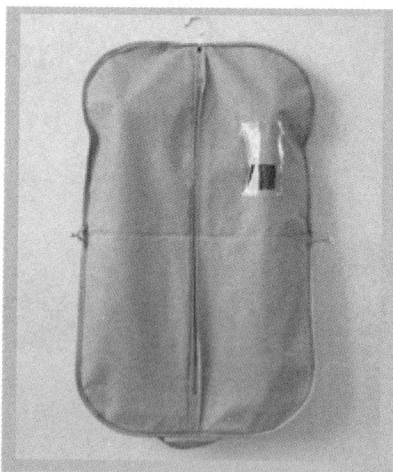

图 2-106　套上西装袋

专题小结

　　本专题对形象礼仪的仪容礼仪、仪表礼仪和仪态礼仪做了详细的说明。形象是一个人在社会生活中的广告和名片，因此注重自己的个人形象，从服饰、行为、表情、姿态等方面关注细节，能有效提升自己的个人魅力。

思考题

　　1. 请根据自己的性格特点以及兴趣爱好，给自己设计一个整体的职场形象。
　　2. 请结合自身的感受，谈谈微笑的作用。

专题三　社交礼仪

❋∾❋

　　　君子以仁存心，以礼存心；仁者爱人，有礼者敬人。爱人者人恒爱之，敬人
者人恒敬之。

——《孟子·离娄下》

　　　礼貌待客不失去什么，却能得到一切。

——玛·沃·蒙塔古

🎯 学习目标

- 在社会交往中得体地称呼对方。
- 正确地进行自我介绍及为他人做介绍。
- 了解乘车座次礼仪。

🎯 技能目标

- 规范运用握手等见面礼仪。
- 规范地使用名片。
- 了解中西餐餐饮文化差异及掌握中西餐用餐礼仪规范。

案例导入 💙

　　张先生与女友一起参加一个舞会，跳过几曲之后，有一个熟识的朋友过来邀请张先生的女友跳一曲。张先生因为觉得这位朋友以前有意追求自己的女友，所以不悦，暗示女友不能去。但是女友没有听从，还是笑着赴约了。一曲终了，张先生等女友回来后，指责女友不应与那个人跳舞。女友表示不能接受，张先生觉得不能忍受，大声斥责，终于在舞厅里大声吵了起来，引来别人奇怪的眼神，最后女友一个人离开了舞厅，张先生在众目睽睽之下也觉得颜面尽失。

　　【分析】　参加舞会，一般不邀请有男伴的女士，但是因为是熟识的人，所以反而是邀请女士共舞更符合礼节，而男士应该大度，一方面是尊重对方，另一方面也是对女友的信任与尊重。但是张先生却显得极没有风度，小心眼，而且透露出对女友的不信任、不尊重以及自己的不自信，这样的社交事件是很失败的。

第一节 称呼礼仪

在人们的社会交往中，互相打交道时都要使用一定的称呼，称呼使用恰当与否能反映出一个人的基本素养和礼仪。所谓称呼，通常是指人们在日常的社会交往中所采用的对彼此的称谓语。选择合适、正确的称呼可以反映出自身的教养和对对方的尊敬程度，而且在一定程度上还体现着双方关系的亲疏远近。一个得体的称呼会拉近彼此之间的距离或者赢得商务上的合作；一个失礼的称呼可能会令对方产生误解或者中断合作。在采用正确恰当的称呼时，通常要遵循以下四点规范：

(1) 符合场合。

(2) 区分场合。

(3) 考虑双方关系。

(4) 入乡随俗。

称呼的方式多种多样，在工作和生活或者涉外活动中都应根据场合的不同、交往对象的不同而采用不同的称呼。选择合适、正确的称呼是个人应该具备的基本社交素养。

一、称呼的方式

对于不同的对象，有不同的称呼方式，如表 3-1 所示。

表 3-1 称呼的方式

场合	称呼类别	具体称呼方式	举例
生活中的称呼	对亲属的称呼	本人的亲属(谦称)	家父、舍弟、小儿、小婿
		他人的亲属(敬称)	令堂、令爱、尊兄、贤弟
	对朋友、熟人的称呼	长辈、有地位、身份者(敬称)	"先生"：王先生
		科技界、文艺界、教育界等某一领域的权威或取得突出成就者	"老师"：刘老师
		同行的前辈或社会上的德高望重者	"公"：杨公
	近亲式称呼	邻里、至交	大爷、大姐、刘叔叔、唐阿姨
	姓名称呼	平辈之间或长辈称呼晚辈	刘笑、老高、小郭、依萍
工作中的称呼	职务性称呼	仅称行政职务(熟人之间)	董事长、主任
		行政职务前加姓氏(一般场合)	王经理、李秘书
		行政职务前加上姓名(正式场合)	刘刚主任
	职称性称呼	仅称技术职称(熟人之间)	总工程师、会计师
		技术职称前加姓氏(一般场合)	梁教练、庞教授
		技术职称前加上姓名(正式场合)	杨亚工程师
	学衔性称呼	仅称学衔(熟人之间)	博士
		学衔前加姓氏(一般场合)	吴博士
		学衔前加上姓名(较正式场合)	程丽博士
		具体化学衔后加上姓名(最正式场合)	教育学博士马腾
	行业性称呼	职业性称呼	老师、医生、教练
		商界约定俗成的称呼	先生、女士、小姐

二、称呼的五个禁忌

在社会交往中，我们在使用称呼时，一定要避免以下几种失敬的做法。

(一) 错误的称呼

常见的错误称呼一般有误读、误会两种情况。

(1) 误读：也就是念错姓名。为了避免这种情况的发生，对于不认识的字，事先要有所准备，如果是临时遇到，就要谦虚请教。尤其是我国人名中的一些姓氏就很容易被人误读，例如，单，作为姓氏时读 shàn；查，作为姓氏时读 zhà；句，作为姓氏时读 gōu；仇，作为姓氏时读 qiú；朴，作为姓氏时读 piáo；尉迟，作为姓氏时读 yùchí 等。

(2) 误会：主要是指对被称呼者的年纪、辈分、婚否以及与其他人的关系做出了错误判断。例如，将未婚妇女称为"夫人"，就属于误会。相对年轻的女性，都可以称为"小姐"。

(二) 使用不通行的称呼

有些称呼具有一定的地域性。例如，山东人喜欢称呼"伙计"，但在南方人听来，"伙计"肯定是"打工仔"。中国人把配偶经常称为"爱人"，在外国人的意识里，"爱人"是"第三者"的意思。

(三) 使用不当的称呼

工人可以称为"师傅"，道士、和尚、尼姑可以称为"出家人"。但如果用这些来称呼其他人，可能会让对方产生自己被贬低的感觉。

(四) 使用庸俗的称呼

有些称呼在正式场合不适合使用。例如，"兄弟""哥们儿"等类型的称呼，虽然听起来亲切，但显得档次不高。

(五) 称呼外号

在关系一般的情况下，不应自作主张给对方起外号，更不能用道听途说来的外号去称呼对方，也不能随便拿别人的姓名乱开玩笑。

第二节　介　绍　礼　仪

现代生活，人们交往范围日益广泛，似乎每天都在认识新的面孔，结交新的朋友。初次相识，总少不了自我介绍或者为他人做介绍，得体的介绍往往会给对方留下良好的第一印象。在社交礼仪中，介绍是一个非常重要的问题，可以说，人际交往始于自我介绍，因此人们又把介绍称为交际之桥。介绍是与他人进行沟通、建立联系的一种最常规、最基本的方式，是人与人之间进行沟通的出发点。在社会交往、人际沟通的场合中，如果能够正确地进行自我介绍或者为他人做介绍，不仅能够结交朋友，扩大自己的社会交际圈，还有助于进行必要的自我展示和自我宣传。

在日常生活与社会交往中，自我介绍与介绍他人最为常用。

一、自我介绍

自我介绍，是在必要的社交场合，由自己将自己介绍给其他人，主要目的是使对方认识自己。

（一）自我介绍的时机

一般而言，自我介绍的时机涉及时间、地点、事件情形、当事人等因素，但通常可以归纳为三种情况：一是本人希望结识他人时；二是他人希望结识本人时；三是本人认为有必要令他人了解或认识本人时。具体来说，有以下几种情况：

(1) 与不相识者相处时。

(2) 不相识者希望认识自己时。

(3) 打算认识别人时。

(4) 求职或求学面试时。

(5) 有求于人，但对方对自己不了解或一无所知时。

(6) 初次去别人家里和单位登门拜访、业务联系时。

(7) 初次利用大众传媒、社交媒介进行自我宣传或者联络时。

（二）自我介绍的分寸

要想自我介绍进行得得体、恰到好处，不失礼仪和分寸，需要注意下面几个问题。

1. 时间

从时间上来把握自我介绍的分寸，在此有两个层面的含义。

首先，自我介绍应该在合适的时间里进行。一般而言，进行自我介绍的合适时间有：对方有兴趣时、对方情绪好时、对方空闲时和对方有此要求时。在这些情况下进行自我介绍时，一来会加深自己给对方的印象，使对方更容易记得自己；二来可以显示自己是一个细致、有素养的人，从而可以给对方留下良好的第一印象。

其次，进行自我介绍时要注意把握时间，通常要求尽量节省时间、简洁清晰。虽然在不同的场合对自我介绍要求的时间不尽相同，也不能统一规定，但总的原则还是要求时间不能太长，一般不超过 1 分钟，最合适的时间在 30 秒左右。

2. 态度

进行自我介绍时，首先，态度要自然、随和、友善，因为这样会显得大方、优雅、从容；其次，要有信心和勇气，不慌不忙，敢于正视对方的双眼；最后，介绍时从语言上要做到语气自然、音量适中、语速正常、语音清晰。

3. 真实、讲究技巧

在进行自我介绍时，要实事求是，真实真诚，不要夸大其词、吹嘘自己，但也不要过分谦虚去迎合、讨好别人。在求职面试进行自我介绍时除了要真实外还要讲究技巧，目的是在有限的时间里用精彩的自我介绍让面试官记住自己，给面试官留下较深刻的印象。

(三) 自我介绍的方式

在不同的场合，面对不同的对象，自我介绍的方式也不一样，如表 3-2 所示。

表 3-2　自我介绍的方式

方　式	适用场合	特　点	举　例
应酬式	一般的公共场合和社交场合	简洁，只介绍"姓名"	"你好，我叫陆海。"
问答式	应试、应聘、普通交际应酬场合	一问一答	甲："您好，这位女士，不知道如何称呼？" 乙："你好，我叫唐糖。"
工作式	工作场合	"姓名+单位+部门"	"您好，我是陆海，北京师范大学教育学院的老师。"
交流式	社交活动场合，如宴会、舞会等	"姓名+工作+籍贯、兴趣、爱好、关系等"	"您好，我叫陆海，是山东人，现在在北京师范大学教育学院当老师，我与您太太是大学同学。"
礼仪式	讲座、演讲、演出、报告等	在工作式的基础上增加一些谦辞敬语	"各位朋友，大家好，我叫陆海，是北京师范大学教育学院的老师，欢迎大家来到留学讲座的现场。"

二、介绍他人

在社交场合，我们往往需要为不相识者彼此引见一下，这便是为他人做介绍。介绍他人，或称为第三方介绍，它是经第三者为彼此不相识的双方介绍、引荐的一种介绍方式。为他人做介绍，应做得合乎礼仪。介绍他人，一般而言都是双向的，即被介绍者双方各自均要被介绍，因此介绍人必须要对被介绍的双方有一定的了解，当然有时也可以进行单向的他人介绍，但其前提是有一方被介绍者是了解另一位被介绍者的。

(一) 介绍者

在介绍他人时，确定由谁作为介绍者是需要慎重选择的，也有一定的人选规范。决定为他人做介绍时，要熟悉双方情况，同时在允许的情况下，最好征求一下双方的意见。通常具有下列身份者，可以充当介绍者：

(1) 正式活动中的身份、地位较高者，活动主要负责人或被指定的介绍者。

(2) 社交活动中的长者、尊者或者东道主。

(3) 商务或公务活动中的专职人员，如礼宾人员、秘书、接待人员、公关人员等。

(4) 家庭聚会中的女主人。

(5) 熟悉被介绍者双方者。

另外，介绍者在介绍时应该辅以肢体语言，不可单指指人，正确的做法是掌心朝上，拇指微微张开，指尖向上，然后再配合有声语言进行得体的介绍。

（二）介绍的时机

以下几种情况，通常有必要为他人做介绍：

(1) 在办公地点，接待彼此不相识的来访者。

(2) 在家中，接待彼此不相识的客人。

(3) 陪同亲友，拜访不相识者。

(4) 陪同上级、长者、来宾或者本人接待对象时，遇见了其不相识者，而对方又跟自己打招呼时。

(5) 接受为他人做介绍的邀请。

(6) 打算推介某人加入某一集体。

（三）介绍的顺序

在为他人做介绍时，一定要清楚先介绍谁，后介绍谁。根据礼仪规范，在介绍他人时，必须要遵守"尊者优先知情权"或"位高者居后"原则与"女士优先"的原则。即先介绍晚辈、下属、位低者，后介绍长辈、上司、位高者。其意义就是使长辈、上司、位高者优先了解晚辈、下属、位低者的情况，以便在社交活动中掌握主动权，见机行事。因此，根据上述规则，将介绍他人的顺序归纳如下：

(1) 介绍长辈与晚辈相识时，先介绍晚辈，再介绍长辈。

(2) 介绍年长者与年幼者相识时，先介绍年幼者，再介绍年长者。

(3) 介绍上级与下级相识时，先介绍下级，再介绍上级。

(4) 介绍来宾与主人相识时，先介绍主人，再介绍来宾。

(5) 介绍老师与学生相识时，先介绍学生，再介绍老师。

(6) 介绍已婚者与未婚者相识时，先介绍未婚者，再介绍已婚者。

(7) 介绍同事、朋友与家人相识时，先介绍家人，再介绍同事、朋友。

(8) 介绍社交场合的先到者与后来者相识时，先介绍后来者，再介绍先到者。

(9) 介绍身份、职位高者与身份、职位低者相识时，先介绍身份、职位低者，再介绍身份、职位高者。

（四）介绍的方式

为他人做介绍时，需要注意介绍的方式和内容，同时要主动了解双方、精心组织介绍语言，给双方留下良好印象。介绍他人的方式如表3-3所示。

表 3-3　介绍他人的方式

方　式	适用场合	特　点	举　例
简洁式	一般的公共场合和社交场合	简洁,只介绍"姓名"或"姓氏"	"我来介绍一下,这位是张教授,这位是刘教授,你们认识一下。"
标准式	正式场合、工作场合	"单位+部门+姓名"	"我来为两位引见一下。这位是海韵音像公司公关部陈飞小姐,这位是彩虹文化传播有限公司总经理林冰先生。"
引荐式	普通社交场合	将双方引导在一起,不说是谁	在联谊会上,主持人可这样说:"大家以前都是校友,但有的不在一个年级,大家相互认识一下吧。"
强调式	普通社交场合	主要强调被介绍者的关系等	"这位是我的学生,年轻有为的教育学家刘晓,请杨总多多关照。"
推荐式	较正式场合	主要强调被介绍者的优点、才华等	"这位是肖飞先生,他是一位出色的外观设计人才,对企业管理很有研究,还是经济学博士。杜总,你们细谈吧!"
礼仪式	正式场合或者讲座、演讲、演出、报告等	在标准式介绍的基础上,更为礼貌谦恭	"吴小姐,你好,请允许我把北京师范大学教育学院的陆海教授介绍给你。陆教授,这位就是浙江大学的茶学博士吴倩。"

(五)介绍的应对

有他人在为自己和对方做介绍时,被介绍者也要合理应对,表达自己的态度、兴趣、素养以及礼仪。被介绍者如果在介绍者提出意愿时,一般不予以拒绝,若是不愿意被介绍时,则应委婉说明情由,一般社交场合在被人介绍时可以做出以下得体的应对:

(1) 首先起立(若坐着)。

(2) 目视对方、神态专注。

(3) 面带微笑、落落大方。

(4) 问候、握手、寒暄。

第三节　握手礼仪

现代社会中,无论是商务活动还是社交活动,握手是最为常见、使用范围十分广泛的见面礼。握手是人际交往和商务活动中司空见惯的见面礼,它是社交和商务活动中一个公开而又神秘的使者,可以表示欢迎、友好、祝贺、感谢、敬重、致歉、慰问、惜别等各种感情。聚散忧喜皆握手,此时无声胜有声。握手虽然简单,但握手动作的主动与被动、力量的大小、时间的长短、身体的俯仰、面部的表情及视线的方向等,往往表现握手人对对方的不同礼遇和态度，也能窥测对方心里的奥秘。因而握手是大有讲究的，了解和掌握其礼仪规范，对于我们在社交和商务活动中因人施礼并了解对方的心态及性格特点有着重要意义。

在握手礼的规范中，一般应该考虑握手的时机、姿势、顺序、力度、时间、神态、语言、禁忌等 8 个方面的问题。

一、握手的时机

在社会交往中，什么时候应该行握手礼通常取决于交往双方的关系、现场的环境以及当事人个人的心情、状态等多种因素。握手是人们日常交际的基本礼仪，在必须握手的场合如果拒绝或忽视了别人伸过来的手，就意味着自己的失礼。简单地说，以下情况，人们都应该行握手礼：

(1) 问候时。

(2) 欢迎时。

(3) 感谢时。

(4) 道歉时。

(5) 祝贺时。

(6) 慰问时。

(7) 重逢时。

(8) 庆祝时。

(9) 道别时。

(10) 初次见面时。

二、握手的姿势

握手的标准姿势，如图 3-1 所示：行礼时，两手掌垂直，距受礼者一步，两足立正，上身略前倾，伸出右手，四指并拢，拇指张开。与对方握手时，用力适度，上下轻摇两三下，礼毕即松开。微笑且双目注视对方。伸手的动作要稳重、大方，态度要亲切、自然。右手与人相握时，左手应当空着，并贴着大腿外侧自然下垂，以示用心专一。一般要站着握手，除老弱残疾者外，不能坐着握手。握手时间的长短可因人因地因情而异，太长了使人局促不安，太短了表达不出热烈情绪。

图 3-1 握手的标准姿势

在此，要注意一下握手手位的问题，常见的具体手位有单手相握和双手相握。

（一）单手相握

单手相握即以右手单手与人相握，这是最常见的握手方式。其有以下几种形式：

(1) 单手与人相握时，手掌垂直于地面最为恰当合适，表示自己的不卑不亢，此称为"平等式握手"。

(2) 单手与人相握时，手掌掌心向上，一般表示自己谦恭谨慎，此称为"友善式握手"。

(3) 单手与人相握时,手掌掌心向下,则表示自己感觉良好,自高自大,此称为"控制式握手"。

(二)双手相握

双手相握即用右手握住对方右手后,再用左手握住对方右手的手背。这种方式比较适用于亲朋好友之间或旧友重逢之时,一般表达自己的深厚情谊。但是,此种方式不适用于初次相识者以及异性,因为它表示讨好或失态,这一方式称为"手套式握手"。

三、握手的顺序

在正式的商务场合与社交场合,行握手礼时最重要的问题就是握手的顺序问题。握手的主要原则是尊重别人,握手的顺序应根据握手人双方的社会地位、年龄、性别和宾主身份来确定。一般遵循"尊者决定"的原则。其基本含义是:在两人握手时,各自应当明确双方彼此身份的尊卑,然后再决定伸手的先后顺序。通常由尊者首先伸手,位卑者在此后予以回应即可。具体而言,握手的顺序大体有以下几种情况:

(1) 职务和身份高者与职务、身份低者握手,高者先伸手。
(2) 年长者与年轻者握手,年长者先伸手。
(3) 长辈与晚辈握手,长辈先伸手。
(4) 上级与下级握手,上级先伸手。
(5) 女士与男士握手,女士先伸手。
(6) 主人与客人握手,主人先伸手(迎)。
(7) 主人与客人握手,客人先伸手(送)。
(8) 已婚者与未婚者握手,已婚者先伸手。
(9) 社交场合的先至者与后来者,先至者先伸手。

四、握手的力度与时间

握手的力度与时间的长短往往能够表现握手人对对方的不同礼节与态度,我们应该根据不同的场合以及对方的年龄、性格、地位等因素正确握手。

握手时的力度要适当,可握得稍紧些,以示热情,但不可太用力,使对方有示威或挑衅之感;也不可毫不用力,使对方感到缺乏热情和朝气。男士之间力度可稍大一点,女士之间握手力度稍轻一些。例如,如果下级或晚辈紧紧相握,作为上级或长辈一般也应报以相同的力度,这容易使晚辈或下级对自己产生强烈的信任感,也可以使自己的威望、感召力在晚辈或下级之中得到提高。

握手的时间要恰当,长短要因人而异。握手时间控制的一般原则可根据双方的熟悉程度灵活掌握。与他人握手的时间不宜过长或者过短,握手的时间以三秒钟为宜。另外,切忌握住异性或初次见面者的手久久不松开。

五、握手的神态和语言

握手时的神态应注意目光、表情,与人相握时神态应该热情、友好、自然。一般情况下，握手时应该注视对方的双眼且面带微笑，但是在特殊情况下，如慰问受难者家属等沉痛的环境下，应该表情凝重。另外，在握手时不能心不在焉、漫不经心、敷衍了事、冷淡傲慢，或者一边握手一边东张西望或者跟别人打招呼，这些都是失礼的表现。

握手时要有语言的配合，不能只握手不说话，在不同的情况下，要辅以不同的寒暄语言，以表示自己的尊重和基本礼仪。握手时的语言主要有以下几种情况：

(1) 感谢时——感谢语。
(2) 道歉时——道歉语。
(3) 祝贺时——祝贺语。
(4) 慰问时——慰问语。
(5) 重逢时——问候语。
(6) 欢迎时——欢迎语。
(7) 安慰时——安慰语。
(8) 再见时——告别语。

六、握手的禁忌

握手的禁忌如下：

(1) 不要在握手时另外一只手插在衣袋里或拿着东西。

(2) 不要在握手时面无表情、长篇大论、点头哈腰、过分客套。

(3) 不能用左手与他人相握，尤其是和阿拉伯人、印度人打交道时要牢记，因为在他们看来左手是不洁的，只能用于洗澡等。

(4) 在和基督教信徒交往时，要避免两人握手时与另外两人相握的手形成交叉状，这种形状类似十字架，在他们眼里这是很不吉利的。

(5) 不要在握手时戴着手套或墨镜，只有女士在社交场合戴着薄纱手套握手，才是被允许的。

(6) 不要在握手时仅仅握住对方的手指尖，好像有意与对方保持距离。正确的做法，是要握住整个手掌。即使对异性，也要这么做。

(7) 不要在握手时把对方的手拉过来、推过去或者上下左右抖个没完。

(8) 不要在握手时只递给对方一截手指。国外称这种握手方法为"死鱼式握手"，被公认为失礼的做法。

(9) 不要拒绝和别人握手，即使有手疾或汗湿、弄脏了，也要和对方说一声"对不起，我的手现在不方便"，以免造成误会。

第四节 名 片 礼 仪

现代社会，名片的使用已成为人与人交往的一种重要手段，并且名片越来越成为一个人身份、地位的象征，体现了一个人的尊严和价值。同时，名片也是使用者获得社会认同与社会理解的一种方式。名片之所以在现代社会中得到广泛应用，是因为它使用起来简便、灵活、方便携带且易于保存，能适应现代社会人际交往十分频繁的需要，成为现代交际的一种工具。

一、名片的起源

名片起源于交往，而且是文明时代的交往，因为名片离不开文字。原始社会没有名片，那时人烟稀少，环境险恶，人们生存艰难，交往很少，文字还没有正式形成，早期的结绳记事也只存在于同一部落内部，部落与其他部落没有往来。到了奴隶社会，尽管出现了简单的文字，也没有出现名片。奴隶社会经济还不发达，绝大部分人都被稳固在土地上，奴隶没有受教育的权利。少量世袭奴隶主，形成小的统治群体，由于统治的小圈子长期变化不大，并且识字不太普遍，因此没有形成名片的条件。

名片最早出现于封建社会。战国时代中国开始形成中央集权统治的国家，随着铁器等先进生产工具的使用，经济也得到发展，从而带动文化发展，以孔子为代表的儒家与其他流派形成百家争鸣的景象。各国都致力于扩大疆土，扶持并传播本国文化，战争中出现大量新兴贵族。特别是秦始皇统一中国，开始了伟大的改革，统一全国文字，分封了诸侯王，咸阳成了中国的中心。各路诸侯王每隔一定时间就要进京述职，诸侯王为了拉近与朝廷当权者的关系，经常联络感情也在所难免，于是开始出现了名片的早期名称"谒"。所谓"谒"，就是拜访者把名字和其他介绍文字写在竹片或木片上(当时纸张还没发明)，作为给被拜访者的见面介绍文书，也就是现在的名片。到了汉代，中央集权制国家进一步发展，随着汉初疆域的扩大，"谒"的使用越来越普遍。

到了东汉末期，"谒"又被改称为"刺"，由于东汉蔡伦改进了造纸术，纸张开始普遍采用，于是"刺"由竹木片改成了更便于携带的纸张。

唐宋时期，中国封建社会进入全盛期，带动了社会经济与文化大发展。唐初科举制度开始实行，让一些有才能的庶民也能靠自己的努力进入统治阶级。为了与世袭贵族争夺权力，他们在官场上相互提携，拉帮结派的门阀也开始形成。每次科举考试后，新科及第的考生都要四处拜访前科及第者和位高权重者，以便将来被提携。要拜访老师，必须先递"门状"，这时"刺"的名称也就被"门状"代替了。

到了明代，统治者沿袭了唐宋的科举制度，并使之平民化，读书便成了一般人改善生活的唯一出路，识字的人随之大量增加，人们交往的机会也增加了。学生见老师、小官见大官都要先递上介绍自己的"名帖"，即唐宋时的"门状"。"名帖"这时才与"名"字有了瓜葛。明代的"名帖"为长方形，一般长七寸、宽三寸，递帖人的名字要写满整个帖面。如递帖给长者或上司，"名帖"上所书名字要大，"名帖"上名字大则表示谦恭，"名帖"上名字小会被视为狂傲。

清朝才正式有"名片"的称呼。清朝是中国封建社会的终结，由于西方的不断入侵，中国与外界交往增加了，和国外的通商也加快了名片的普及。清朝的名片，开始向小型化发展，特别是在官场，官小使用较大的名片以示谦恭，官大使用较小的名片以示地位。

民国时期，中国开始与西方进行大量商业交往，西方的名片也随之带入中国。西方人认为黄金分割法所切割成的长方形看起来是最美的，所以西方名片均是采用黄金分割法制作的。于是，中国人也开始使用黄金分割法来制作名片。名片摆脱了用笔书写的旧形式，而采用印刷方法。在 20 世纪前期，由于名片是时髦的高档消费品，因此只局限于有身份和地位的人使用，普通人既用不起，也很少进出使用名片的场合。

现代意义的名片来自西方，是现代商业活动的产物。在现代商务及社交活动中，人们把名片的价值应用得淋漓尽致。

二、名片的用途

在商务活动或者社交活动中，专业的名片是一种非常实用的社交工具，其具体用途有以下几种。

(一) 常规用途

1. 自我介绍

在商务活动与社交活动中，我们经常要与人认识或者别人介绍他人与自己相识，因此初次与他人见面时，用名片来辅助自我介绍，效果要比单独自我介绍好得多，因为名片可以强化给对方的印象，节省时间，简洁清晰。

2. 结交他人

在人际交往中，如欲结识某人，往往可用本人名片表示结交之意。因为主动递交名片给初识之人，既意味着信任和友好，又暗含"可以交个朋友吗？"之意。在这种情况下，对方一般会"礼尚往来"，将其名片也递过来，从而完成双方结识和交往的第一步。

3. 保持联系

大多数名片都有一定的联络方式印在其上。利用他人在名片上提供的联络方式，即可与对方取得并保持联系，促进交往。

4. 通知变更

一旦调任、迁居或更换电话号码，送给亲朋好友一张注明上述变动的名片，等于及时而又礼貌地打了招呼。

5. 业务介绍

一般商务活动中的名片上列有单位、业务范围等具体内容，在进行业务往来时，名片是公司的招牌，具有类似广告的作用，可使对方了解你所从事的业务。利用名片可以为本人及其单位进行业务宣传，扩大交际范围，争取潜在的合作伙伴。

(二) 特殊用途

在社交场合，尤其是国际社交场合，人们往往以名片代替一封简洁的信函使用，此即名片的特殊用途。

1. 文字的书写

在国外流行的具体做法是：在社交名片的左下角写上一行字或一句短语，表示慰问、鼓励、感谢、祝贺他人等，然后放入信封寄交他人。如果是本人亲自递交或托人带给他人，要用铅笔书写。如果采用邮寄方式，则应用钢笔书写。

2. 使用方法和注意事项

当名片代替信函使用时，往往有不同的使用方法和注意事项，以下举例说明。

1) 充当礼单

以私人身份向他人馈送礼品时，可将本人的社交名片充当礼单，置于礼品包装之内。但最好是将其装在一个与名片大小相当的信封里，信封上写收礼者姓名，信封可以不封口，名片上可根据实际情况简单留言。

2) 介绍相识

如欲向自己相识之人介绍某人，亦可使用名片。具体做法是：在自己名片的左下角写上"p.p."，然后在后面附上被介绍人的名片，并由被介绍人交给对方或直接邮寄给对方。在把名片交给被介绍人之后，我们应当先用电话告诉对方，有人将拿着自己的名片去见对方，否则就会使对方有点摸不着头脑，而被介绍者也会因为对方没接到任何通知而感到尴尬。

3) 简短留言

如拜访某人不遇或需要向某人传达某事而对方不在，可留下自己的名片，并在名片上简单写上事由，然后委托他人转交。

4) 拜会他人

在初次前往他人工作单位或私人居所进行正式拜访时，可先把本人名片交于对方的门卫、秘书或家人，然后由其转交给拜访之人，意为"我是XXX，我可以拜访您吗？"对方确认了拜访者的实际身份后，再决定双方是否见面。

三、名片的设计

(一) 规格材料

世界各国名片的规格是不尽相同的。在国际上较为流行的名片规格为长 10 cm、宽 6 cm，而目前我国通行的名片规格为长 9 cm、宽 5.5 cm。如果参与活动多为涉外性质，则可采用前一种规格，在一般情况下使用我国标准名片即可。若无特殊原因，不必制作过大或过小的名片，更没必要将名片制作成折叠式或书本式。

名片通常应以耐折、耐磨、美观、大方、便宜的纸张作为首选材料，如白卡纸、再生纸等。一般情况下，没有必要选用布料、塑料、真皮、化纤、木材、钢材甚至黄金、白金、白银等材料制作名片。另外，将纸质名片烫金、镀边、压花、过塑、薰香，也是不合适、不适用的。

(二) 色彩图案

名片宜选用单一色彩的纸张，并且以米白、米黄、浅蓝、浅灰等庄重朴实的色彩为佳，切勿选用过多、过杂的色彩，让人眼花缭乱，妨碍信息的接收，也不宜采用红色、紫色、绿色、黑色、金色、银色的纸张制作名片。

一般而言，名片上除了文字符号外不宜添加任何没有实际效用的图案。如果本单位有象征性的标志图案，则可将其印于一行文字的前面，但不可过大或过于突兀。若从事创意性行业，可适当在名片上展示个性，但适可而止，否则会给人以华而不实之感，有损形象。

(三) 文字版式

在正常情况下，应采用标准的汉字简化字，如无特殊原因，不要使用繁体字。从事民族工作或涉外工作的则可酌情使用少数民族文字或外语。当汉字与少数民族文字或外语同时印刷时，应将汉字印于一面，而将少数民族文字或某种外文印于另一面。不要在同一面上混合使用不同文字，一张名片上不宜使用两种以上文字。

以汉字印制名片时，一般采用楷体或仿宋体，尽量不要采用行书、草书、篆书等不易认的字体；在以外文(主要采用英文)印制名片时，一般采用黑体字，在涉外交往中使用的名片亦可采用罗马体，但很少用草体。

不论采用何种字体，文字印刷都要清晰易识，不可模糊难辨，不宜自行手写名片，不能在印刷的名片上以笔增减、修改内容。

名片上文字的排列版式大体有两种。同一张名片上，既可以两面均印有文字不同而本意相似的内容，也可以空出一面，而只在一面印上内容。没有必要在名片的一面印上名言警句。两面的内容相同时，不可使其一面为横式，另一面为竖式。

1. 横式

横式名片的版式文字排列的行序为自上而下，字序为自左而右。一般而言，采用简化汉字的名片宜用横式。

2. 竖式

竖式名片的版式文字排列的行序为自右而左，字序为自上而下。

(四) 制作与印法

名片最好不要随意自行制作，也不要采用复印、影印、油印等方式制作，它们均不够正规。名片的印刷方式最主要有三种，分别是激光打印、胶印、丝网印。其中，使用最广泛、操作最简单的方式为激光打印；其次为胶印；丝网印最复杂且使用最少。

四、名片的交换

(一) 准备名片

打印好的名片要派上用场了，要注意以下三点。

1. 足量适用

参与社交活动及商务活动时，携带的名片一定要数量充足，确保够用。所带名片要分门别类，根据不同交往对象使用不同名片。

2. 完好无损

名片要保持干净整洁，切不可出现褶皱、破烂、肮脏、污损、涂改的情况。

3. 放置到位

名片应统一置于名片夹、公文包或上衣口袋之内，在办公室时还可放于名片架或办公桌内。切不可随便放在钱包、裤袋之内。放置名片的位置要固定，以免需要名片时东找西寻，显得毫无准备。

(二) 递送名片

递送名片的时候涉及递送的时机(When)以及如何递送(How)，以下分别说明。

1. 递送名片的时机

(1) 名片的递送时机有以下几种：

① 希望认识对方。

② 被介绍给对方。

③ 对方向自己索要名片。

④ 对方提议交换名片。

⑤ 打算获得对方的名片。

⑥ 初次登门拜访对方。

⑦ 通知对方自己的变更情况。

(2) 以上七种情况下可以递送自己的名片，但最重要的是见机行事。

① 观察意愿。除非自己想主动与人结识，否则名片务必要在交往双方均有结识对方并欲建立联系的意愿的前提下发送。这种愿望往往会通过"幸会""认识你很高兴"等一类谦语以及表情、姿态等非语言符号体现出来，如果双方或一方并没有这种愿望，则无须发送名片，否则会有故意炫耀、强加于人之嫌。

② 把握时机。递送名片要掌握适宜时机，只有在确有必要时递送名片，才会令名片发挥功效。递送名片一般应选择初识之际或分别之时，不宜过早或过迟，不要在用餐、看戏、跳舞之时递送名片，也不要在大庭广众之下向多位陌生人递送名片。

(3) 遇到以下几种情况，不需要把自己的名片递给对方或与对方交换名片：

① 对方是陌生人而且不需要以后交往。

② 不想认识对方或不想与对方深交。

③ 对方对自己并无兴趣。

④ 双方之间地位、身份、年龄悬殊。

2. 递送名片的注意事项

递送名片的注意事项如下：

(1) 出示名片的顺序。一般情况下，地位低的人先向地位高的人递名片，此为"位高者居后"原则。男性要先向女性递名片，不过通常也不拘泥于这一规定。与多人交换名片时，应讲究先后次序，或由远及近，或由尊而卑。一定要依次进行，切勿挑三拣四地"跳跃式"发送，甚至遗漏其中的某些人。

(2) 先打招呼。递上名片前，应当先向接受名片者打个招呼，令对方有所准备。既可先做一下自我介绍，也可以说声"对不起，请稍候""可否交换一下名片"之类的提示语。

(3) 表现谦恭。对于递送名片这一过程，应当表现得郑重其事。起立或欠身用双手递送名片，面带微笑，注视对方，双臂自然伸出，四指并拢，用双手的拇指和食指分别持握名片上端的两角送给对方。注意名片正面朝上，文字内容正对对方，递送时可以说"我叫××，这是我的名片，请多关照"之类的客气话。自己的名字如有难读或特别读法，在递送名片时不妨加以说明，切忌目光游移或漫不经心。

（三）接受名片

接受名片的注意事项如下：

(1) 态度谦和。接受名片时应起身或欠身，面带微笑，用双手接住名片的下方两角，接过名片后应致谢或说"能得到您的名片，真是十分荣幸"等寒暄语。接受名片手势如图3-2 所示。

图 3-2 接受名片手势

(2) 认真阅读。接到名片后应认真地看一遍，表示对对方的重视，可将对方的姓名、职务念出声来，并抬头看看对方的脸，使对方产生一种受重视的满足感，若有不会读的字，应当场请教。

(3) 精心存放。应将收到的名片谨慎地置于名片夹、公文包、办公桌、上衣口袋或其他稳妥的地方，并且应与本人名片区别放置。切忌接过对方的名片一眼不看就随手放在一边或放到口袋里，也不要在手中随意玩弄，不要随便拎在手上，不要拿在手中搓来搓去，不要当场便在名片上书写或折叠，否则会伤害对方的自尊，影响彼此的交往。

(4) 有来有往。接收对方名片后，如没有名片可交换，应向对方表示歉意，主动说明并告知联系方式，可以说"很抱歉，我没有名片"或者"对不起，今天我带的名片用完了，过几天我会寄一张给您"，切忌毫无反应。

(5) 第一次见面，依次同时接受几张名片，千万要记住哪张名片是哪位先生或小姐的。如果是在会议席上，在休息时可以把收到的名片拿出来，排列次序，和对方的座位一致，这种动作同样会使对方认为自己受到重视，而且可以帮助自己准确地认人。

（四）索取名片

依照惯例，最好不要直接开口向他人索要名片。但想主动结识对方或者有其他原因有必要索取对方名片时，可采取的办法如表 3-4 所示。

表 3-4 名片的索取方法

索取方法	特 点	语 言 规 范
主动法	直接提议交换名片	"王先生，我们交换一下名片吧。"
互换法	主动递上自己的名片	"您好，能否有幸与您交换一下名片？"
谦恭法	适用于向长辈、领导、上级、位高者索要名片	"请问，今后如何向您请教？"
联络法	适用于向晚辈或平辈索要名片	"请问，今后怎样与您联络/系？"

另外，在面对他人索要名片时，一般不应直接加以拒绝。如确有必要这么做，则需注意分寸。最好向对方表达出"对不起，我忘记带名片了"或者"抱歉，我的名片刚用完了"这样的委婉语。因为，别人可能刚好看见自己手里正拿着名片或刚与他人交换过名片，如果真的没有带名片或者是用完了，也应用以上语言规范，但如果再在后面加上一句"改日一定补上"，并且要言出必行，信守承诺，付诸行动，这样方能显示出自己的真诚和善意。

五、名片的整理与存放

接收名片后应及时把所收到的名片加以分类整理收藏，以便今后使用方便。不要将它随意夹在书刊、文件中，更不能把它随便地扔在抽屉里面。存放名片要讲究方式方法，做到有条不紊。推荐的方法有：

(1) 按姓名拼音字母分类。
(2) 按姓名笔画分类。
(3) 按部门、专业分类。
(4) 按国别、地区分类。

第五节　乘车礼仪

现代社会，不管是日常生活出行还是商务交往，都少不了与汽车打交道，汽车如今已成为现代社会最主要的交通工具。另外，一般职员与领导、同事、客户一同乘车更是难免，因此，要了解乘车礼仪，尤其是轿车的座次礼仪。

一、轿车的座次

根据驾驶员的不同以及轿车座位数量的不同，轿车的座位次序也不同。下面就以日常生活和工作中常见的两种情况及车型为例，来说明轿车的座位次序。

(一) 双排五座轿车座次排列

主人驾车座次排列及专职司机驾车座次排列，其排座次序自高而低依次用数字①、②、③、④表示，即①号位为最尊贵座次，依次类推，如图 3-3 所示。

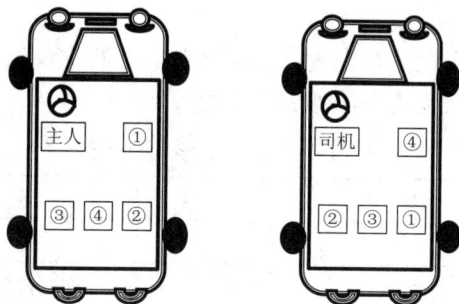

图 3-3　双排五座轿车的座次排序

(二) 三排七座轿车座次排列

主人驾车座次排列及专职司机驾车座次排列，其排座次序自高而低依次用数字①、②、③、④、⑤、⑥表示，即①号位为最尊贵座次，依次类推，如图 3-4 所示。

通过以上两种生活工作与社会交往中最常用的车型座次的分析，我们可以总结出以下轿车座次排列的规范：右高左低，后高前低。具体而言，轿车座次的尊卑自高而低是：后排右位—后排左位—前排右位—前排左位。但是根据司机身份的不同，有以下情况需要注意。

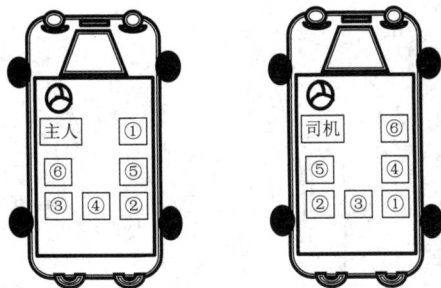

图 3-4 三排七座轿车的座次排序

1. 主人驾驶车辆

在乘坐主人驾驶的轿车时，最重要的是不能让前排空着。一定要有一个人坐在那里，以示相伴。例如，若是主人或熟识的朋友亲自驾驶汽车，你坐到后面位置等于向主人宣布自己是尊贵的客人，非常不礼貌。在这种情况下，副驾位置为上座位。

2. 专人驾驶车辆

由专人驾驶车辆时，副驾驶座一般也称为随员座，通常坐于此处者多为随员、译员、警卫等。从安全角度考虑，一般不应让女士、孩子、尊长坐于副驾驶座，因为现在车辆一般出现的问题往往是追尾或者碰撞，副驾驶座在一般情况下伤亡率较高。另外，坐在后面右座上下车比较方便。因为中国是车辆右行，坐在后排右座时伸腿上车、抬腿下车。

3. 其他情况

在一般情况下，必须要尊重嘉宾本人对轿车座次的选择，嘉宾坐在哪里，则那里即是上座。

还有一种特殊情况就是在接送高级官员、将领、明星、知名公众人物时，主要考虑乘坐者的安全性和隐私性，司机后方位置为汽车的上座位，通常也被称为 VIP 位置。

二、上下车顺序

在社交场合尤其是正式的商务场合，个人上下车的先后顺序亦有一定的规范，其基本要求一般是：与女士、长者、上司或嘉宾乘双排座轿车时，应先主动打开车后排的右侧车门，请女士、长者、上司或嘉宾在右座上就座，然后把车门关上，自己再从车后绕到左侧打开车门，在左座坐下。到达目的地后，若无专人负责开启车门，则自己应先从左侧门下车后绕到右侧门，把车门打开，请女士、长者、上司或嘉宾下车。

当然，这个基本要求也要视当时的具体情形而定。需要注意的是，在任何时候，讲究上下车的顺序问题，都不应该忽略上下车时方便与否的问题。例如，轿车停在马路边时，左侧车门按惯例不准打开，坐在后排左座的人若要先于坐在后排右座的人从右边下车，不仅会给对方增添麻烦，而且还有过于做作之嫌。

三、上下车姿态

乘坐轿车应注意自己的举止姿态，尤其是女性着裙装时更要注意自己的仪态。女士在上车时应采用"背入式"，即上车时，背对车内臀部先坐下，同时上身及头部入内，然后再将并拢的双腿送进车内，如图 3-5 所示。

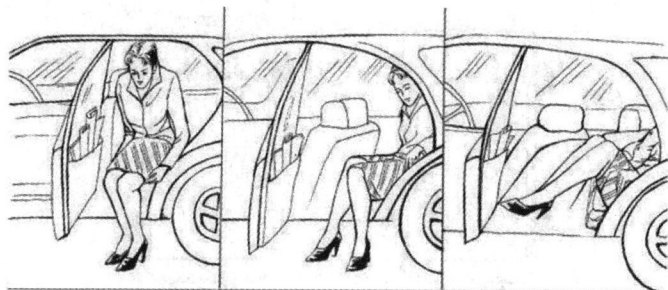

(a) 动作 1   (b) 动作 2   (c) 动作 3

图 3-5   上车姿态——背入式

女士下车时采取"正出式",即下车时正面朝车门,双脚先着地,再将上体头部伸出车外,同时起立出来,如图 3-6 所示。

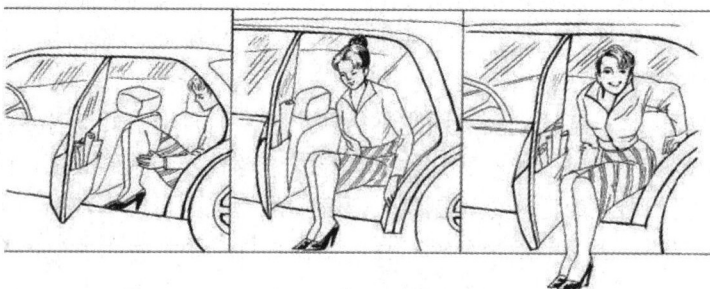

(a) 动作 1   (b) 动作 2   (c) 动作 3

图 3-6   下车姿态——正出式

第六节 餐 饮 礼 仪

餐饮礼仪是指人们在赴宴进餐过程中,根据约定俗成的仪式和行为,在仪态、餐具使用、菜品食用等方面表现出的自律和敬人的行为,是餐饮活动中需要遵循的行为规范与准则。

一、餐饮礼仪的功能

餐饮,既催生人类文明,又展现人类文明。餐饮礼仪之所以被提倡,受到社会各界的普遍重视,主要是因为它具有多种重要的功能,既有助于个人塑造良好形象,展示素质才华,助力事业成功,又有助于协调人际关系,净化社会风气,加强对外交往。

二、餐饮礼仪的培养

中华民族素有"礼仪之邦"的美称,讲礼仪是我国人民的传统美德。但一个人的餐饮礼仪不是天生具备的,也不是一朝一夕所能形成的,而是一个潜移默化、循序渐进的过程。当我们有一天发现自己的孩子在餐桌上,伸长手在抓最爱吃的菜或嘴里塞满了喜欢吃的饭菜,有时还旁若无人、唾沫横飞地大声讲话时,就应该对孩子在餐桌上的礼仪进行教育。由于个人在餐桌上用餐的仪态确实会对别人造成某种程度的心理影响,因此父母自孩子进入青少年后，就应该抽出足够的时间在餐桌上陪伴孩子，以确保他们养成良好的餐桌礼仪。孩子在上了中学以后，至少就应该知道在餐桌上该有什么样的坐姿以及如何在有人服务的餐桌上优雅地用餐，而这种能力日后将有助于他们事业的发展。在大学毕业之前，已经长大成人的年轻人更应该全面熟悉餐桌上的礼仪。

三、餐饮礼仪水平的提升

古语说："腹有诗书气自华。"餐饮礼仪的培养和提高应该是内外兼修的，内在修养的提高是提高餐饮礼仪的最根本的源泉。

(一) 加强道德修养

餐饮礼仪作为一种行为规范，是多层次的道德规范体系中最基础的，属于道德体系中社会公德的内容。道德是礼仪的灵魂，礼仪是道德的表现形式。有德才会有礼，缺德必定无礼。提升餐饮礼仪要先修德，即应在加强道德修养上下功夫。

(二) 自觉学习餐饮礼仪

俗话说，知书才能达"礼"。明礼行礼不仅需要有良好的思想文化素养，还要学习基本的餐饮礼仪知识，掌握现代餐饮礼仪的规范要求。对于我国及其他国家的餐饮礼仪要学习、领会和实践。久而久之，自己的餐饮礼仪就能提升到新的高度。

(三) 躬行实践

"纸上得来终觉浅，绝知此事要躬行。"现代社会请人吃饭和被人请吃饭是经常发生的事情。要养成良好的餐饮礼仪，就要多实践，不要怕出"洋相"，也不要自卑羞怯。通过不断实践，才能克服在讲究礼节礼貌时的羞怯、自卑等，增强自己的礼貌修养。

四、餐饮礼仪的注意事项

(一) 入座礼仪

先请客人入座上席，再请长者入座，要从椅子左边入座。席上如有女士，可以协助女士入座，等女士坐定后，方可入座。

(二) 进餐时的礼仪

进餐时的礼仪如下：

(1) 入座后不要马上动筷子，先请客人、长者动筷子。夹菜时每次少一些，喝汤时第一次舀汤宜少，先测试温度，浅尝。不要发出声响，也不宜把碗端到嘴边喝。汤将见底，可将汤盘用左手拇指和食指托起，向桌心，即向外倾斜，以便取汤。

(2) 好的吃相是食物就口，不可将口就食物。食物带汁，不能匆忙入口，否则汤汁滴在桌布上，极为不雅。

(3) 有的人吃饭喜欢使劲咀嚼脆食物，发出很清晰的声音，这种做法是不合礼仪要求的。不要打嗝，也不要出现其他声音，如果出现打喷嚏、肠鸣等声响时，就要说一句"不好意思""对不起""请原谅"之类的话，以示歉意。

(4) 如果要给客人或长辈夹菜，最好用公筷。自用餐具不可伸入公用餐盘夹取菜肴。按我们中华民族的习惯，菜是一个一个往上端的，如果同桌有领导、老人、客人，每当上来一个新菜时就请他们先动筷子，以表示对他们的重视。

(5) 当吃到鱼刺、骨头等物时，不要往外面吐，也不要往地上扔，要慢慢用手拿到自己的碟子里或放在餐巾纸上。

(6) 多汁的水果如西瓜、柚子等，应用匙取食；汁少较脆的水果如苹果、柿子、梨，可将之切成四片，再削皮用刀叉取食；粒状水果如葡萄，可用手抓来吃；葡萄如欲吐籽，应吐于掌中，再放入碟里。

另外，中餐吃虾、蟹，西餐吃水果时会上洗手钵，碗里漂有一片柠檬或者玫瑰花瓣，供洗手用。但记住，只用来洗手指，切勿将整个手伸进去。

(7) 在西餐礼仪中，必须等大家坐定后，才可使用餐巾，如图 3-7 所示。餐巾摊开后，可对折成三角形放在膝盖上，切勿系入腰带或挂在西装领口。餐巾主要防止弄脏衣服，兼做擦嘴及手上的油渍。切忌用餐巾擦拭餐具，这是很不礼貌的举动，会造成餐厅或主人的难堪。餐毕，宜将餐巾折好，放在餐盘的右边再离席。

(8) 在西餐礼仪中，面包要撕成小片吃，吃一片撕一片，不可用口咬。撕面包时，碎屑应用碟子盛接，切勿弄脏餐桌。如要涂牛油，并非整片先涂再撕下来吃，宜先撕下小片，再涂在小片上，送入口中。一般蛋糕或派，用叉分割取食，较硬的用刀，切割后用叉取食。

图 3-7　餐巾的使用

(9) 要适时地抽空和左右的人聊几句风趣的话，以调和气氛，不要狼吞虎咽地吃饭，不管别人。口内有食物，应避免说话。

(10) 不宜抽烟，如需抽烟，必须先征得邻座的同意。

(三) 离席时的礼仪

进餐的速度，宜与男女主人同步，不宜太快，也不宜太慢。用餐后，必须向主人表示感谢，或者邀请主人以后到自己家做客，以示回敬。离席时，应帮助隔座长者或女士拖拉座椅，必须等男、女主人离席后，其他宾客方可离席。

(四) 突发事件的处理方法

进餐时突发事件的处理方法如下：

(1) 如餐具坠地，可请侍者拾起。

(2) 如欲取用摆在同桌其他客人面前之调味品，应请邻座客人帮忙传递，不可伸手横越，长驱取物。

(3) 如系主人亲自烹调食物，勿忘给予主人赞赏。

(4) 如果要剔牙，就要用餐巾或手挡住自己的嘴巴。

五、宴会座次礼仪

(一) 排序原则

中餐座次或者桌次的排序总体原则为：面门为上、居中为上、以右为上、前排为上、以远为上，观景为佳，临台为好。

1. 面门为上

在室内活动中，面对房间正门的位置是上座。餐馆中的雅座包间，一般面对房间正门的位置都是主位，因为它视野开阔，标准的报告厅、会场主席台都是面对正门的。

2. 居中为上

居中为上即座次排列礼仪是中间的座位高于两侧的座位。

3. 以右为上

以左为上是我国传统习俗，目前在我国主要是在政务礼仪中比较通行。一般的社交场合和商务交往乃至国际交往都遵循国际惯例，而国际惯例都是以右为上。

4. 前排为上

人大、政协或单位内部开会及就餐时，都是第一排的人位置高，此为前排为上原则。

5. 以远为上

距离房间正门越远，位置越高；离房门越近，位置越低。一般都是工作人员、秘书人员离房门近，这就是以远为上。

座次分布：面门居中位置为主位；主宾左右分两侧而坐或主宾双方交错而坐；越近首席，位次越高；同等距离，右高左低。

(二) 中餐席位排序

中餐座次与桌次排序如图 3-8 所示。

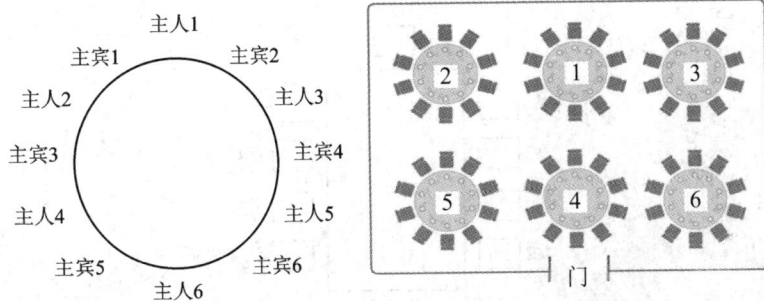

图 3-8　中餐座次与桌次排序

(三) 西餐席位排序

1. 席位排列的规则

席位排列的规则如下:

(1) 女士优先。在西餐礼仪中,往往体现女士优先的原则。排定用餐席位时,一般女主人为第一主人,在主位就位,而男主人为第二主人,坐在第二主人的位置上。

(2) 距离定位。西餐桌上席位的尊卑,是根据其距离主位的远近决定的,距主位近的位置要高于距主位远的位置。

(3) 以右为尊。排定席位时,以右为尊是基本原则,就某一具体位置而言,按礼仪规范其右侧要高于左侧之位。在西餐排位时,男主宾要排在女主人的右侧,女主宾排在男主人的右侧,按此原则,依次排列。

(4) 面门为上。按礼仪的要求,面对餐厅正门的位子要高于背对餐厅正门的位子。

(5) 交叉排列。在西餐排列席位时,讲究交叉排列的原则,即男女应当交叉排列,熟人和生人也应当交叉排列。在西方人看来,宴会场合是要拓展人际关系的,这样交叉排列,用意就是让人们能多和周围客人聊天认识,达到社交目的。

2. 其他座次礼仪

西餐的位置排法与中餐有一定的区别,中餐多使用圆桌,西餐则以长桌为主。长桌的位置排法主要有以下两种方式:

(1) 法式就座方式。主人位置在中间,男女主人对坐,女主人右边是男主宾,左边是男次宾,男主人右边是女主宾,左边是女次宾,陪客则尽量往旁边坐,如图 3-9 所示。

图 3-9 西餐座次排列一

(2) 英美式就座方式。桌子两端为男女主人,若夫妇一起受邀,则男士坐在女主人的右手边,女士坐在男主人的右手边,左边则是次客的位置,如果是陪同客,尽量往中间坐,如图 3-10 所示。

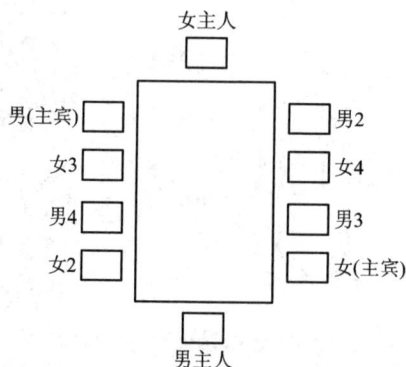

图 3-10 西餐座次排序二

需要注意的是，在隆重的场合，如果餐桌安排在一个单独的房间里，在女主人请自己入席之前，不应当擅自进入设有餐桌的房间。如果都是朋友，大家可以自由入座；在其他场合，客人要按女主人的指点入座。客人要服从主人的安排，其礼貌的做法是，在女主人和其他女士坐下之后方可坐下。一般来说，宴会应由女主人主持，如果女主人说"祝大家胃口好"，这就意味着可以吃了。如果女主人还没有发话，勺子就进了嘴，那是非常不礼貌的。

六、中西餐饮礼仪之间的差异

中国与西方在饮食文化方面有不同之处，中国人比较喜欢热闹的气氛，不同于西式餐厅的浪漫气氛。

(一) 出席时间

中国人是多样化时间观念的人，而西方人是单一时间观念的人，要求做任何事情都要严格遵守日程安排，该干什么就干什么。一般来说，时间多样化模式的中国人更倾向于"迟到"，往往在规定的时间半小时之后到达，主人通常会在这段"等待"的时间里安排些其他节目，如打牌、喝茶、聊天等，让一些"先到"的客人们消磨时间。对于这种"迟到"现象主客双方都习以为常，并不将之视为对主人邀请的一种轻视或者不礼貌的行为。在西方国家各种活动都按预定的时间开始，迟到是很不礼貌的，正式的宴会要求准时到达，十分钟后不到者，将会被视为不合礼仪，是对主人及其他客人的不尊重。

(二) 入座的位置

中国一般是客齐后导客入席，以左为上，视为首席，相对首座为二座，首座之下为三座，二座之下为四座。在西方，一般来说，女主人右手边的座位是第一主宾席，一般是位先生。男主人右边的座位是第二主宾席，一般是主宾的夫人。女主人左边的座位是第三主宾席，男主人左边的座位是第四主宾席。

(三) 餐具

在中国餐具较简单，一般只有杯子、盘子、碗、碟子、筷子、匙羹等几种，而西方分有刀、叉、匙、杯、盘等，刀又分为食用刀、鱼刀、肉刀、奶油刀、水果刀，叉又分为食用叉、鱼叉、龙虾叉等。茶杯、咖啡杯为瓷器并配有小碟，水杯、酒杯多为玻璃制品。

(四) 餐桌气氛

中国餐桌上动，西方餐桌上静。中国餐桌上的动与西方餐桌上的静反映出了中西饮食文化上的根本差异。

中国人以食为人生之至乐，餐桌上的热闹反映了食客发自内心的欢快。西方人以饮食为生存的必要条件，他们自然要遵守某些操作规范。

(五) 表示停餐的方法

在中餐筵席中暂时停餐，可以把筷子直搁在碟子或者调羹上。如果将筷子横搁在碟子上，那是表示酒足饭饱不再进膳了，但不收拾碗碟，表示"人不陪君筷陪君"。这种横筷的礼仪，我国古代就有。横筷礼一般用于平辈或比较熟悉的朋友之间。小辈为了表示对长辈的尊敬，必须等长者先横筷后才可跟着这么做。而在西餐礼仪中，略做休息时，刀叉的摆法不同意思也不同，如图3-11所示。

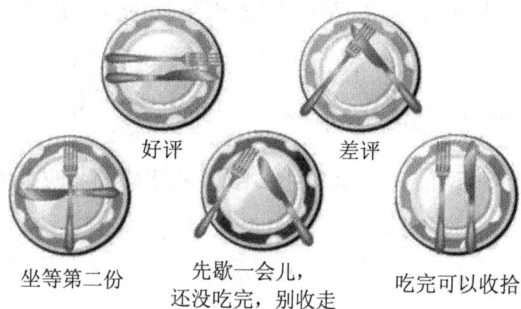

图 3-11　西餐刀叉摆法意义

七、中餐餐饮礼仪

　　中华饮食文化博大精深，源远流长，中国又是礼仪之邦，因此饮食礼仪自然成为饮食文化的一个重要部分。我们以为只有在吃西餐时才讲究"开胃菜""主菜""点心"等，其实，吃中餐时，无论从点菜还是上菜，都严格地按照分类和顺序进行。正规的中餐在礼仪上也是很讲究上菜顺序的。用中餐前，服务员为每人送上的第一道湿毛巾是擦手用的，最好不要用它去擦脸。

(一) 中餐的出菜顺序

1. 开胃菜

　　开胃菜通常是四种冷盘组成的大拼盘，有时种类可多达十种，最具代表性的是凉拌海蜇皮、皮蛋等。有时冷盘之后，接着出四种热盘，常见的是炒虾、炒鸡肉等，但在用餐过程中热盘多半被省略。

2. 主菜

　　主菜紧接在开胃菜之后，又称为大件、大菜，多于适当时机上桌。例如，菜单上注明有"八大件"，表示共有八道主菜。主菜的道数通常是四、六、八等偶数，因为中国人认为偶数为吉数。在豪华的餐宴上，主菜有时多达十六或三十二道，但普通是六道至十二道。

　　这些菜肴是使用不同的材料，配合酸、甜、苦、辣、咸五味调料，以炸、蒸、煮、煎、烤、炒等各种烹调法搭配而做成的。其出菜顺序多以口味清淡、浓腻交互搭配或干烧、汤类配列为原则。最后通常以汤作为结束。

3. 点心

　　点心指主菜结束后所供应的甜点，一般大宴不供饭，而以馅饼、蛋糕、包子等作为主食。最后则是水果，爽口且消腻。

　　此顺序非一成不变，如水果有时可以算在冷盘里上，点心可以算在热菜里上。较浓的汤菜，应该按热菜上；贵重的汤菜(如燕窝等)要为热菜中的头道菜。

(二) 餐具及餐具的摆放

餐桌上，每个人座位面前都摆有筷子、汤匙、取菜盘子、调味盘、汤碗、茶杯、酒杯等，有时也会备有放置骨头的器皿或餐巾。

1. 筷子

一般中餐中多使用柱形长筷，以象牙、珊瑚制作的筷子作为地位的象征，不过，现在仿象牙的塑胶筷子已相当普遍了。

2. 茶杯

茶杯分大小两种：小杯主要用于乌龙茶的品饮，又称为品茗杯，是与闻香杯配合使用的；大杯也可直接作为泡茶和盛茶用具，主要用于高级细嫩名茶的品饮。喝的时候左手端碗托，右手拿起茶盖把茶叶往一边拨一拨。

3. 小酒杯

小酒杯如图 3-12 所示，它是用来饮酒的器具。其大多是直口，口沿直径与杯高近乎相等。

图 3-12　小酒杯

4. 餐具的摆放

中餐餐具的摆放有其讲究，如图 3-13 所示。

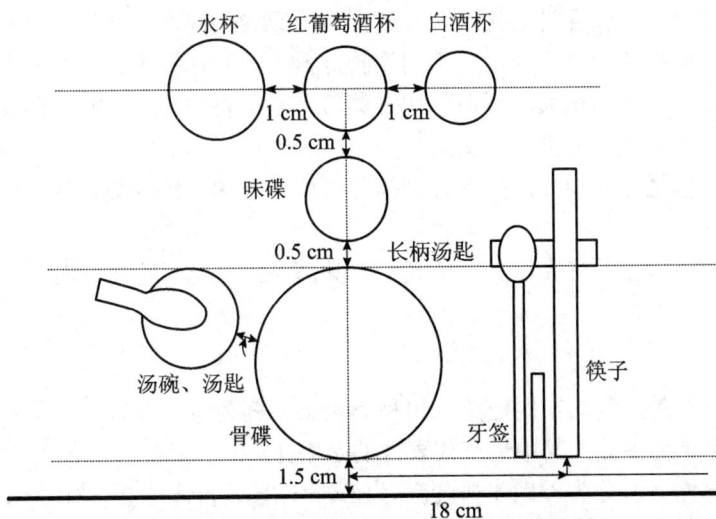

图 3-13　中餐餐具的摆放

八、西餐餐饮礼仪

西餐餐饮礼仪起源于法国梅罗文加王朝,当时法国受拜占庭文化的启发,制定了一系列细致的礼仪。在预定时间到达,是基本的礼貌。再昂贵的休闲服,也不能随意穿。去高档的餐厅,男士要穿整洁的上衣和皮鞋,女士要穿套装和有跟的鞋子。如果指定穿正式服装,男士必须打领带。若前往朋友家做客,须穿上得体的衣服,送上合宜的礼物。

除了食量特别大以外,其实不必从菜单上的单品菜内配出全餐,只要开胃菜和主菜各一道,再加一份甜点就够了。可以不要汤或者省去开胃菜,这也是很理想的组合(但在意大利菜中,意大利面被看成汤,所以原则上这两道菜不能一起点)。

(一) 出菜顺序

点菜并不是由前菜开始点,而是先选一样最想吃的主菜,再配上适合主菜的汤。

1. 头盘

西餐的第一道菜是头盘,有冷头盘和热头盘之分,常见的有沙拉、鱼子酱、鹅肝酱、熏鲑鱼、焗蜗牛等。因为是要开胃的菜,所以都具有特色风味,味道以咸和酸为主,而且数量较少,质量较高。

2. 汤品

西餐的第二道菜是汤,可分为清汤、奶油汤、蔬菜汤和冷汤等四类。其品种有牛尾清汤、各式奶油汤、海鲜汤、俄式罗宋汤、法式焗葱头汤。冷汤的品种较少,有德式冷汤、俄式冷汤等。

3. 副菜

鱼类菜肴一般作为西餐的第三道菜,也称为副菜。其品种包括各种淡水鱼类、海水鱼类、贝类及软体动物类。通常水产类菜肴与蛋类、面包类、酥盒类菜肴均称为副菜。

鱼肉极嫩易碎,比较容易消化,因此放在肉类菜肴的前面,叫法上也和肉类菜肴主菜有区别。西餐吃鱼类菜肴讲究使用专用的调味汁,因此餐厅常不备餐刀而备专用的汤匙。这种汤匙比一般喝汤用的稍大,不但可切分菜肴,还能将调味汁一起舀起来吃。首先用刀在鱼鳃附近刺一条直线,刀尖不要刺透,刺入一半即可。然后将鱼的上半身挑开后,将刀叉在骨头下方往鱼尾方向划开,把针骨剔掉并挪到盘子的一角。最后再把鱼尾切掉,由左至右,边切边吃。

贝类海鲜应该以左手持壳,右手持叉,将其肉挑出来吃。吃龙虾时,可用手指去掉虾壳后食用。

4. 主菜

肉、禽类菜肴是西餐的第四道菜,也称为主菜。其为整个西餐的重头戏,肉类菜肴以牛扒、鸡扒或猪扒为多见,其中最有代表性的是牛排。

牛排按其部位又可分为沙朗牛排(也称为西冷牛排)、肉眼牛排、"T"骨形牛排等。牛排可按生熟程度来烹饪,如图 3-14 所示,其烹调方法常用烤、煎、铁扒等。肉类菜肴配用的调味汁主要有黑椒汁、红酒汁、西班牙汁、浓烧汁精、蘑菇汁、白尼斯汁等。

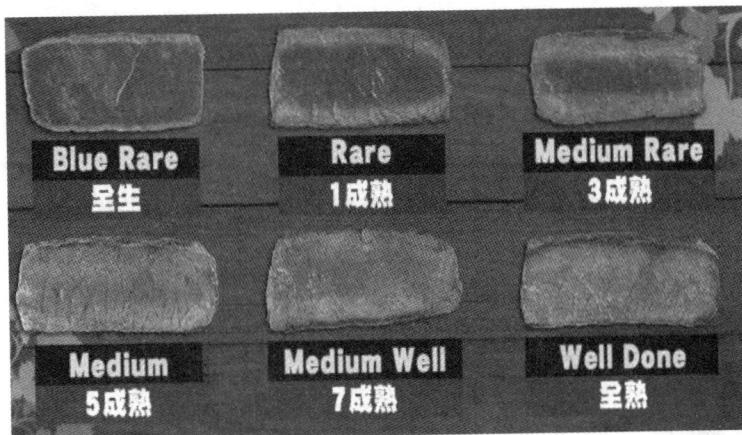

图 3-14　牛排生熟程度对照

切牛排时应由外侧向内切，切一块吃一块，请不要为了贪图方便而一次将其切成碎块，这不但是缺乏气质的表现，而且会让鲜美的肉汁流失；咀嚼食物时，请务必将嘴巴闭起来，避免发出声音，而且口中食物未吞下之前，不要再送入口。

蔬菜类菜肴，可以安排在肉类菜肴之后，也可以和肉类菜肴同时上桌，因此可以算为一道菜或称为一种配菜。

蔬菜类菜肴在西餐中称为沙拉。和主菜同时服务的沙拉，称为生蔬菜沙拉，一般用生菜、西红柿、黄瓜、芦笋等制作。沙拉的主要调味汁有醋油汁、法国汁、千岛汁、奶酪沙拉汁等。

沙拉除了蔬菜之外，还有一类是用鱼、肉、蛋类制作的，这类沙拉一般不加味汁，在进餐顺序上可以作为头盘。

还有一些蔬菜是熟的，如花椰菜、煮菠菜、炸土豆条。熟食的蔬菜通常和主菜的肉食类菜肴一同摆放在餐盘中上桌，称为配菜。

5. 甜品

西餐的甜品是主菜后食用的，它包括布丁、冰淇淋、奶酪、水果等，一般蛋糕用小叉子分割取食；较硬的用刀切割后，用小叉子分割取食；至于冰淇淋或布丁可用小汤匙取食；如果遇到小块的硬饼干，可以直接取用。

6. 咖啡和茶

西餐的最后一道是咖啡或茶。喝咖啡或茶时，餐厅一定会附上一支小汤匙，它的用途在于搅散糖和奶精，所以尽量不要拿糖罐及奶精罐中的汤匙来搅拌自己的饮料，也不要用匙舀起咖啡来尝甜度，这样可能会得到全桌人的注目。喝咖啡或茶时，应该用食指和拇指拈住杯把端起来喝，碟子就不必端起来了，喝完之后，小汤匙要放回碟子上。

(二) 餐具的摆放及使用

1. 餐具的摆放

餐具摆放的位置主要是为方便用餐，由外而内取用。要先使用摆在餐盘最外侧的餐具，每吃一道，就用一副刀叉，食用过的餐具切忌放回桌上，刀叉并排放在盘子中央，服务生会主动来将盘子收走。西餐餐具的摆放如图 3-15 所示。

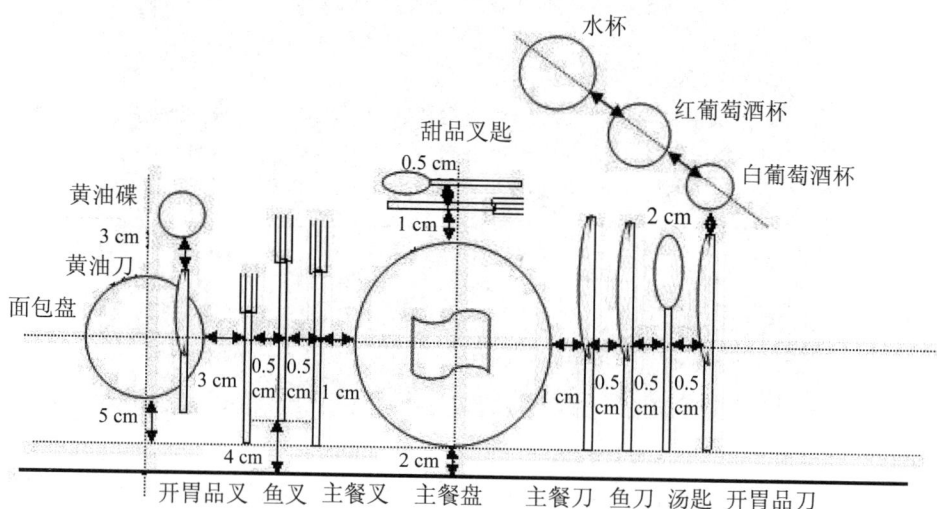

图 3-15　西餐餐具的摆放

开胃品叉　鱼叉　主餐叉　　主餐盘　　主餐刀　鱼刀　汤匙　开胃品刀

2．刀叉的使用

刀叉及汤匙的手持姿势，如图 3-16 所示，是右手持刀或汤匙，左手拿叉，轻握尾端，食指按在柄上。若有两把以上，应由最外面的一把依次向内取用。吃体积较大的蔬菜时，可用刀叉来分切。较软的食物可放在叉子平面上，用刀子整理一下，而汤匙则用握笔的方式拿即可。

3．水杯的使用

水杯一般为阔口短脚杯，可握杯脚以保留冷水的温度。

4．酒杯与葡萄酒的搭配

在葡萄酒文化中，酒杯是其不可缺失的一个重要环节。在西方传统观点中，为葡萄酒选择正确的酒杯，能帮助人们更好地品味美酒。酒杯的功能主要是留住酒的香气，让酒能在杯内转动，并与空气充分接触。

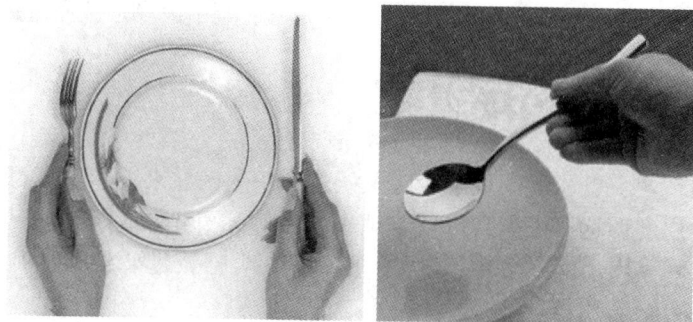

图 3-16　刀叉及汤匙的手持姿势

葡萄酒杯大致分为三种：红葡萄酒杯、白葡萄酒杯和香槟杯。葡萄酒与酒杯的搭配如图 3-17 所示。

▶ **如何选择合适的酒杯？**

葡萄酒杯一般为郁金香型，腹大口小可以留住酒的香气，让酒的香气聚集于杯子上面，足够大腹可以让酒液在杯子里转动，和空气充分结合；杯脚要足够高，让手能握住，避免让手碰到杯腹而影响温度。

一般我们需要三个酒杯：红葡萄酒杯、白葡萄酒杯、香槟杯。

同一瓶酒，用两只不同的杯子品尝，会呈现两种不同的口感。因此，根据葡萄酒的个性差异，杯子也各有千秋。

常见类型如下：

布根地红酒杯　　波尔多红酒杯　　香槟杯　　甜酒杯　　白葡萄酒杯

布根地红酒杯：杯腿较矮，杯肚较大，适合把鼻子伸进去闻香。

波尔多红酒杯：杯身较长，杯口较窄，令酒的香气聚集于杯口。波尔多红酒杯也适用于除了布根地之外的其他红葡萄酒，因为大部分的葡萄酒杯都是根据波尔多的风格去做的。

香槟杯：杯身细长，像一只纤细的郁金香，纤长的杯身是为了让气泡有足够的上升空间；标准的香槟杯的杯底有一个尖的凹点，令气泡更丰富、更漂亮！

甜酒杯：小型酒杯。

白葡萄酒杯：杯身较长，杯肚较瘦，像一朵待放的郁金香。白葡萄酒杯比红葡萄酒杯要瘦一些，可减少酒与空气的接触，令香气更持久一些。

图 3-17　葡萄酒与酒杯的搭配

（三）西餐与酒

点酒时不要硬装内行。例如，在高级餐厅里，会有精于品酒的调酒师拿酒单来。对酒不大了解的人，最好告诉其自己挑选的菜色、预算、喜爱的酒类口味，请调酒师帮忙挑选。

1．西餐与酒的搭配

主菜若是肉类应搭配红酒，一般情况下红酒配红肉，白酒配白肉。红肉包括猪排、牛排等，白肉则为家禽类如鸡肉、鹅肉及海鲜类如鱼肉等，甜点则搭配餐后酒等。西餐与酒的搭配如图 3-18 所示。

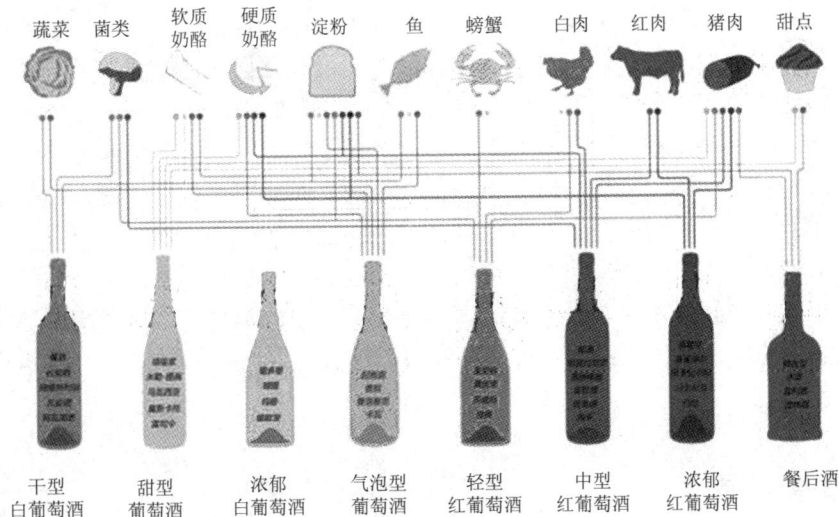

蔬菜　菌类　软质奶酪　硬质奶酪　淀粉　鱼　螃蟹　白肉　红肉　猪肉　甜点

干型白葡萄酒　甜型葡萄酒　浓郁白葡萄酒　气泡型葡萄酒　轻型红葡萄酒　中型红葡萄酒　浓郁红葡萄酒　餐后酒

图 3-18　西餐与酒的搭配

2. 喝酒的程序

酒类服务通常由服务员负责将少量酒倒入酒杯中，让客人鉴别一下品质是否有误。只需把它当成一种形式，喝一小口并回签 Good。接着，服务员会来倒酒，这时不要动手去拿酒杯，而应把酒杯放在桌上由服务员去倒。

3. 握杯的姿势

葡萄酒杯正确的握杯姿势如图 3-19 所示。

将杯柄置于拇指和食指之间 　夹住杯柄

夹住杯柄底部 　用大拇指托住杯底

图 3-19　正确的握杯姿势

4. 品葡萄酒的步骤

(1) 观色。把酒倒入无色葡萄酒杯中，在齐眼的高度观察酒的颜色。好的红葡萄酒呈宝石红色(即红宝石的颜色)。优质红葡萄酒澄清近乎透明且越亮越好。次酒或加了其他东西的红葡萄酒则颜色不正，亮度很差。

(2) 闻香。这是判定酒质优劣最明显可靠的方法，有经验者只需要闻一下便能辨别优劣。优质红葡萄酒香气较淡，表现为酒香和陈酿香而没有任何令人不愉快的气味。特别指出的是，劣质葡萄酒闻起来有一股不可消除的、令人不悦的"馊味"或者是刺鼻的怪味。

(3) 品味。将酒杯举起，杯口放在嘴唇之间，并压住下唇，头部稍向后仰，把酒吸入口中，用舌头轻轻搅动，使酒均匀地分布在舌头表面，然后将葡萄酒控制在口腔前部，稍后咽下。每次品尝吸入的酒应在小半口左右。

好的葡萄酒入口圆润，在口腔中感觉良好，酒味和涩味和谐平衡，咽下后留在口腔中的醇香和微涩的感觉较长；口感极其舒适，尤其是酒中糖的那种甘醇、芳美的感觉，是在其他酒中无法领略的；有纯正的橡木香味和利口酒的独特香气，细腻典雅、醇和圆润。

(四) 葡萄酒知识

1. 葡萄酒的存放

葡萄酒在出厂后还处于一个缓慢熟化的过程中，这也是葡萄酒又被称为"活酒"或"有生命的酒"的由来。因此，葡萄酒的保存自然就关系到葡萄酒在瓶中陈年的质量。如果把它储存在适当的环境中，这种熟化的过程就会进行得更为充分，口感也就更为醇香。

一瓶好的葡萄酒保存一般要注意六个方面：恒温、保湿、避光、避震、无异味和平放。

(1) 恒温。温度是葡萄酒储存最重要的因素，因为葡萄酒的味道和香气要在适当的温度中才能更好地挥发。如果酒温太高，苦涩、过酸等味道便会跑出来；如果酒温太低，应有的香气和美味又不能有效挥发。

一般半甜、甜型红葡萄酒的储存温度为14~16℃，干红葡萄酒为16~22℃，干白葡萄酒为8~10℃，如果是香槟（起泡葡萄酒），则在5~9℃为宜。

(2) 保湿。湿度的影响主要作用于软木塞。如果湿度太低，软木塞会变得干燥，影响密封效果；如果湿度过高，软木塞容易发霉。葡萄酒最适宜保存的湿度在50%~80%之间。

关于恒温酒柜的湿度控制还有个技巧，如遇恶劣天气，酒柜内湿度过高，可以用干布擦干瓶身及箱体内侧的水珠，并打开酒柜门通风。如酒柜内湿度过低，可在酒柜内放入一个小水碟，增加湿度。

(3) 避光。葡萄酒要避免强光照射，紫外线尤其会使酒早熟。因此想要长期保存的葡萄酒应该尽量放到避光的地方，地窖或者专业葡萄酒恒温柜应保持黑暗。

(4) 避震。震动对酒的损害纯粹是化学性的，葡萄酒装在瓶中，其变化是一个缓慢发酵的过程，震荡会扰乱酒的分子结构，让酒加速成熟，让酒变得粗糙。

(5) 无异味。葡萄酒就像海绵，会将周围的味道吸到瓶中去。葡萄酒的木塞实际上也是葡萄酒的一个"呼吸器官"，刺激的味道会透过木塞进入葡萄酒内，因此葡萄酒不宜跟其他食品一起存放，以防止异味进入酒中。

(6) 平放。酿酒师把平躺着存放的葡萄酒称为"睡美人"。葡萄酒平躺着放，它的软木塞就会保持湿润，空气就进不来，这样，葡萄酒的质量就不会发生变化。

在现代都市中，一般家庭无法去设计挖掘一个专业的地窖用于收藏葡萄酒。考虑到葡萄酒的储存要求及专业收藏人士的需求，专业的葡萄酒恒温柜也应运而生。葡萄酒恒温柜从恒温、保湿、避光、避震、通风等多环节设计，确保葡萄酒时刻保持最佳储存、饮用状态。

2. 葡萄酒的常见命名方法

(1) 葡萄品种命名法。许多国家的葡萄酒以葡萄品种来用作酒名，如此比较容易辨别。例如，美国的白富美(Fume Blanc)、法国的卡伯纳·苏维翁(Cabernet Sauvignon)和黑皮诺(Pinot Noir)等。

(2) 区域命名法。欧洲古老的产酒区如法国、意大利、德国等，多以此种方式命名。例如，法国波尔多区(Bordeaux)及其辖内著名的产区美道(Medoc)、玻玛络(Pomerol)、索坦(Sauterens)，勃艮第区(Burgundy)及其辖内的夏伯力(Chablis)、宝酒利(Beaujolais)，另有意大利的巴罗洛(Barolo)、阿斯提(Asti)、香堤(Chianti)，德国的彼斯波特(Piesporter)、圣约翰(Johannisberg)等。

(3) 酒厂或酒商名称命名法。有些著名的酒商，历史悠久，酿酒经验丰富，会把他们自己的厂名来替某一种葡萄酒命名，如玛歌酒庄(Ch. Margaux)、拉菲酒庄(Ch. Lafite)、拉图酒庄(Ch. Latour)、蒙特莱那酒庄(Ch.Montelena)等。

（4）商标(专属品牌)命名法。有些酒商为了市场销售，以其商誉及历史自创品牌，如法国的碧加露(Pigalle)和派特嘉(Partager)等。

（5）颜色命名法。有些葡萄酒以颜色命名，如桃红葡萄酒(Rose)、红葡萄酒(Claret)等，此类葡萄酒均为平价、量大的日常餐酒。

明白了葡萄酒的名字，就可以从名字判断出这瓶葡萄酒的来源，在品尝的时候就能注意辨别不同产地的风格，对葡萄酒的认识也因此加深。

九、敬酒

敬酒，也就是祝酒，是指在正式宴会上，由主人向来宾提议，提出某个事由而饮酒。在饮酒时，通常要讲一些祝愿、祝福类的话，内容越简短越好。

（一）敬酒的时间

敬酒可以随时在饮酒的过程中进行。但如果是致正式祝酒词，就应在特定的时间进行，并且不要因此影响来宾的用餐。祝酒词适合在宾主入座后、用餐前开始，也可以在吃过主菜后、甜品上桌前进行。

（二）干杯的提议

在饮酒特别是祝酒、敬酒时进行干杯，需要有人率先提议，可以是主人、主宾，也可以是在场的其他人。提议干杯时，应起身站立，右手端起酒杯或者用右手拿起酒杯后，再以左手托扶杯底，面带微笑，目视其他人特别是自己的祝酒对象，嘴里同时说着祝福的话，将酒杯举到眼睛高度，说完"干杯"后，将酒一饮而尽或喝适量的酒。然后，还要手拿酒杯与提议者对视一下，这个过程就算结束。有人提议干杯后，即使是滴酒不沾，也要拿起杯子起身站立。

（三）敬酒的文化

1. 文敬

文敬是传统酒德的一种体现，即有礼有节地劝客人饮酒。酒席一开始，主人往往在讲上几句话后，便开始了第一次敬酒。这时，宾主都要起立，主人先将杯中的酒一饮而尽，并将空酒杯杯口朝下，说明自己已经喝完，以示对客人的尊重。客人一般也要喝完。在席间，主人往往还分别到各桌去敬酒。

2. 回敬

回敬是指客人向主人敬酒。

3. 互敬

互敬是指客人与客人之间的"敬酒"。为了使对方多饮酒，敬酒者会找出种种必须喝酒的理由，若被敬酒者无法找出反驳的理由，就得喝酒。

4．代饮

代饮是一种既不失风度，又不使宾主扫兴的躲避敬酒的方式。当自己不会饮酒或不能饮酒太多，但是主人或客人又非得敬上以表达敬意时，就可请人代酒。代饮酒的人一般与自己有特殊的关系。

5．罚酒

罚酒是中国人"敬酒"的一种独特方式。罚酒的理由也是五花八门，最为常见的可能是对酒席迟到者"罚酒三杯"。

十、敬茶

(一) 敬茶礼仪

以茶敬客时最重要的是要注意客人的嗜好、上茶的规矩、敬茶的方法、续水的时机等几个要点。

1．客人的嗜好

俗语说："众口难调"，饮茶其实也是如此。有人喜欢喝绿茶，有人喜欢喝红茶；有人喜欢喝热茶，有人喜欢喝凉茶；有人喜欢喝糖茶，有人喜欢喝奶茶。在以茶待客时，若有可能，应尽可能照顾来宾，尤其是主宾的偏好。

条件允许时应多备几种茶叶，供客人选择。在上茶之前，应先询问一下客人喜欢用哪一种茶，并为其提供几种可能的选择。不要自以为是，强人所难。当然，若只有一种茶叶，则务必实事求是地说清楚，不要客套过了头，若客人点出自己没有的茶叶品种，可就难以下台了。

一般认为饮茶不宜过浓，否则极可能使饮用者"醉茶"，即因摄入过量的咖啡因而令人神经过分兴奋，甚至惊厥、抽搐。所以，若客人没有特殊要求，为其所上的茶水不应过浓。通常，民间以茶待客讲究要上热茶，而且还有"茶满欺人""七茶八酒"之说。其含义是说斟茶不可过满，而以七分满为佳。这样，热茶便不会从杯中溢出来烫伤人了。

2．上茶的规矩

(1) 奉茶之人。以茶待客时，由何人为来宾奉茶，往往涉及对来宾重视的程度问题。在家中待客时，通常可由家中的晚辈或家庭服务员为客人上茶。接待重要的客人时，则应由女主人，甚至由主人亲自为之奉茶。在工作单位待客时，一般应由秘书、接待人员或专职人员为来宾上茶。接待重要的客人时，则应由本单位在场的职位最高者亲自为之上茶。

(2) 奉茶顺序。若来访的客人较多时，上茶的先后顺序一定要慎重，切不可肆意而为。合乎礼仪的做法应当是：其一，先为客人上茶，后为主人上茶；其二，先为主宾上茶，后为次宾上茶；其三，先为女士上茶，后为男士上茶；其四，先为长辈上茶，后为晚辈上茶。

如果来宾甚多且其彼此之间差别不大时，可采取四种顺序上茶：其一，以上茶者为起点，由近而远依次上茶；其二，以进入客厅之门为起点，按顺时针方向依次上茶；其三，上茶时以客人的先来后到为先后顺序；其四，上茶时不讲顺序或是由饮用者自己取用。

3. 敬茶的方法

以茶待客时，一般应当事先将茶沏好，装入茶杯，然后放在茶盘之内端入客厅。如果来宾较多时，务必要多备上几杯茶，以防届时"僧多粥少"，供不应求。

在上茶时，应当借此机会，向客人表达自己的谦恭与敬意。标准的上茶步骤是：双手端着茶盘进入客厅，首先将茶盘放在临近客人的茶几上或备用桌上，然后右手拿着茶杯的杯托，左手扶在杯托附近，从客人的左后侧双手将茶杯递上去。茶杯在放置到位之后，杯耳应朝向外侧。若使用无杯托的茶杯上茶，应双手捧上茶杯。

从客人左后侧为之上茶，意在不妨碍其工作或交谈的思绪。万一条件不允许时，至少也要从其右侧上茶，而尽量不要从其正前方上茶。

有时，为了提醒客人注意，可在为之上茶的同时，轻声告之："请您用茶。"若对方向自己道谢，不要忘记答以"不客气"。如果自己的上茶打扰了客人，应对其道一声"对不起"。

为客人敬茶时，一定要注意尽量不用一只手上茶，尤其是不要只用左手上茶。同时，双手奉茶时，切勿将手指搭在茶杯杯口上，或是将其浸入茶水，污染茶水。

在放置茶杯时，千万不要粗枝大叶，将茶杯直撞客人，也不要把茶杯放在客人的文件上或是其行动时容易撞翻的地方，将茶杯放在客人右手附近是最适当的做法。

4. 续水的时机

为客人端上头一杯茶时，通常不宜斟得过满，更不允许动辄使其溢出杯外。得体的做法应当是斟到杯深的三分之二处，不然就有厌客或逐客之嫌。

主人若是真心诚意地以茶待客，最适当的做法就是要为客人勤斟茶、勤续水。一般来讲，客人喝过几口茶后，即应续上，绝不可以让其杯中茶叶见底。这种做法的寓意是："茶水不尽，慢慢饮来，慢慢叙。"

当然，为来宾续水让茶一定要讲主随客便，切勿神态做作，并且再三再四地以斟茶续水搪塞客人，而始终一言不发。以前，中国人待客有"上茶不过三杯"一说。第一杯称为敬客茶，第二杯称为续水茶，第三杯则称为送客茶。如果一再劝人用茶，而无话可讲，则往往意味着提醒来宾"应该打道回府了"。有鉴于此，在以茶招待较为守旧的老年人或海外华人时，切勿再三为之斟茶。

在为客人续水斟茶时，仍以不妨碍对方为佳。如有可能，最好不要在其面前进行操作。非如此不可时，则应一手拿起茶杯，使之远离客人身体、座位，另一只手将水续入。

在续水时，不要续得过满，也不要使自己的手指、茶壶或者水瓶弄脏茶杯。如有可能，应在续水时在茶壶或水瓶的口部附上一块洁净的毛巾，以防止茶水"自由泛滥"。

5. 敬茶的注意事项

敬茶时应注意：第一，茶不要太满，以七分满为宜；第二，水不宜太烫，以免客人不小心被烫伤；第三，有两位以上的访客时，用茶盘端出的茶色要均匀，并要左手捧着茶盘底部，右手扶着茶盘的边缘，如有茶点，应放在客人的右前方，茶杯应摆在点心右边；第四，上茶时应以右手端茶，从客人的右前方或左后方奉上，并面带微笑，眼睛注视对方；第五，以咖啡或红茶待客时，杯耳和茶匙的握柄要朝着客人的右边，此外要替每位客人准备一包砂糖和奶精，将其放在杯子旁或小碟上，方便客人自行取用。

喝茶的客人应注意：双手接过，点头致谢。品茶时，讲究小口品饮，一苦二甘三回味，其妙趣可意会而不可言传。另外，可适当称赞主人茶好。壶中茶叶可反复浸泡 3 至 4 次，客人杯中茶饮尽，主人可为其续茶，客人散去后，方可收茶。

（二）叩指礼

敬茶中，有一种特殊的礼仪，称为叩指礼。叩指礼是以"手"代"首"，二者同音，这样，"叩首"为"叩手"所代，三个指头弯曲即表示"三跪"，指头轻叩九下，表示"九叩首"。每当主人倒茶之际，客人即以叩指礼表示感谢。

叩指礼是从古时中国的叩头礼演化而来的，叩指即代表叩头。据说是乾隆微服南巡时，到一家茶楼喝茶，当地知府不小心知道了这一情况，也微服一番，以防天威不测。到了茶楼，就在皇帝对面末座的座位上坐下，皇帝心知肚明，也不去揭穿。皇帝是主，免不得提起茶壶给这位知府倒茶，知府诚惶诚恐，但也不好当即跪在地上来个谢主隆恩，于是灵机一动，弯起食指、中指和无名指，在桌面上轻叩三下，代行了三跪九叩的大礼。于是这一习俗就这么流传下来。茶间三种叩指礼的现行用法：

（1）晚辈向长辈行叩指礼时，五指并拢成拳，拳心向下，五个手指同时敲击桌面，相当于五体投地跪拜礼，一般敲三下即可。

（2）平辈之间行叩指礼时，食指中指并拢，敲击桌面，相当于双手抱拳作揖，敲三下表示尊重。

（3）长辈向晚辈行叩指礼时，食指或中指敲击桌面，相当于点下头即可，如特别欣赏晚辈，可敲三下。

第七节　舞 会 礼 仪

舞会，是一种社交活动跳舞的集会，参加者要穿着晚礼服等正装。一般舞会可分为家庭舞会和团体舞会两种。跳舞基本形式有以下七种：

（1）布鲁斯舞(Blues)，又称为慢四步。

（2）慢华尔兹(Slow Waltz)，又称为慢三步。

（3）快华尔兹(Quick Waltz)，又称为快三步。

（4）狐步舞(Slow Trot)，即福克斯，又称为中四步。

（5）快步舞(Quick Step)。

（6）伦巴舞(Rumba)。

（7）探戈舞(Tango)。

慢三是最基本的舞种，属于三步，是其他舞种的基础。三步，顾名思义，就是每一小节有三拍。它的重音在第一拍，后两拍是弱音，节奏是"强，弱，弱"。男士邀请了女士之后，摆好舞姿，男舞伴前进左脚，女舞伴后退右脚。对于男士，第一小节的重音在左脚，第二小节的重音就换到了右脚，以后都是重音在左右脚轮换。对于女舞伴亦是一样，第一小节的重音在右脚，第二小节的重音就换到了左脚，接着轮换。男士出脚应直着往前伸，有的初学者怕踩着女伴的脚，脚步往旁边走，既不符合慢三的跳法，又显得不好看。其实只要男女双方和着音乐的节奏，同时前进或后退，是不会踩着对方的脚的。

一、舞会前的准备

(一) 舞会的规模

舞会的规模可根据具体情况而定，大型舞会一般安排在节假日里，小型舞会可安排在周末。

(二) 舞会的场地

舞会的场地要选择宽敞、平滑的地方。场地大小要根据参加舞会的人数而定。一般来说，舞池内平均每两平方米容纳一对舞伴比较合适。

(三) 舞会场地的布置

布置舞会场地要突出"欢快""热烈"的气氛，场地可用彩色花环、飘带、彩灯等加以装饰。灯光应调整好，既不能太亮，也不能太暗，最好用射灯、摇头灯或 LED 帕灯。如果有乐队，还要考虑乐队的位置。如果没有乐队，则要准备好音响和音乐，事先选好曲目，排好顺序，在舞会开始后依次播放。另外，舞池周围应摆放好桌椅，预备好饮料，供参加者休息、饮用。

正式舞会一般要凭票或邀请函入场，这样可以控制参加者的人数，同时协调好男女比例。举办家庭舞会，事先应考虑男女比例来邀请客人。

(四) 舞曲的选择

选择舞曲时要注意安排不同节奏、不同情绪的曲子。在整个舞会进行的过程中，慢的和快的、热烈的和抒情的舞曲交替进行，使参加者在跳舞的过程中有张有弛，始终精神饱满。

每次舞会以 2～3 个小时为宜，跳半小时至 1 小时，休息几分钟，可以放几支悠扬缓慢的曲子，让大家交流一下，或者请人表演节目。

(五) 舞会的形式

舞会要以舞蹈为主，其中可以穿插一些有意义的游戏或几首歌曲，也可以组织一些节目，最好是一些简单的、益智的项目，舞蹈与游戏合并，如模仿类、展示类、走秀类等，调动大家的积极性。

二、舞会着装的要求

参加舞会前均应沐浴，梳理适当的发型。男士务必要剃须，女士在穿短袖装时须剃去腋毛。参加者应穿着舞会礼服出席，做到衣冠整齐清洁、漂亮大方。在舞会上，通常不允许戴帽子、墨镜，或者穿拖鞋、凉鞋、旅游鞋。在较为正式的民间舞会上，一般不允许穿外套、军装、警服、工作服。

(一) 女士着装

舞会礼服,英文为 Prom Dresses,是指上流人士参加舞会的正式服装,正式程度次于晚礼服(Evening Dresses)。

如果是亲朋好友在家里举办的小型活动,要选择与舞会的氛围协调一致的服装,女士最好穿便于舞动的裙装或旗袍,搭配色彩协调的高跟皮鞋。

如果应邀参加的是大型正规的舞会,或者有外宾参加,这时的请柬会注明:"请着礼服。"接到这样的请柬一定要提早做准备。近年有旗袍改良的晚礼服,既有民族特色,又端庄典雅,适合中国女性的气质。

(二) 男士着装

男士的礼服一般是黑色的燕尾服,正式的场合也需戴白色的手套,常规的舞会以穿西装为佳,这样显得庄重、文明。

男士的头发一定要清洁干净。因为跳舞时两人的距离较近,可以使用口腔清新剂保持口腔无异味。

三、舞会礼仪的常识

在舞会上,主持人或主人要注意照料客人,把害羞的青年介绍给同伴,安排他们坐在一起,但介绍时要考虑他们的个子高矮是否合适、性格是否相近等因素。

(一) 如何邀请女方

舞曲奏响以后,就可以邀请舞伴了,女士邀请男士或反之都是可以的。由于传统习惯的影响,男士邀请女士的情况在舞会上占绝大多数。男士应当大方地走到女士的前面发出邀请,侧面则显得过于随意,邀舞者应彬彬有礼,受邀者应落落大方。

如果女士的家人同在,则应先向女士的亲属点头致意,并征得他们的同意后,走到女士面前,微笑欠身致意说:"小姐,可以请您跳舞吗?"有时还要向陪伴女士来的男士征求询问:"先生,我可以请这位小姐/女士共舞吗?"得到允许后,再与女方走进舞池共舞。

舞曲结束后,不论跳的时间长或短,男士都应说:"谢谢!"女士也可以说"我很高兴"表示谢意。

舞会中不论是男士或女士,如果一个人单独坐在远离人群的地方,请不要去打扰。但如果是坐在一群人中间,是可以走过去邀请她/他跳舞的。邀请舞伴跳舞应注意以下细节:

(1) 让受邀者跳完整支曲子再去进行邀请。

(2) 如果受邀者有男/女朋友在场,而自己又与他们不熟悉时,先别邀请。

(3) 跳舞的时候不要打听隐私问题。

(4) 如果是初学者,跳前可以先加一句:"我刚开始学跳舞,请关照一下。"

(5) 不用羡慕别人跳得好、花样多,因为他们也是从初学者起步的。

(6) 选择适合自己水平的舞伴跳舞,如果和某些水平高的舞伴跳舞,初学者会手忙脚乱，连基本步都会乱掉。

(二) 同性不宜共舞

根据国际惯例，两位男士共舞等于宣告他们不愿意邀请在场的任何一位女性。两位女士也应尽量不共舞，尤其是在有外宾的情况下或者在国外的舞会上，需要注意这一点。

(三) 当女士主动时

一般情况下，女士是不用主动邀请男士的，但在特殊情况下，需要请长者或者贵宾时，则可以不失身份地表达"先生，请您赏光"或"我能有幸与您共舞吗"。

(四) 当两位男士同时发出邀请时

从国际礼仪的角度考虑，女士面对两位或者两位以上的邀请者，最能顾全他们面子的做法，是全部委婉地谢绝。要是两位男士一前一后走过来邀请，则可以按照"先来后到"的顺序，接受先到者的邀请，同时诚恳地对后面的人说"很抱歉，下一次吧"，并尽量兑现自己的承诺。

(五) 舞伴的选择

结伴而来的一对男女，只要一同跳第一支舞曲就可以了。从第二支曲子开始，大家可以交换舞伴，以便认识更多的朋友。

(六) 不要轻易拒绝邀请

舞会是通过跳舞交友、会友的场合，所以在舞会上女士最好不要轻易拒绝他人的邀请。如果出于某种原因，不想接受他人的邀请，只要做得得体，也不算失礼。如果是女士发出的邀请，则男士绝对不能拒绝。女士可以拒绝个别"感觉不佳"的男士邀请，但要注意使用礼貌用语，委婉地表达，可以用"对不起，我累了，想休息一下""这首舞曲我不大会跳""已经有人邀请我了""我不喜欢这首舞曲"等委婉的语句。

(七) 男士的绅士风度

在舞会上最能体现一个人的绅士风度。例如，跳舞中要保持一定的距离，左手轻扶舞伴的后腰(略高于腰部)，右手轻托舞伴的手掌，尤其在旋转的时候，男士一定要舞步稳健，动作协调。

(八) 共舞时的礼仪

共舞时的礼仪如下：

(1) 步入舞池时，要尊重女士：女在前，男在后，由女士选择具体位置；跳舞时，一般男士领舞引导在先，女士配合在后；在一支曲子结束后(可以立于原处，面向乐队或主持人鼓掌表示感谢)，男士将女士送回原座位，道谢后，再去邀请另一位女士。

(2) 跳舞时舞姿要端正大方，身体不要晃动，双方面带微笑，不可大声谈笑。

(3) 跳舞时男士不要强拉硬拽，女士不可扑、靠、扭。

(4) 共舞时双方身体应保持一定的距离，男士不可把女士的手握得太紧，更不要把女士的身体搂得过近。

(5) 共舞时不要旁若无人、横冲直撞，用眼睛的余光留心周围，避免碰撞。若不小心冲撞到别人，应礼貌向人道歉。

(6) 不可目不转睛地凝视着舞伴，以免引起女方反感或造成误会。即便是热恋中的情侣，在舞会上也不应过分亲昵。

(7) 在双方共舞过程中，无论舞步有多么不合，都应坚持到底，一般不应中途离去(双方都礼貌下场是允许的)。

(8) 舞者姿势应自然，不要低头看脚的动作，要凭身体的感觉来转换方向。相握的手，在共舞时切忌随着音乐节拍大幅度上下摆动。

(九) 离开舞会的时间

无论是参加朋友的私人舞会，还是正式的大型舞会，遵守参加时间是首要的礼仪。至于离开舞会的时间，如果是朋友的私人舞会，最好舞会结束后再离去以表达对朋友的支持。至于其他类型的舞会，只要不是只跳了一支曲子就离开，显得应酬的色彩过浓即可。

舞会结束后，男舞伴可以送女舞伴回家。如果一个女士没有人同行，有热心的男士主动相送，不想接受时可以礼貌地说声："对不起，我已经有人送了。"说话要婉转得体，不会使对方难堪，也不至于让对方纠缠下去。

知识拓展

有趣的各国见面礼

每个国家不同的文化传统往往会衍生出不同的礼仪习俗，因此每个国家以示友好的见面礼仪也各有千秋。

1. 意大利、西班牙和欧洲大部分国家

在意大利、西班牙和欧洲大部分国家，两个人打招呼的方式都是走上前快速地亲吻彼此的脸颊：先是右侧，然后左侧。如果彼此不太了解对方，也可以通过握手以示友好。这种打招呼方式在大多数欧洲国家是一种惯例。

2. 英国

英国民间见面亲吻的习俗很奇特，灵感可能源于他们周围的欧洲国家，但也可以坚持只和他们握手。

3. 德国

亲吻面颊在德国很常见，不过通常只是在脸颊左侧亲吻一下。

4. 法国

法国的亲吻礼仪比较复杂：亲吻对方的右侧脸颊，亲吻的次数会因为不同的地区而有所差异,有些地区只吻一下,而在法国北部的大部分地区见面需要亲吻五下。

5. 荷兰

荷兰的亲吻面颊礼仪是要按照脸颊"右侧—左侧—右侧"的顺序亲吻三下,关系一般的人之间以及两个男人之间是不会亲吻面颊的。

6. 希腊

在希腊,熟人间以握手表示友好,而亲近的人则是通过拥抱和亲吻。他们除了亲吻彼此脸颊两下以外,还伴着"拍手"一次,这样的方式使得他们的亲吻看起来更像是精心设计的一记"耳光"。

7. 阿根廷

阿根廷人通常很敏感,新朋友之间亦是如此,一般见面就是很随性地拥抱一下(但并不完全拥抱),然后在对方右侧脸颊亲吻一下。

8. 巴西

巴西女性之间亲吻面颊比男性要频繁得多,如在里约热内卢两个人打招呼要吻彼此脸颊两下。但官方统计的数据显示,在巴西不同的地区亲吻脸颊的次数从一次到三次不等。单身女性一般要亲吻三次,不过在某些地区,亲吻两次更常见。

9. 澳大利亚

澳大利亚人第一次见面通常会握手,然后问候:"你好!"但亲近的朋友间也会亲吻侧面脸颊以示友好。

10. 印度

印度人都知道要和西方人握手,但如果遇见的是当地人并想以传统的方式问候,可以双手合十做祈祷的姿势,头向前倾(但不要鞠躬),然后说:"Namaste"(印度合十礼)。

11. 泰国

在泰国,人们打招呼通常先双手合十做祈祷的姿势,然后弓着额头触碰指尖。这在泰国被称为"Wai"——手的位置越高,表示对对方越尊重。

12. 美国

若非亲朋好友,美国人一般不会主动与对方亲吻、拥抱,正式场合握手致意,非正式场合见面,礼节比较随意,往往以点头、微笑为礼或者只是向对方"嗨"一声。另外,美国人见面也经常会握手或者碰拳头。

专题小结

本章主要介绍了社会交往中常用的礼仪,如称呼、介绍、握手、递名片等生活和工作中常见的礼仪规范,其主要是为了使大家更好地在社会交往中增添个人魅力以及塑造专业形象,进而更好地为工作和生活服务。

思考题

1. 轿车礼仪中如何根据司机的不同进行排序?
2. 握手礼仪的禁忌有哪些?
3. 如果学校举办舞会,参加舞会礼仪时有哪些注意事项?

专题四 校园和求职礼仪

你要看见朋友之间用不自然的礼貌的时候，就可以知道他们的感情已经败落。

——莎士比亚

没有一种礼貌会在外表上叫人一眼就看出教养的不足，正确的教育在于使外表的彬彬有礼和人的高尚的教养同时表现出来。

——歌德

学习目标

- 了解校园礼仪规范，学会与同学相处、尊重老师。
- 了解课堂基本礼仪规范，并学以致用。
- 了解职场礼仪规范。

技能目标

- 规范运用课堂礼仪，做到知行合一。
- 掌握求职面试礼仪技巧。

案例导入

求职——形象 OR 能力？

孙梅读大四了。渐渐地，孙梅的父母发现，孩子越来越注意打扮自己了。一两个月才回家住上两天，这两天里至少有大半天在化妆。用孙梅自己的话说，现在的企业特别在意员工的形象，马上就要走入社会了，可不能再像学生那么土了，得赶紧接轨，把自己包装得时尚一点，以提早为将来的求职做准备。从此，孙梅花在学习上的精力越来越少，整天忙着去健身、美容、购物，功课也越来越吃紧，倒是花费越来越大，而且全身的行头非名牌不用。孙梅父母说，她现在脾气越来越不好，动不动就和他们顶嘴；生活费是以前的两倍多，还总怪父母太抠，不支持她将来的就业。到了大四下半学期的时候，孙梅终于有了"用武之地"。但经过两个多月的奔波，她的同学基本上都落实好了工作，只有她还在等消息……

【分析】　现在就业压力很大，作为即将走上社会的大学生，必须有自己的特长。虽然用人单位在意员工的外在形象，但那也是在"同等条件下优先考虑"而已。一个和父母都处不好关系、不求上进、只在意物质享受的人，很难想象他能给主考官留下什么好印象；同样，我们也有理由怀疑这样的人能否真正为讲求团队、务实、上进的现代型企业带来效益。

第一节　校园礼仪

学校是学生学习、成长、成熟的地方。对于学生来说，从上幼儿园到大学毕业的这一段求学生涯中，校园是学生所待时间最长的地方，因此，在校园里，学生的相关礼仪教育不容忽视。校园礼仪从娃娃抓起，让学生养成良好的礼仪行为规范，培养优秀的礼仪素养，是当今各阶段学校都极其重视的内容。

大学生是建设现代社会的冲锋军，其素质直接影响社会主义现代化的实现，而大学是培养高素质人才的地方，学校担负着教育人和培养人的神圣使命，校园礼仪对于大学生尤为重要。大学生不仅要学好文化知识，还要自觉加强道德修养，讲礼貌，懂礼仪，为顺利走向社会和工作岗位打下良好的基础。大学生的礼仪素养既是衡量一个学校文明素质的标尺，也是展现一个国家国民素质的社会窗口。

一所大学校园如果将本校的校园礼仪规范成功地建立起来，使规范逐渐融入办学的优良传统中，则优良传统一旦形成，有形的规范便会转化为无形的约束力量。这样，一批又一批的学生进入校园，就会受到这种优良传统的影响和熏陶，会在无形的约束力量之中自觉养成懂文明、重礼仪的道德观念和行为习惯。

一、校园行为礼仪

(一) 同学礼仪

在学校生活中，同学之间朝夕相处，是亲密的伙伴。同学关系是人生中尤为宝贵的人际关系，通常被视为人类所拥有的最美好的感情之一。对于每一位大学生而言，应处理好同学关系，珍爱同学友谊，使之成为自己一生中的宝贵财富。因此，同学们在日常交往时应该遵循相关的礼仪规范。

同学之间相处，无论自己与对方关系如何，都要做到互相尊重，以礼相待，以诚待人，与人为善。同学之间的交往应尽量注重精神交往，强调神交多于物交。大学是学习知识、文化的绝佳场所，同学之间应该多注重彼此之间的精神交流，互相学习。当然，除了精神上的交往，也有物质上的互利，但是不要一味强调物质上的互相往来，使同学关系变味。

与同学见面要主动打招呼，体现相互之间的尊重，平时应习惯使用"请""谢谢""对不起"等常规礼貌用语。

要尊重同学的人格，对同学的相貌、体态、衣着不能嘲笑和评头论足。在学校的学习、工作和生活中，当同学遇到困难时，要热情相助，伸出援手，可以用安慰、鼓励的话语去抚慰对方，也可以帮助对方分析原因、总结经验教训。

借用同学的学习用品或生活用品时，应征得同意后再拿，用后及时归还，并表示感谢。与同学交谈时，应该态度诚恳、谦逊。另外，听同学说话时要认真，不要漫不经心；要关心听者的兴趣和情绪；不可轻易打断他人的谈话；如果对同学的观点、生活习惯等有意见或建议，应在不伤害同学自尊心的情况下，委婉、诚恳地指出；不要说使他人感到为难、伤心的事情，更不能说一些污言秽语，攻击他人。

学习上，每一位同学都应该有自己的观点、主张和见解，要学会独立思考，但是在需要别人帮助时应虚心求教，而成绩较好的同学在帮助其他同学时应该耐心解答，保持谦虚。

男女同学之间日常交往时，应以礼相待、举止得体、相互尊重。男同学应彬彬有礼，帮助女同学，女同学应文雅大方，举止有礼。男女同学之间不宜过分亲昵，交往应保持一定的距离。

(二) 师生礼仪

尊师是中华民族的传统美德，教师是学生处理生活、学习和工作中的疑难问题的导师，是学生感悟人生、获取知识、学有所成的引路人，也是学生为人处世的楷模。因此，学生在与教师交往的过程中应尊敬老师，尊重教师的劳动，维护教师的尊严，遵循相关礼仪。

(1) 尊师重教。学生要尊重教师的劳动。教师的劳动是复杂和辛苦的，教师的劳动对象是具有个性差异的学生，每个学生都有自己独特的意识、情感、学识和品行，这要求教师既要按照统一的标准来培养学生，又要注意学生的个体差异性，提出具体的培养方法，因材施教。这些特点决定了教师要经过艰苦细致的工作，付出艰辛的劳动。

同时，教师的教学工作要求教师每天广泛查阅资料、认真备课、制作教学课件、批改和辅导作业，深入研究问题等。这些复杂而辛苦的劳动要求教师付出体力和脑力的双重劳动。作为学生，要在内心里尊重老师的劳动，做到尊师重教。例如，学生可以在上课前主动帮助老师做准备，如擦黑板、拿教具等，在课后则可以帮助老师整理教学用品、打扫教室等。

(2) 请教交谈。学生在与老师交谈时，应主动请老师坐下，若老师不坐，学生应该和老师一起站着说话。学生无论是站着还是坐着，都应该姿势端正，不可东张西望、挠头抓耳等，应双目凝视老师，认真听老师说话。学生如果对老师说的话感到不理解或有不同看法，应虚心向老师请教或诚恳地提出自己的观点和看法。

(3) 出入办公室。学生进入办公室要注意自身的形象，进门前，要轻轻敲门或者礼貌地打招呼，如"报告""老师好"等。不管门是开着还是关着，都要征得老师同意后方可进入办公室。学生进入办公室后，应向办公室内的所有老师微笑问好。在办公室内，不可随意触碰办公桌上的材料。与老师谈话或者汇报工作时，应简洁得当，逻辑清楚。谈话结束后，起身离开办公室时，若是坐着，应起立把凳子放回原处，再向老师道谢再见；若老师起立举步相送，应请老师留步，并道谢再见。

(三) 校园通信礼仪

手机作为现代人的主要通信工具，已然成为人们生活和工作中的一个非常重要的部分。

无论是在社交场所还是工作场合放肆地使用手机，已经成为礼仪的最大威胁之一。手机礼仪越来越受到人们关注。例如，在澳大利亚，各电信营业厅就采取了向顾客提供"手机礼节"宣传册的方式宣传手机礼仪。现今大学校园里，大学生使用手机和网络的频率越来越高，尤其是现在智能手机的发展，使得大学生随时都可以使用手机和网络来进行工作、学习和娱乐。因此大学生在校园里的公共场合一定要注意使用手机和网络的礼仪规范。

在学校的公共场所(如教室、图书馆、自习室、会议室等)不要随时随地不顾及旁人地拨打和接听电话，尤其不能在课堂上随意使用手机。用手机玩游戏、发短信、聊天、看电影等，是极为不尊师重教的表现。学生如需拨打手机，应去室外；如有电话呼入，应挂断，待课后或走到室外后，再回拨过去。同时，在这些公共场所应时刻记得将自己的手机调成静音或者振动状态，以免影响他人。

另外，手机是通信和娱乐工具，大学生不应用手机来作为抬升自己身价的"道具"或"饰物"，不应以此炫耀和互相攀比。手机可以用来学习、娱乐、通信，但是一定要在合适的场合合理使用手机，不要时时刻刻手握手机。在校园里的人际交往中，从使用手机的礼仪规范即可体现出同学之间或者师生之间的互相尊重。

手机如今已是再平常不过的事物，但在大学校园里以及日后的职场中，一部手机却可以折射出一个人的个人修养。因此大学生要掌握手机礼仪，让手机成为自己的学习帮手和职场帮手，而不是减分利器。

二、校园场景礼仪

(一) 课堂礼仪

大学课堂是教师对学生传授知识和技能以及老师与学生进行交流的主要场所，讲究课堂礼仪规范，对于促进师生的良好沟通以及提高教学质量都非常关键。

1. 课前

学生在每节课前，如无特殊情况应提前2～5分钟进入教室，进入教室后应尽快保持安静，做好上课准备，不得继续大声喧闹。老师进入教室示意上课后，全班同学应起立，待老师答礼后，方可坐下。如今在我国大部分的大学校园里，大学生与大学老师都没有了互相道礼的习惯，只有在小学、初中、高中还延续着这样的礼仪习惯。我们应该提倡在大学校园里也践行这样的礼仪行为，因为"起身相迎"是最基本的礼仪礼貌。

2. 课中

上课后，如迟到，应先敲门或喊"报告"，得到老师允许后方可悄悄入座。迟到的同学入座时速度要快，脚步要轻，动作幅度要小，尽量不要发出声响，以免影响老师教学和同学听课。

课堂中，要严守课堂纪律，不交头接耳，不玩耍手机，不能将食物带入课堂，更不能在课堂中吃东西、玩游戏。上课时，要积极认真听讲，保持安静，同时还要根据老师的教学安排积极参加课堂讨论或者教学游戏等课堂互动。

老师讲课时，一般不允许学生中途随意离开教室，如遇特殊情况，应在老师讲课停顿或间歇时，举手请假，得到允许后，迅速离开教室。

当老师提问时，应先举手，经老师允许后再起立发言。发言时，仪态要端正大方，声音要响亮，口齿要清楚。

老师讲课出现错误(如笔误、口误或者知识点错误)时，可以等到下课后找老师沟通和交换意见，沟通时态度要真诚、谦和，要以商量的口吻，不应嘲讽老师或故意让老师出洋相。

3. 下课铃响后

若是课间，学生应主动为老师擦黑板、整理讲台；若是放学下课，而老师还未宣布下课，学生应继续安心听讲，等待老师下课，不要急于收拾书本。下课后，学生需起立，与老师互道"再见"后，方可自由活动。

(二) 食堂礼仪

大学校园食堂就餐人数多，就餐时间集中，工作人员往往比较繁忙，作为学生，应注意在校园食堂就餐的礼仪规范。

1. 注意食堂公共卫生

食堂是就餐的地方，学生不可随地吐痰，就餐时，骨、刺以及无法吃的其他东西，可放到餐具里或吐到自己准备的其他盛具里，不要随意吐在地面上或桌上。

2. 有序进餐

进入餐厅用餐时，应有秩序地进餐厅，不要乱冲、瞎跑，不拥挤，不插队，要互相谦让。

3. 文明就餐

就餐时不要大声喧哗，打喷嚏、剔牙应以手掩口，不对着别人，同时要节约粮食，不将吃剩的饭粒、菜屑随地乱扔。

4. 交谈注意事项

在交谈时，嘴里若含有食物，不要贸然讲话。当他人嘴含食物时，最好等他咽完再对其讲话。

5. 就餐入座

如果和师长在一起吃饭，要请长辈先入座。

6. 餐后

就餐后及时将餐具、剩饭剩菜等分别放到指定位置，保持就餐地点的干净，尊重食堂员工的劳动。

(三) 宿舍礼仪

我国全日制大中专院校基本采用学生住宿制度。集体宿舍是学生的一个基本生活住所，也是学生课余生活、休息的重要场所。住校大学生生活在一个大家庭里，同学之间要和睦相处，礼貌相待，遵守相关礼仪规范。

1. 遵守宿舍规章制度

遵章守纪，遵守学生宿舍的管理制度，不做学校禁止的行为，尤其是威胁到宿舍安全的行为，学生之间要相互提醒，相互监督，坚决制止危险行为发生。

2．讲究宿舍卫生与美化宿舍环境

平常要注意自己的个人卫生，培养良好的生活习惯，如勤换衣物、鞋袜，定期整理床铺和生活用品，不随意在他人床上坐卧等。同时也要注意宿舍的公共卫生，如阳台、卫生间等要及时清洁打扫。我国的很多高校都有宿舍文化评比活动，大学生可以根据自己的个性、特点、风格、特长等合理又艺术地设计自己的宿舍，以达到整体的美化与和谐。

3．遵守集体作息时间与尊重个人隐私

学生宿舍是全日制寄宿大学生休息的唯一场所。在集体宿舍里，宿舍同学都有自己的生活习惯和休息习惯，大家可以协商一个文明公约和作息时间，彼此遵守，从而养成良好的生活习惯。例如，按时起床、准时归宿、适时就寝、及时熄灯。在休息时间里，尽量轻声慢语、动作轻缓，将手机关闭或静音，以免影响舍友休息。

同学们在同一间宿舍朝夕相处，生活互相融合，但是也要尊重个人隐私。例如，不要随意翻看同学的私人物品，未经同意不要随便使用同学的学习或生活用品，不要打探同学的隐私，不要胡乱议论他人的缺点等。

4．互相尊重与信任

在大学校园里，同学们来自五湖四海，因为相同的学习兴趣或者专业爱好而考入同一所大学，进入同一个宿舍一起生活和学习，这是一种极大的缘分。因此，同学之间尤其是舍友之间应做到互相关心、照顾、尊重、体谅和信任。

第二节　求职礼仪

一、求职准备

（一）长线准备

亨利·基辛格说："如果我们做了应该做的一切，那么所有的给予都会垂青于我们。"每一位即将毕业的大学生都要面临求职面试这一关。作为即将离开校园、进入职场的大学生，要做好万全的求职准备，以获得先机。求职之前不仅要有万全的准备，而且一定要高瞻远瞩，大学毕业生的求职目标不应仅仅是找到一份好工作，而应把目标定位于找到理想的职业。事实上，作为一名大学生，求职的竞争和准备早在还未毕业的大二或大三就已经开始了，而大四只不过是竞争的表面化和白热化而已，因此要找到一份理想的工作，必须做好求职的长期打算和准备。求职需准备和关注以下几个方面。

1．心理准备

（1）从心理上战胜自己。要深知自己的长处和短处所在，应考虑在面试时怎样才能扬长避短，巧妙地避开或弥补自己有所欠缺的地方，更好地表现出自己的长处。只有克服自己过分紧张的状态，才能在面试时保证正常发挥甚至超常发挥。

(2) 正确对待毕业及求职面试。要坚信"天生我材必有用","此处不识君,自有识君处"。即使应聘不成,也只不过是"大路朝天,各走半边"。只要是千里马,何愁遇不见伯乐!只有大方、真诚、坦然地面对求职面试,才能在应试中举止得体、思维敏捷、妙语连珠。

(3) 良好的择业心态。择业时,应选择适当的就业目标,注意一个人的择业目标应与本人所具备的实力相当或接近;避免从众心理,一切从自身的特点、能力和社会需要出发,不与同学攀比;避免理想主义,及时调整就业期望值,不刻意追求最满意的结果;树立自信心和敢于竞争的勇气,克服自卑、胆怯的心理,采取积极的态度,勇于向挫折挑战。

2. 行为准备

(1) 在整个大学学习期间,努力学好专业课,然后根据自己的爱好和兴趣,有意识地关注和学习相关行业及专业知识来建立知识、能力和技能储备。

(2) 在课余时间,丰富自己的实习经历,以此来提升自身的综合素质和实践经验(即能力)。

(3) 在校期间,利用课内外活动等机会着重学习和训练自己的语言表达能力、写作能力、沟通能力及礼仪素养等。

(4) 广泛拓展和积累自己的人脉资源以获取更多的信息和渠道。

做好求职长线准备,意味着求职工程完成了搭建地基、树立方向的基础性一步,这一步至关重要。同时,长线准备是大学生高瞻远瞩、未雨绸缪的表现,做好了长线准备的同学可以领先别人一步完成自己的前期积累,为找到自己理想的工作奠定基础。

(二) 短线准备

求职的短线准备是厚积薄发的关键一步,具有实际操作性和重要性。在临近毕业前几个月的短线准备中出色发挥,是取得成功的关键。

1. 收集信息

在求职面试前,要主动收集相关就业信息。收集信息的主要渠道有:

(1) 通过媒体获得信息。

(2) 通过网络获得信息。

(3) 通过亲朋好友介绍获得信息。

(4) 通过社会实践、参观调查获得信息。

(5) 通过高校组织的校园"双选"招聘会获得信息。

(6) 通过国家主管部门、劳动人事部门获得信息。

(7) 通过人才市场中介服务机构和职业介绍服务机构获得信息。

(8) 通过信件、电话或拜访高校就业指导中心及登录其就业信息网获得信息。

2. 职场调研

职场调研主要是指在求职前要对即将准备求职的行业状况、用人单位概况、岗位所需知识与技能、职位平均薪水等进行有针对性的调查研究,尤其要充分、准确地了解用人单位的以下信息:

(1) 用人单位的准确全称。

(2) 用人单位的性质。

(3) 用人单位的隶属关系。

(4) 用人单位的福利待遇。

(5) 用人单位的联系方式。

(6) 用人单位的规模、发展前景、地理环境、经营范围和种类。

(7) 用人单位需要的专业、层次、使用意图、具体工作岗位。

做好以上职场调研的目的是在简历制作和招聘面试环节有所侧重与准备，做到"知己知彼、百战不殆"。

3. 自我定位

要根据自己的实际情况，结合行业及岗位的要求认真、仔细地分析自己的优势、劣势、机会、威胁、人生目标等，认清自己，精准定位，少走弯路。

4. 材料准备

毕业生的求职材料应多侧面、多角度、准确、全面地反映自己的专业水平、组织能力、领导能力和综合素质，这些是求职取胜的第一步，也是打开职业大门的"钥匙"。求职材料分为自荐信与求职简历两种。

1) 自荐信

自荐信是自己推荐自己、说明自己适合担任某项工作或从事某种活动，以便对方接受的一种专用信件。它是大学生踏入社会、寻求工作的一块敲门砖。

自荐有两种形式：一是不知用人单位是否需要聘人的自荐求职；二是在获知用人单位公开招聘职位的自荐求职。不管什么形式，都是为了推销自己。自荐信的书写格式为：开头 + 正文 + 结尾 + 落款。

(1) 自荐信的内容。自荐信的基本内容包括说明原因，推销自己，表达愿望、动机和态度，附全资料四个方面。

① 说明原因。正文需简单说明求职的原因，譬如，有的刚毕业欲谋职；有的为了学以致用，发挥所长；有的是为了为家乡效力；等等。如果明确对方招聘的职位，则应说明信息的来源，如"近日阅《桂林晚报》，敬悉贵公司征聘会计一名……"或"昨日从广西电视台广告节目中得知贵公司急聘商检人员一名……"，然后才进入下一个环节——推销自己。

② 推销自己。在信中具体介绍自己的学历、专业、资历、专长、兴趣等，如"我是桂林电子科技大学北海校区 2022 级旅游管理专业的学生，将于明年 7 月毕业"。

如果应聘某一职位，则应针对该职位的特点和要求，有主有次地介绍自己如何有能力胜任。因为是即将毕业的学生，所以可不写工作经历，可以着重写在校的表现及所取得的重要成果，目的在于突出"学习好，能力强"。在"学习好"方面，可写"在校期间四次获得校二等奖学金"等；在"能力强"方面，可列举"担任班长""担任校学生会主席""任学校吉他社社长""利用课余时间从事某某商品的促销工作，有一定的工作经验"等，以事实说明自己有组织管理能力与工作经验。

如果没有担任过任何学生干部职位，也未获过任何荣誉，可写除专业外的各种考试情况，如"在校期间，除圆满完成中专三年的课程学习外，还兼修国家大专自考的某专业，并已通过几门的考试……""在校期间，已取得国家电脑某级，获得省珠协的珠算等级测试能手某级的合格证书……""取得会计证、导游证"等,这些都是证明自身能力水平的硬件。

介绍专长时只选择主要的一两项简单说说即可。可以将自己的特长纳入其中,如"还擅长书法、绘画、写作、演讲",注意点到为止。至于文体方面,除非对方有特别的要求,否则介绍多了可能适得其反。

此外还要注意考虑自己有没有比别人更有利的条件,以增加录用的机会。例如,有当地的户口,有住房,懂一两门外语,懂当地的方言等,有时这些小细节反而成为自己胜出的资本。

无论如何,在推销自己时要适当且不卑不亢。过于谦卑,自贬身价,会给对方以平庸无能的不良感觉;过于高傲,狂妄自大,会给对方以轻佻浮夸的恶劣印象。这些介绍是对方审视你是否能录用的重要依据之一,应详细、具体、真实。

③ 表达愿望、动机和态度。表达自己对进入公司或对某一职位需求的迫切程度,如:"贵公司在短短的八年间从众多乡镇企业中脱颖而出,绝非偶然,而是靠领导高卓的远见及员工强大的凝聚力,才使某某产品名扬海内外,在市场经济浪潮中独树一帜。这是青年人锻炼、发挥才能的好时机、好场所,我愿在毕业后到贵公司效力,不知贵公司是否有空缺的职位?""我有信心胜任贵公司征聘的职务,故自荐应聘。"

④ 附全资料。自荐信的文末附上自己的所有证明资料,包括个人简历、毕业证书及有关证件的影印件并注明份数,附上自己的联系地址、电话等,以备用人单位能及时通知到你。

另外,书写自荐信需要注意以下几个问题:

① 实事求是。

② 投其所好。

③ 言简意赅。

④ 书写(打印)工整。

(2) 失败的自荐信。写作自荐信时需要注意自己的语言表达和写作方向。以下列举有可能导致自己无法获得面试机会的几种不恰当的自荐信写作方式:

① 为对方规定义务的自荐信。例如,"本人谨以最诚挚的心情,应聘贵公司的会计师一职,盼望得到贵公司的尊重、考虑和录用。"这种写法,事实上是在强迫对方,因为这句话的实际含义是:"你如果不录用我,就是对我的不信任,所以,你必须录用我,才能体现你的信任。"

② "吊起来卖"式的自荐信。例如,"现已有多家公司欲聘用我了,所以请贵公司从速回答。"这实际上是在威胁对方,是在用其他单位来压对方,好像在说:"我可是一位人才呀,他们都抢着要聘用我,你不聘用我,就是不爱才、不识才、不用才。"这样写往往会激怒对方,导致求职失败。

③ 给对方限制时间的自荐信。例如,"本人将于 2022 年 9 月 1 日赴外地出差,敬请贵经理于 8 月 31 日前复信为盼。"这种写法虽表面上看相当客气,可实际上是在限定时间,好像在给对方"下命令",容易令人生厌。

④ 用以上压下的口气写的自荐信。例如,"贵公司的总经理先生很关心我的求职问题,特让我写信给您,请多关照。"这种求职信让收信人看后很反感。因为他会认为:"既然总经理都有意了,你还写信给我干什么?真是多此一举!"

(3) 自荐信范文。

自 荐 信

尊敬的校领导:

您好!

我叫×××,是一名××师范大学××系××××届毕业生。经过四年的认真学习和不懈努力,我已具备了系统的专业知识和一定的教学实际能力,现在正准备以高昂的热情与所学的知识投入社会之中,服务于教育事业,实现自身的价值。

贵校良好的管理体制、浓厚的教学氛围和积极进取的精神使我将其作为自己的首选目标,相信在贵校领导的指导和帮助下,通过自身的努力,我会成为一名合格的人民教师,希望贵校能给我提供一个施展才华的机会!

大学的四年时光里,我本着自强不息、学以致用的原则,一直以认真的态度对待学习。在学好专业课的同时,我也注重综合知识和综合技能的培养与提高,广泛地涉猎了文学、哲学、心理学、教育学等方面的书籍,计算机理论与操作也具有一定的水平。在教师技能方面,我勤学苦练,不断提高自身的整体水平,并在教育实习中取得了优异成绩。这些都为我成为一名合格的人民教师打下了坚实的基础。

在思想方面,我积极向党组织靠拢,关心集体,团结同学,并加入"××"协会,多次参加了义务劳动和社会活动。同时我也积极参加"行走在团旗下"文艺汇演、中小学实践教学、足球赛等课外活动,力求使自己成为高素质的复合型人才!

回首过去,我深感母校的培育之恩;注目将来,唯有以学识与真诚回报祖国的教育事业。我将以爱心、热心、敬业之心来实现自己的奋斗目标——做一名合格的人民教师。

我或许不是令您最满意的,但我相信依靠努力,我将成为最合适的!我或许不是最优秀的,但我会自强不息,证明我是有潜力的!

下页附个人简历表,盼面谈!最后,诚挚希望贵校能够垂惠!

祝贵校再创佳绩!

此致

敬礼!

自荐人:×××

××××年××月××日

2) 求职简历

简历是求职的敲门砖,如何用简历吸引招聘人员的眼球,是大学生或者求职者需要重点关注的内容。如果简历能吸引招聘人员的兴趣则求职就已经成功了一半,而简历内容的撰写更是向招聘人员展示自身综合能力的方式。从简历内容、语言水平、排版设计等多个方面对简历进行优化,展示个人的工作业绩、专业技能、个人特质、突出优势、教育背景等信息,能让对方了解自己的职业目标,提高简历内容的说服力和匹配度。

(1) 简历的类型。如果能在不同的时间、场合用上合适的简历类型,则有助于日后的求职。简历按照不同的写法可分为以下几个类型：

① 时序型。这是最普通也是最直接的简历类型，即从个人最近的经历开始，按照逆时间顺序逐条列举。这种简历清晰、简洁，便于阅读。一份按时间顺序排列的简历应包括目的、摘要、经历和学历等部分。按时间顺序写的简历一般适用于以下情况：

A．工作经历能很好地反映出相关工作技能。

B．有一段可靠的工作记录表明自己获得了调动与提升。

C．最近所担任的职务足以体现自己的优势。

② 目的型。简历可以完全根据求职目的来安排。目的型简历一般适用于特定职业的求职，对工作在特定领域的求职者较为有用，如教师、电脑工程师、律师等。

③ 业绩型。业绩型简历以突出成绩为主，因此一般将"成绩"栏直接提到"目的"栏后。一份业绩型简历一般包括目的、成绩、资历、技能、工作经历以及学历等。

④ 功能型。这是一种不太常用但往往很有效的简历。它强调撰写资历与能力，并需要对自身的专长和优势加以一定的分析和说明。工作技能与专长是功能型简历的核心内容，一份功能型简历一般包括目的、成绩、能力、工作经历以及学历等几个部分。可根据自己的实际情况选择使用功能型简历，它一般适用于以下几种情况：

A．部分工作经历及技能与求职目的无关。

B．想突出那些与应聘职务相关的内容。

C．适用于应届毕业生、退伍军人或者想改行的求职者。

D．工作经历有中断或存在特殊问题。

⑤ 复合型。复合型简历是时序型简历和功能型简历的结合运用，可以按时间顺序列举个人信息，同时刻意突出个人的成绩与优势。一份复合型简历一般包括目的、概况、成绩、经历和学历等几个部分。复合型简历能最直接地体现求职者的求职目的。它一般适用于：

A．应届毕业生、退伍军人或者想改行的求职者。

B．曾有过事业巅峰的人。

C．既想突出成就与能力，又想突出自己的个人经历。

(2) 简历的写作。简历没有固定的格式与内容，一般包括以下几个要素：

① 个人的基本资料。个人的基本资料包括姓名、性别、出生年月、政治面貌、身高、家庭住址等，一般写在简历最前面。

② 教育背景。在简历的写作中，教育背景的顺序建议从现在往回写，写到中学即可。因为用人单位更重视现在的学历，从后往前写一目了然。

③ 工作经历。如果有一些工作经历或者兼职经历，也可以按照逆时间顺序从后往前写，这样能及时体现求职者的实际工作情况。

④ 所获奖励与证书。所获奖励与证书是指学生在校期间所获得的与学习、校园竞赛等相关的奖励与证书，如奖学金证书、英语四六级证书、计算机证书、演讲比赛证书、优秀学生证书等，这些闪光点可以证明自己的努力与成绩。

⑤ 论文与科研。这些内容能反映求职者的专业能力和学术水平，是一个有力的参考内容。

⑥ 特长与兴趣。这是学习、专业、学术之外的基本内容，可以展示求职者的团队合作

能力、爱好、性格特点、品德修养、社交能力等。

⑦ 联系方式。联系方式一般包括电话号码、联系地址、邮政编码、邮箱等。这些可方便用人单位及时联系到求职者。

以上简历写作的内容，总结起来包括三方面信息：一是学校、专业、联系方式等基本信息；二是在校专业学习情况；三是招聘方最看重的能力、特点，在这一部分，应聘者应根据企业的不同需求，根据自己的实际情况填写。

用人单位是通过简历来初步判断一个人是否和岗位匹配的。因此，简历就要突出自我特点、自我性格，突出和应聘岗位的契合程度。只有让人觉得应聘者和这份工作的契合度高的简历，才是合格的简历。对于简历的写作，建议做到"精准求职，准确对应"，即根据不同行业及不同的求职企业，选择填写不同的特色与经历，以符合不同企业的需求。这样写作更有针对性，也会提高应聘成功的机会。

案例分享

案例1

外企猎头真心话：同一份简历，能不能投不同的岗位？

经常有候选人问我：同一份简历，投不同的岗位效果会不会很差？但每投一个岗位，就改一次简历，时间成本太高，有没有什么好方法？今天我们就聊一聊什么时候建议你准备不同版本的简历。一般分两种情况讨论。

第一，当你有且只有一个明确的目标岗位时。

无论你想尝试新媒体运营，还是财务岗位，如果你有一个清晰的目标，而且认定就是它了，我建议你在招聘网站上找一个最心仪的岗位，然后以此岗位为目标制作一份简历，并用它投递其他类似的岗位。你可能会说不同公司财务岗的要求还是会有差别。如果有些岗位你特别喜欢，也不介意多花时间精修简历，可以单独做调整。其他岗位如果没那么喜欢，也没那么讨厌，用同一份简历投就可以了。

第二，当你有两个及以上不同类型的目标岗位时。

还有一种情况，你的工作和实习经验比较丰富，做过不同的岗位，将来可能考虑做不同的岗位，比如战略、财务和项目管理。这种情况下，建议你根据岗位类型，写几版不同的简历。理由是不同类型的岗位要求其差异还是挺大的。比如，你拿财务简历去投 a 公司的岗位和 b 公司的岗位，可能都有机会。但如果你拿财务简历去投战略岗位，机会可能就不太大，毕竟工作内容相差还是挺多的。

案例2

面试通过秘诀：准备不同版本的简历

针对处于职场不同阶段的求职者，在简历的准备方面有着不同的策略，对于我们所要应聘的岗位，并不都是"一份简历闯天下"，可以针对自己所处的职业生涯阶段来准备简历。

第一，职场小白阶段。

应届生或者初入职场的小白，并没有太多的职业经历素材来支撑你的简历，这时候建议制作一份简历即可，重点是把自己的实习、实践乃至初期的工作收获说清楚，并且针对目标行业或者职位有所对照。

第二，职场工作了 3 至 5 年阶段。

这时候你已经积累了一些工作经验和掌握了一些与工作相关的专业技能，在此阶段可以准备两种简历：一种是万能型的，即通用的简历；另一种是特别修改的，主要针对自己心仪的公司，仔细研究其招聘广告，分析其工作职责和用人要求，了解公司文化等其他内容，然后有针对性地修改简历。这样做可以让用人单位一目了然，觉得你符合他们的要求，匹配度越高，被邀约的概率就越大。

第三，职场工作了 5 年以上阶段。

随着职位的提升、工作内容的丰富、工作经验的累积等，适合你的职位类型会越来越多，此时找工作的最佳渠道是通过猎头或 HR 搜索后台简历库将你的简历精准投递。因此你需要一份通用简历，即此简历的内容基本覆盖你所做过的工作，以供猎头、HR 去进行关键字检索。

一旦猎头和你有了沟通，此刻就需要一份更新的简历。或者你主动投递了职位，那么简历就该有的放矢，把与职位有关的内容放大并尽可能详细化，而其他的无关部分则一笔带过。这样根据你工作中能主导的不同方向、职能等就很可能需要两种甚至更多种简历。

无论处于职场生涯的哪个阶段，都需要花费时间与精力去制作、修改简历，这种时间的投入可能不是连续性的，却是高频度的。当我们在抱怨 HR 不看自己的简历时，是否应该反思一下自己对于简历修改与制作的投入呢？你对简历的用心程度，从侧面就反映出你的求职态度，相信 HR 能透过简历看出你的诚意。

(3) 简历写作的注意事项如下：

① 真实。不要虚构日期或职务名称来掩饰曾经失去工作、频繁更换工作，或曾经从事过较低职务的事实。

② 陈述才能。如果缺少求职工作所需的工作经验，不要在简历中使用时间表达，可以通过功能表达或技术表达，优先陈述相关的工作经验和技术。

③ 简历修饰。不要因为省钱而去使用低廉质粗的纸张。检查一下是否有排版、语法错误，甚至水渍、咖啡渍。在使用文字处理软件时，使用拼写检查项并请朋友来检查可能忽略的错误。

④ 字体大小。如果需要用两页纸来完成简历，要清楚、完整地把自己的经历和所取得的成绩表现出来。不要压缩版面，尤其不要把字体缩小到别人难以阅读的程度。

⑤ 不注明应聘岗位。有的简历不注明应聘岗位名称，对于每天接收成百上千份简历的招聘人员，可能这样的简历一下就被淘汰了。

⑥ 简历与招聘要求不符。有的简历呈现出来的工作经验与应聘岗位差异太大，也是瞬间被淘汰的对象。

⑦ 简历内容简单。有的简历只是程序化地列出接受教育、参加工作的时间段，对涉及的实质内容则轻描淡写，让人无法了解其干过哪些工作，具备什么样的知识、经验、技能，

这样的简历呈现出来的信息很有限，不会引起招聘人员的注意。

⑧ 简历出现错误或时间顺序混乱。简历好比求职者的"脸面"，如果出现错字、时间顺序混乱或内容错误等情况，会让人觉得连自己"脸面"都收拾不好的人，工作也好不到哪里。

⑨ 简历呈现出频繁跳槽的经历。用人单位普遍不喜欢频繁跳槽者，往往会因其频繁更换工作而将其拒之门外，除非自己所拥有的技能其市场替代性很小。

(4) 个人简历模板(如表 4-1 所示)。

表 4-1　个人简历模板

姓　名		性　别		出生年月			(照片)
民　族		政治面貌		身　高			
学　历		专　业		毕业学校			
求职意向							
特长与爱好							
外语等级			计算机等级				
教育背景							
工作经历							
所获奖励							
论文与科研							
联　系　方　式							
通信地址				联系电话			
E-mail				邮　编			

二、面试礼仪

通过求职前的准备与简历投递后，毕业生或者求职者便会迎来面试的机会。在面试过程中需要注意一些重要事项和礼仪。以下从面试的整个过程出发，通过面试前、面试中、面试后三个阶段来分别说明。

(一) 面试前

面试前的注意事项如下：

(1) 要注意自己的专业形象。求职者不论去什么公司或者单位参加面试，一般都应该正装出现在面试场地。求职者应该至少备上一套职业套装。男士着西装套装，如果没有西装套装，可以穿白色的长袖衬衫以及西裤和皮鞋；女士可以穿着职业套装、套裙或西裤。男士仪容应整洁干净，女士着淡妆。对于此部分形象礼仪，本书专题二"形象礼仪"中的第二节"仪表礼仪"已有详细说明，在此不做赘述。得体的服饰和仪表都是为了体现出求职者的大方、专业和优雅。

(2) 要提前到达面试场地。一旦和用人单位约好面试时间后，一定要提前 5 至 10 分钟到达面试地点，以表示求职者的诚意，给对方以信任感，同时也要调整自己的心态，以免仓促上阵，手忙脚乱。

(3) 候场时的注意事项。一般面试当天会有许多应聘者，当求职者在外等候时，千万不要因为太过好奇或兴奋而走来走去、东张西望，这样会显得不稳重；也不要在外面与人高谈阔论或是大声打电话，这样会影响他人准备和思考问题，也会分散屋内应试者的注意力。求职者应该按照顺序安静地坐在椅子上，平复激动或焦虑的心情，以便到时能够以良好的心态来应对面试。

(二) 面试中

面试中的注意事项如下：

(1) 轻轻敲门，礼貌问好。当轮到自己面试时，无论屋门是否关闭，都要用食指和中指的第二指节轻轻叩击门板，得到允许后方可走进室内；不要忘了回身将门关上，动作要轻，切忌"砰"地用力把门扣上。

进入房间后，求职者要注意保持微笑并礼貌问好，如"各位面试官好""你们好"等，不要呆呆地站在那里，毫无反应；面部表情要自然，不要过于严肃或过于畏缩；目光要自然，不要左顾右盼、眼神闪烁，也不要直勾勾地盯着面试官看；如果有多位面试官同时在场，面试者的眼神应照顾所有的人，不时地扫视全场，表示尊重。

(2) 言行举止大方、得体。在面试过程中，一定要注意自己的仪态形象，可能不经意的一个动作就会失去一个极好的就业机会，不妨让自己态度端正些，说话谦和、大方，尊重用人单位的面试官。

如果面试官没有要求坐下，求职者可继续保持挺拔、标准的站姿；面试官请自己坐下时，要说声"谢谢"，然后大方地落座；入座后，挺直腰板坐在椅子上，尽量与面试官保持面对面、视线相接的姿势，不要显得坐立不安，不要拉扯头发、摆动双腿或者随意做出任何有损形象的举止。

(3) 自我介绍。求职者要有重点地进行自我介绍，巧妙地在自己的特色与所应征的工作之间找到着力点、相关性，并将其突显出来。例如，讲一个自己的故事，让对方了解你的性格、脾性，最后再说出故事的主人公就是你自己，自然会给人留下不一样的印象。

另外，求职者自我介绍时要注意把握时间，尽量用简明的语言来描述自己，切忌长篇大论，说话的语调也不可太单一。例如，自我介绍时都用平缓的语气，这样不能突出重点；在遇到要重点说明的内容时稍加重音强调，这样更容易让人了解你要说的重点。

(4) 全神贯注，语言得体。求职者在面试时要全神贯注，不要走神，认真听面试官的每一个问题，同时与面试官进行一定的互动。例如，适当地点点头，表示自己在听并且已经听懂了。作答时不要耍花枪，不要故弄玄虚，不然会让面试官产生滑头、不诚实之感。如果遇到不会的问题，不要慌乱、着急，可以找一些相关的话题作为切入点，慢慢展开与切入。

一般在应聘时，求职者应用普通话对答，发音清晰，咬字准确；语调得体、自然，可适度压低音调；音量应适中，以保证听者能听清为宜，音量过小会显得缺乏自信，过大则会影响他人，显得缺乏教养；语速应适宜，要根据谈话内容调节速度与节奏，适宜地减缓说话节奏更容易使人接受；说话时态度应诚恳、谦逊，不要咄咄逼人，切忌任意打断面试官的谈话，喧宾夺主、随意插话，这是极不礼貌的行为。

(三) 面试后

面试结束后，求职者要礼貌起身，向面试官表示谢意；起立的动作最重要的是稳重、安静、自然，尽量不要发出任何声音，不要随意移动座椅；起立离座时可由左边退出；最后再次正式地对面试官说声"谢谢"，并说"再见"，轻轻带上门；出场时，别忘了向接待人员道谢、告辞。

知识拓展

行 为 面 试

行为面试法是现在用人单位常用的一种面试方法，它贯穿于面试的整个过程。行为面试法主要通过要求面试对象描述其过去某个工作或者生活经历的具体情况来了解面试对象各方面的素质特征。行为面试基于以下理论：如果知道了一个人最近在某项情况下的表现，那么再发生这种情况时这个人还会有相同的行为表现。其基本假设是：由一个人过去的行为可以预测这个人将来的行为。

行为面试法主要通过一系列问题，如："这件事情发生在什么时候？""您当时是怎样思考的？""为此您采取了什么措施来解决这个问题？"等，收集求职者在代表性事件中的具体行为和心理活动的详细信息。该法基于应聘者对以往工作事件的描述及面试人的提问和追问，运用素质模型来评价应聘人员在以往工作中表现出的素质，并以此推测其在今后工作中的行为表现。通过对所收集信息的对比分析可以发现，杰出者普遍具备而胜任者普遍缺乏的个人素质(即资质)就是我们经常说的冰山模型中水面以下的那部分素质。行为面试法可以较全面、深入地了解应聘者，从而获得一般面试方式难以达到的效果。因而这种方式也越来越多地被商学院面试人员所应用。统计表明，行为面试法比传统的面试方法，在衡量应聘者的经验和能力方面更准确，基于行为面试法做出的招人决定其准确率高达80%，远远高出传统的面试方法。

一、行为面试回答体系：STAR 体系

STAR 体系如下：

(1) S——Situation(场景)。

(2) T——Task(任务)。

(3) A——Action(行动)。

(4) R——Result(结果)。

二、行为面试回答方法

讲故事法，即对每一个问题，要讲一个小故事，当然是自己经历的真实的故事，包括：

(1) S——发生的时间、地点、项目和涉及的人员。

(2) T——要完成的任务或遇到的问题。

(3) A——自己采取了哪些步骤或行动。

(4) R——得出了什么样的结果，取得了什么成就。

所有这四大方面内容缺一不可，必须完整。

为什么说 STAR 是对付行为面试法的利器呢？第一个原因是行为面试法中所有的问题都是针对 STAR 来设计的；第二个原因是面试者在面试时着重记录的也是这四个方面；在决定是否录用应聘者时重点讨论的还是这四个方面。

三、行为面试题库集锦

1. 关于面试新毕业学生的问题

当面试刚刚走出校门的毕业生时(就是那些几乎没有工作经验的应聘者)，用人单位希望录用那些要么学习很快，要么有领导(管理)潜力的毕业生。他们希望对方有决定能力、毅力(时间加努力等于成功)或是能够看清人的能力。下面的问题就是为上述目的服务的。

❖ 你为什么想读大学？

❖ 你为什么选择××大学(学院)读书？

❖ 大学时，你为什么选择××专业？

❖ 如果你在大学(学院)做过兼职工作的话，你对哪种兼职工作最有兴趣？为什么？

❖ 你最喜欢的课程是什么？为什么？你最不喜欢的课程是什么？

❖ 你认为你所受的教育对你生活的最大意义是什么？

❖ 你认为学校的分数重要吗？学校的评分制度有什么意义？它能体现出什么？

❖ 你哪门课程学得最好？为什么？

❖ 哪些课程学得没有你想象的那样好？为什么？你是怎样来加强那几门课程的学习的？

❖ 在你的专业课程中，哪些课程最让你感兴趣？

❖ 你在大学时遇到的最有挑战性的事情是什么？为什么你认为那件事对你最具有挑战性？

❖ 介绍一下你的课外活动。你为什么愿意从事那些课外活动？通过那些课外活动，你都学了些什么？

2. 关于考核应聘者目标的问题

很多应聘者把他们的能力、价值观和技术等说得绘声绘色。你可能禁不住会想："如果他们这样优秀的话，为什么老板却看不见呢？"应聘者还向你保证，不是因为工作表现差或公司经营困难老板强迫他们离职的，而是应聘者本人决定离开公司的。隐含的意思是，他们目前的工作已经无法满足他们的个人需求和职业目标了。为了评估该应聘者对公司工作的完成情况，用人单位必须搞明白应聘者的目标究竟是什么，然后再看看公司的职位是否能满足他们的目标的实现。下面的问题就是评估应聘者这方面的情况的。

✧ 你为什么对我们的工作职位感兴趣？

✧ 哪些原因导致你考虑离开你目前的公司？

✧ 你想在我们公司找到哪些在你原来公司找不到的东西？

✧ 请你说说，对你来说什么样的工作氛围才是非常适宜的？

✧ 请你说说，你为什么认为经常跳槽代表着你的工作能力强？

✧ 在什么情况下你才不会离开你现在的工作岗位？

✧ 在未来的工作中，你想避免些什么？为什么？

✧ 讲述一些对你的发展贡献最大的事件或事情。请说说你从那些事件或事情中学到了什么，并且是怎样把所学的知识应用到后来的实际工作中的。

✧ 从你的前任工作中，你所学到的最有意义的两到三件事是什么？

✧ 对你的前任工作来说，你最喜欢和最不喜欢的地方是什么？

3. 关于影响他人能力的问题

如果你是某事的负责人，你很容易让他人听你的；但是，当你不是负责人时，让别人听自己的话是非常难的事。想要培养自己影响他人的能力，得通过与他人的共同的理想和目标来建立个人关系。那些拥有影响力并能感召他人的应聘者通常能够使同事和客户支持自己的观点和目标。下面的一些问题能够考核出应聘者在这方面的能力。

✧ 请你举一例说明你曾经使某人做他并不喜欢做的事情。

✧ 请描述一下这样一个经历：你使别人参与、支持你的工作，并最终达到了预期目的。

✧ 假设你发现你的一位工友做了不道德的事情，你会采取什么样的方法来使这位工友改正他的不道德行为？

✧ 假如管理层要对工作程序进行调整，这会对你的工作造成危害。你会采取什么办法来说服管理层不要这样做？

✧ 请说说你的这样一个经历：你的老板总是在最后一刻才给你布置工作任务。你采取什么办法来改变老板的这种工作方式？

✧ 你是怎样使某位雇员承担更多的责任，或者承担他本人认为很难的工作的？

✧ 你是否遇见过这样的情形：部门的某位员工不愿意干自己的工作。你采取什么措施来改变这种情况？

✧ 你是否想出过某种能够解决你所在部门问题的主意？你是怎样把你的想法推销给你的老板的？

✧ 讲述这样一个经历：你向员工提出了一个很不受欢迎的想法，你采用什么办法来减少员工对这一想法的反感?

　　❖ 描述一下这样一个经历:你手下有一位表现平平的员工,你采用什么办法来提高他的工作效率?

　　4. 关于团队意识的问题

　　团队工作需要很强的人际交往能力和交际常识。很多在团队工作的人这两种素质哪一种都不具备。因而,他们惹了很多麻烦,并影响了团队的生产力。有团队工作经验并不一定表明他就一定是个很好的团队者。用人单位希望找到这样的人:既能带动他人完成共同的工作目标,又能团结合作并对公司有着很高的热情。下面这些问题可以考核应聘者的这些素质。

　　❖ 你认为一个好的团队管理者的最主要特点是什么? 为什么?

　　❖ 请你讲出你在团队工作背景下遇到的最具有创造性和挑战性的事情。你是用什么方法来鼓励他人和你自己来完成这件事的?

　　❖ 管理人员能否不做任何说明就让员工去干某项工作? 为什么?

　　❖ 你对团队工作最喜欢和最不喜欢的地方分别是什么? 为什么?

　　❖ 你在什么情况下工作最有效率?

　　❖ 你认为怎样才算一个好的团队者?

　　❖ 你认为做一个好的员工和当一位好的团队者有什么区别?

　　❖ 请说出你作为团队者所遇到的最困难的事情。你是怎样解决这个困难的? 你在解决这个困难中起了什么作用?

　　5. 关于沟通能力的问题

　　不论什么工作,沟通都是很重要的一部分。其实,工作责任越大,对这个职位的员工的沟通能力的要求就越高。面试是考核人的沟通能力的很好的办法。面试中,用人单位有机会了解应聘者表达的思想是否具有说服力,概念描述得是否清楚,思路是否有条理,用词是否准确,是否能吸引听者的注意力以及应聘者是否能保持与对方的视线接触,等等。用人单位需要一位清楚准确并能和公司各个层次的人沟通的人。下面一些问题主要用来测试应聘者的沟通技能。

　　❖ 请讲一个这样的情形:某人说话不清,但是你还必须听他的话,你怎样回答他的问题才好?

　　❖ 一个好的沟通者应该具备哪些条件?

　　❖ 别人是怎样看你的?

　　❖ 请你讲一下和一个有非常糟糕习惯的人在一起工作的经历。你是怎样使对方改变他的不良行为的?

　　❖ 若让你在公司董事会上发言,你该怎样准备发言稿?

　　❖ 我想知道你曾经遇到的最有挑战性的沟通方面的问题。你为什么认为那次经历对你最富有挑战性? 你是怎样应对的?

　　❖ 你认为最困难的沟通问题是什么? 为什么?

　　❖ 你认为良好沟通的关键是什么?

　　❖ 假如你的两个同事的冲突已经影响到整个团队,让你去调节冲突,并使冲突双方能够自己解决问题，你会怎样做？

6. 关于适应能力的问题

每个公司都在不断变化发展，用人单位当然希望自己的员工也是这样的。用人单位希望得到那些希望并欢迎变化的人，因为这些人明白，为了公司的发展，变化是公司日常生活中的重要组成部分。这样的员工往往很容易适应公司的变化，并会对变化做出积极的响应。此外，他们遇到矛盾和问题时，也能泰然处之。下面的问题能够考核应聘者这方面的能力。

❖ 据说有人能从容避免正面冲突。请讲一下你在这方面的经验和技巧。

❖ 有些时候，我们得和我们不喜欢的人在一起共事。说说你曾经克服了性格方面的冲突而取得预期工作效果的经历。

❖ 请讲一下你曾经表现出的灵活性的经历。

❖ 当某件事老是没有结果时，你该怎样做？

❖ 讲一个这样的经历：你的老板给你分配了一件与你工作毫不相干的任务，要完成这一任务，你的本职工作就无法完成了，你是怎样做的？

❖ 假如让你干一项工作，这个工作估计一周就能够完成。干了几天后，你发现，即使干上三周也没法完成这个任务。你该怎样处理这种情形？为什么？

❖ 讲一个这样的经历：本来是你自己的工作，但别人却给你提供了很多帮助。

❖ 你觉得你对公司的其他部门的人还有什么责任吗？若有，该怎样履行这些责任？

❖ 请讲述一个你本来不喜欢但公司却强加给你的一些改变。

❖ 请讲述这样一个经历：为了完成某项工作，你有很多需要学的东西，但是时间又特别紧。你用什么方法来学会这些东西并按时完成了这项工作？

7. 关于信心的问题

信心是应聘者在面试者面前是否具有吸引力的一个非常重要的因素。有信心的人往往在办事、说话和判断中以及在对自己的能力方面表现出强烈的信心。有信心的人善于对他们自己的决定和行为的后果承担责任。此外，他们往往把冲突视为发展的机会。下面的问题可以看出应聘者在这方面的情况。

❖ 请讲一下去年你承担的最具有挑战性的任务之一。你为什么认为那件事很具有挑战性？

❖ 解决冲突的能力会使你在管理中做得更好，在这方面，你有什么经验？

❖ 若你和你的老板在某件事上有很大的冲突，你该如何弥补你们之间的分歧？请举实例说明。

❖ 请说出你和你的老板在工作重点上发生冲突的一次经历，你是怎样解决你们之间的冲突的？

❖ 请讲这样一个故事：你做出了一个决定，但事情的发展事与愿违。你怎样改善这种局面？

❖ 工作中什么环境和事情对你的影响最大？

❖ 在过去的三年里，你对自己有怎样的认识？

❖ 你是怎样获得新观点和新主张的？

◇ 未来十年里，这个行业面临的最主要的问题是什么？你自己准备如何应对未来的变化？

◇ 过去六个月中，你有多少次是跨越了自己专业、权力和责任来做你的额外工作的？为什么？你是怎样完成这些工作的？

8. 关于灵活多变性的问题

灵活多变的应聘者有高超的交际沟通能力，他们在维持个人和公司利益的同时，知道如何随时调整他们的办事方式和方法。这样的应聘者知道，人和人之间是有很大区别的，为了把工作做好，管理者得使用不同的办法来使得下属们相互配合协作。善于变通的人也很会管理时间，并能够平衡不同的工作重点。下面一些问题能够看出应聘者在这方面的能力。

◇ 讲讲你曾经改变工作方法来应付复杂工作情况的经历。

◇ 讲讲这样一个工作经历：你的老板让你承担非你本职工作的任务，而接下任务的话，你就无法按时完成自己的本职工作。这种情况下，你是怎样办的？

◇ 你认为什么样的人最难在工作中一起共事？在这种情况下，你用什么方法和这样的人成功共事？

◇ 讲讲你曾经遇到的同时接受很多工作任务的经历。你是怎样设法完成这些工作的？

◇ 请描述一下你是怎样计划一个特别忙碌的一天的？

◇ 你是怎样计划每天(每周)的活动的？

◇ 若有很多工作要做，每个工作的完成期限都非常短，你该用什么方法在有限的时间内来完成这些工作？

◇ 你怎样判断哪些工作是重点，哪些不是重点？

◇ 讲一个这样的经历：在短期危机和长远任务相矛盾的情况下，你是怎样决定哪些是工作重点，哪些是次重点的？

◇ 干扰是工作中常见的事。过去你是用什么方法来减少工作中的干扰的？

◇ 在你的前任工作中，哪些本来不属于你的正常工作，而你却承担了？你为什么要干那些非本职工作呢？

9. 关于决策能力的问题

简言之，做决定就是从某一问题众多的答案中选择一个。决定能力是衡量应聘者综合能力的非常重要的指标之一。当今，如果不知道某位应聘者是否具有材料收集、数据分析和系统推理能力，用人单位是不能聘用这个人的。有经验的应聘者知道，决定是不能在真空中做出的，必须考虑到某个决定对公司其他方面的影响。下面的问题可以考察应聘者在这方面的能力。

◇ 你觉得你在解决问题时凭逻辑推理还是仅凭感觉？请根据你以前的工作经历来谈谈你的体会。

◇ 举一个过去的例子，说明在做出决定时必须进行认真分析、周密考虑。请说说你做决定的过程。

◇ 如果我们让你干这个职位，你怎样决定是否接受这个工作呢？

◇ 你为什么干这一行，而不干其他行当呢？

◇ 你一生中做出的最有意义的决定是什么？那个决定为什么有意义？那个决定是怎样做出来的？

◇ 当你决定是否试做全新的事情时，你对成功的把握性有多大？

◇ 在你的前任工作中，你根据什么标准决定是否做些不属于你工作任务的任务项目？

◇ 你为什么在事业的这个阶段决定寻找新的机会？

◇ 假设你想要给自己找一位助手，有两位候选人，你怎样决定聘用哪一个呢？

◇ 假如另一部门的某位员工经常来打扰你部门员工的工作，你有哪些办法可以解决这个问题？你会选择哪个办法？为什么？

10. 关于交际能力的问题

应聘者的交际能力对其工作的最终成功起着举足轻重的作用。据统计，员工被解雇的最主要的原因是和同事处不好关系。若让应聘者回答他们能否和同事处好关系的话，他们绝大多数都会说，他们具有很好的人际交往能力。但是，还是有必要看看应聘者这两方面的情况：第一，他们对他人的基本观点和看法；第二，容忍他人的一些行为以及建立并维持富有成效的工作关系的能力。下面的问题就是测试应聘者这方面能力的。

◇ 在和一个令你讨厌的人一起工作时，你是怎样处理和他在工作中的冲突的？

◇ 说一个这样的经历：你不得不改变一个公司中比你职位高的人，公司人都知道，这个人思维和工作都很死板。

◇ 你喜欢和什么样的人一起工作？为什么？

◇ 在你以前的工作中，你发现和什么样的人最难处？为了和这种人共事，并使工作效率提高，你是怎样做的？

◇ 你以前的经理做的哪些事情最令你讨厌？

◇ 想想你共事过的老板，他们工作中各自的缺点是什么？

◇ 你认为这些年来同事对你怎么样？

◇ 讲一些你和你的老板有分歧的事例，你是怎样处理这些分歧的？

◇ 和团队中他人紧密合作有时特别难。作为团队一员，请你说说你遇到的最具有挑战性的事情是什么。

◇ 若你的经理让你告诉你的某位同事"表现不好就走人"，你该怎样处理这件事？

11. 关于学习能力的问题

当今是知识日新月异的时代，一个人已经掌握的技能可能很快就过时了。工作优秀的应聘者都是那些不断更新自己知识和技能的人。自我发展是每个人自己的事，而不是老板要求去做的事。那些主动自我学习的人，是那些想不断提高自己的人。面试中，要听听应聘者在工作中出现了业务或判断方面的失误时，是否会从经验和教训中学到什么。那些出错后一味责怪公司和他人的人不会从经验和教训中学到什么。下面一些问题是用来考察应聘者是否具备这方面素质的。

◇ 请讲讲你从某个项目或任务中学到了什么。

◇ 为了提升你的工作效率，近来你都做了些什么？

◇ 讲一个这样的经历：发生一件对你来说很糟糕的事情，但后来证明，你从这个糟糕的事件中学到了很多。

◇ 在过去的 12 个月里，你投入多少钱和时间用于自我发展？你为什么要这样做？

◇ 你是怎样有意识地提高自己的工作技能、知识和能力的？你用什么办法来达到这一目的？

◇ 什么时候或环境导致你决定学习一些全新的东西？

◇ 你用什么方法告诉你(目前的)老板你想接受更多的发展(或挑战)机会？

◇ 你认为这个行业未来十年面临的最主要的问题是什么？你准备怎样应对未来的变化？

◇ 过去三年里，你为自我发展订立了什么样的目标？为什么要订立这样的目标？

◇ 你近来接受的哪些教育经历有助于你干好这个工作？

◇ 为了干这个工作，你都做了哪些准备？

◇ 假如你的老板就你的工作和技能做出一些评价，但这些评价与实际不符，你该怎样办？

12. 关于销售能力的问题

在公司所有工作中，销售人员的工作最复杂。这也许是因为，客户在购买公司的产品前，首先购买的是销售人员的服务；还可能是因为销售方法过去 10 年里从广告到咨询服务都发生了巨大变化；也可能是因为好的销售人员需要掌握很多相反甚至自相矛盾的技能：① 听说能力；② 产品知识和人的品位；③ 销售策略和市场渗入策略；④ 具有说服力，但又不使用花招的沟通能力；⑤ 既有取得较好个人业绩的欲望，又有服务客户的强烈意识；⑥ 富于弹性，又讲原则；⑦ 做事积极主动，又善于和他人合作。下面一些问题可以评估应聘者在这方面的能力。

◇ 请讲讲你遇到的最困难的销售经历，你是怎样劝说客户购买你的产品的？

◇ 人们购买产品的三个主要原因是什么？

◇ 关于我们的产品生产线和我们的客户群体，你了解多少？

◇ 关于销售，你最喜欢和最不喜欢的是什么？为什么？

◇ 若受到奖励，你有什么感想？

◇ 你最典型的一个工作日是怎样安排的？

◇ 为取得成功，一个好的销售人员应该具备哪四方面的素质？你为什么认为这些素质是十分重要的？

◇ 电话推销和面对面的推销有什么区别？为使电话推销成功，需要什么样的特殊技能和技巧？

◇ 在你的上一份工作中，你是用什么方法来发展并维持业已存在的客户的？

◇ 若你给新员工上一堂销售课程，你在课堂上要讲些什么？为什么？

◇ 请讲一下你在上一份工作中所使用的最典型的销售方法和技巧。

◇ 讲一个这样的经历：给你定的销售任务很大，完成任务的时间又很短，你是用什么办法来确保达到销售任务目标的？

◇ 你是否有超额完成销售目标的时候？你是怎样取得这样的业绩的？

◇ 一般而言，从和客户接触到最终销售的完成需要多长时间？这个时间周期怎样才能缩短？

◇ 你怎样才能把一个偶然购买你产品的人变成经常购买的人？

◇ 当你接管了一个新的行销区或一个新的客户群时，怎样才能使这些人成为你的固定客户？

◇ 在打推销电话时，提前要做哪些准备？

◇ 你怎样处理与销售活动无关的书面工作？

◇ 请向他人推销一下这支铅笔。

◇ 你认为推销电话最重要的特点是什么？为什么？

◇ 与业已存在的老客户打交道以及和新客户打交道，你更喜欢哪种？为什么？

◇ 如果某位客户一直在购买和你的产品相似，但价格却比你的产品低很多的产品，你该怎样说服这个客户购买你的产品？

◇ 具备什么样的素质和技能才能使你从众多销售人员中脱颖而出？

专题小结

本章主要介绍了校园礼仪、求职准备与面试礼仪。每一位大学毕业生都要经历从校园学习、成长到进入职场，如若在校园里养成了良好的行为习惯、礼仪素养，则能为日后进入职场打下良好的基础。因为细节决定成败，良好的礼仪习惯最后都将成为自己一生良好的礼仪素养。另外，在进入职场以前，如何进行求职准备，如何撰写优秀的简历，怎样在自己良好专业知识和背景的基础上，通过良好的面试礼仪获得考官的青睐，为日后求职增添有力的砝码也是本章介绍的重点。

思考题

1. 面试礼仪有哪些注意事项？
2. 如何回答面试问题"请谈谈你的缺点"？
3. 面试时如何商谈工资待遇事项？

专题五 办公礼仪

~※~~※~~※~~※~~※~~※~~※~~※~~※~~※~~※~~※~~※~~

教养体现于细节，细节展示素质，素质决定成败。

——金正昆

礼仪能够带来良好的人际关系，而良好的人际关系又是提高生产力的要求。

——(新加坡)李光耀

学习目标

- 了解办公室礼仪规范。
- 明确办公电话礼仪、会晤礼仪以及会议的标准化、正规化。

技能目标

- 掌握电话礼仪的程序和规范，提高办公效率。
- 掌握会晤礼仪及会议礼仪的各种座次排列原则和方法，并将其运用到实际工作中。

案例导入

职场新人的职场故事

一位职称新人(简称 A)进公司后，很快就成了同事们的"烦客"。她只要对哪位上司有意见，很快就会有不少这位上司的小道消息、绯闻和大家"分享"；看不惯哪个同事，就会跟办公室所有同事逐个"我只跟你讲"。而她一旦在某个方面获得不错的业绩，就马上对业绩差的同事逐一表达"关心"，指出不足……很快她就变成了人见人烦、花见花谢的人。

【分析】 A 之所以成为"烦客"，是因为她不懂得办公室的礼仪及谈吐原则，犯了职场禁忌，不受欢迎是当然的事情。

职场是职员工作的地方，通常情况下在职场工作，每一位职员所做的最多的事情就是在写字间、办公室里处理各式各样的公事，即办理公务，或称为办公。总体而言，办公不仅是职员的日常基本工作形式，而且也是其上班供职的常规形式。

办公礼仪，或称为办公室礼仪，是指职员在其工作岗位上，特别是在其写字间内处理公务时应该遵守的常规礼仪规范。在商务职场交往中，若是与一家单位进行接触，尤其是初次与之打交道时，通常都会对其单位及职员的办公礼仪是否规范给予高度关注。

办公礼仪的主旨，就是要求每一名职员在其具体的工作岗位上行事有法、办公有道、待人有方，并且能使职员恪尽职守、勤于公务，努力地提高自己的办事效率。综合来讲，办公礼仪要求严于律己、善待他人、尽职尽责。办公礼仪一般具有以下三个基本特征：

(1) 规范性。办公礼仪，实际上是职员在其工作中用以约束自己的标准化做法。其中最为强调的就是各种各样的"规矩"。是否讲"规矩"，关系到职员个人素质的高低，而且也是衡量所在单位办公是否规范的重要标准。

(2) 细节性。办公礼仪非常强调对职员日常工作中每一个环节的具体细微之处的规范，它注重的是"教养体现于细节，细节展示素质，素质决定成败"。

(3) 对象性。一方面，办公礼仪只被用来严于律己，不宜以之苛求他人；另一方面，办公礼仪在具体运用时则要求因人而异，不可以照搬教科书、死板、教条，不能对所有人都按同一个标准无条件生搬硬套。

第一节　行 政 礼 仪

行政是指一定的社会组织，在其活动过程中所进行的各种组织、控制、协调、监督等特定手段发生作用的活动的总称。

管理是伴随人类社会产生而出现的一种活动。国家产生以后，国家政务逐渐从混沌的社会事务中分离出来，并逐渐出现了以国家政务管理为主要职责的专门机构和集团。但在国家的政务管理以外，还有多种多样的管理领域以及由此形成的各种不同的管理主体和管理行为。

行政与管理有着密切的关系，任何一个单位的管理都是极其重要的。作为专司内部管理工作之职的行政部门，除了做好本单位的内部行政管理实务，还有一项主要任务，便是协调、处理好本单位内部的人际关系，以便使本单位全体职员上下一心，团结友善。

行政礼仪是指各单位的职员在其内部管理中应该遵循的最基本的礼仪规范。在运用行政礼仪时，要注意：第一，就使用对象而言，它仅仅适用于本单位内部；第二，就使用地点而言，它仅仅适用于写字间、办公室等特定办公地点；第三，就使用时间而言，它仅仅适用于正常的上班时间。超越上述特定的范围之外，行政礼仪通常就会失效。一般而言，行政礼仪具体规范单位内部的人际关系；从自身的行为及与他人的关系而言，行政礼仪的基本宗旨为：自我约束、善待他人。

一、自我约束

每一位职员，不论其职位高低，在处理本单位的内部关系时，首先要学会自我约束。自我约束力是指自制力、自控力、自律力。自我约束力是传统文化的思想精髓。强调自我约束，立德修身，历来是古代先贤所推崇的高尚品质，主要是教育人们自觉进行自我修养、自我约束、自我监督、自我教育、自我完善，达到至善、至仁、至诚、至道、至德、至贤。

在办公礼仪中，自我约束主要是要求职员在待人接物方面一定要严于律己，同时在处理本单位内部人际关系时，必须要有意识地对自己有所要求。因此，按照常规的礼仪规范，每一位职员在自我约束方面，应当关注爱岗敬业、保持自尊、训练有素三大点，如表 5-1 所示。

表 5-1　自我约束细则

爱岗敬业细则	保持自尊细则	训练有素细则
调整心态	精通业务	珍惜形象
全心投入	遵纪守法	公私分明
努力进取	守口如瓶	安排有方
坚韧不拔	学识渊博	争分夺秒
取长补短	注重效率	维护环境
以苦为乐	恪守承诺	专业表现

二、善待他人

在单位的内部从事一项具体的工作或者事务时，通常都会涉及具体而又复杂的人际关系。因此，协调、处理人际关系的能力，是一名职员应该具备的基本工作能力之一。在现实的人际交往中，一个人的人际关系如何，可以反映出他的性格特点、做事风格，同时也可以影响甚至决定其事业的成功发展与否。因此，在商务、公务等职场交往中，要求每一位职员在协调与处理人际关系时要始终不渝地善待他人。善待他人一般涉及接受他人、欣赏他人、尊重他人、理解他人、友待他人。下面就以在单位或公司的内部管理中，职员个人与他人的关系来分析如何在实际工作中做到善待他人，如表 5-2 所示。

表 5-2　善待他人具体规范

与同事的关系	与上司的关系	与下属的关系	与异性的关系
平等相待	敬重上司	量才录用	男女平等
团结友善	维护威信	礼贤下士	相互配合
真诚待人	服从领导	充分信任	把握尺度
互相支持	明确权限	保护体谅	彼此宽容
距离适度	全力以赴	热情相助	礼貌相待

第二节　电 话 礼 仪

随着科学技术的发展和人们生活水平的提高，电话的普及率越来越高，人们每天要接打大量的电话。在日常生活中，人们通过电话也能粗略判断对方的人品、性格。在工作中，电话是被现代人公认为便利的通信工具，职员既要传递信息，维护本单位的利益，同时，还应当恰到好处地运用自己的聪明才智，表现出自己的职业素养。使用电话的语言很关键，它直接影响着一个公司和单位的声誉，因而掌握正确的、礼貌待人的打电话方法是非常必要的。

就礼仪规范而言，"电话形象三要素"主要是指通话的内容、通话的态度与通话表现形式。在电话礼仪中，电话形象三要素是要考虑的最基本的要求，即在每次通话时都要将这三要素考虑在内，以便更好地使用电话，规范电话礼仪。职场中的电话来往与交流，拨打与接听电话的礼仪有一定的具体规范。

一、拨打电话

拨打电话，一般是打电话者处于主动的一方，即由自己首先把电话打给别人的行为，又称为"发话人或主叫"。作为主叫的一方，在拨打电话时，需要注意以下六个事项。

(一) 慎选时间

一般情况下，倘若没有紧急、重要的事情必须立刻通报，那么打电话的具体时间可以有如下考虑。

(1) 适合打电话的时间通常可以选择一周或一天之中人的精力充沛以及工作效率较高的时间。

(2) 通常情况下，打电话的时间一般要避开以下几个情形：

① 节假日。

② 对方的休息时间和就餐时间。

③ 对方精力松懈的时间，如周一上午、周五下午、每天上班后的半个小时及下班前的最后几分钟。

(二) 准备就绪

在职场中，拨打电话要给人干脆利索、干练简洁之感，因此，打电话之前一定要做好准备，尤其是重要的商务或公务电话，不能说话含糊、反复啰唆、没有重点、缺乏逻辑。一般而言，打电话之前，最好在专用记录本或者便签上列好提纲，可以运用新闻写作中的金字塔式结构列提纲。金字塔式结构是新闻写作中特别是消息写作的一种方式，它是按照时间顺序来安排事实，先发生的放在前面，后发生的放在后面。因此，在拨打电话时可以按照自己要说明的事项列好如时间、地点、事件(重点、要点、疑点、难点)等，以便通话时可以条理清晰、准确完整。

(三) 自我介绍

打电话时首先要问候对方，随后要自报家门，即进行自我介绍。一般情况下用"你好、您好"作为通话的开始，再进行自我介绍。在电话里自我介绍的具体方式有以下几种：

(1) 姓名。

(2) 单位。

(3) 部门。

(4) 单位 + 部门。

(5) 单位 + 姓名。

(6) 部门 + 姓名。

(7) 单位 + 部门 + 姓名。

以上七种方式,可以根据具体情况选择运用,最后一种"单位+部门+姓名"的方式是职场电话中最为正式的一种。

(四) 把握时间

在电话礼仪中,通话要尽量长话短说,要精简通话内容,缩短通话时间。在正常情况下,最好将每一次通话的时间控制在三分钟以内,这被称为"通话三分钟原则"。平时打电话时要自觉遵守这一原则,但如果必须要进行较长时间的通话等特殊情况时,可以向对方说明,并征得对方同意。

(五) 善于观察

在打电话时,要善于观察对方的反应,并予以及时反馈。例如,电话接通后,发现对方的环境很嘈杂或者对方压低声音说话时,说明对方也许在路上或者开会等,这时可以询问一下"现在是否方便接听电话",不方便接听时不妨改日再打。

(六) 善始善终

在需要结束通话时,主叫应当在几个方面表现出自己的礼仪礼貌:一是可以询问一下对方是否还有其他事需要相告;二是要以"再见"等道别语作为通话的结束语;三是当自己挂断电话时,应轻轻放下话筒,切勿突然重摔式挂断电话,令对方误解;四是当发现打错电话时,要向对方表示歉意,不要一言不发,直接挂断。

二、接听电话

接听电话,通常是指通话中打来的电话的行为,是处于"被叫"的一方。接听电话不可太随便,得讲究必要的礼仪和一定的技巧,以免产生误会。根据电话礼仪规范,在接听电话时,接听电话的受话人要对以下几个要点加以重视。

(一) 来电必接、接听及时

在上班时,一般情况下,办公室电话响起时,无论工作再忙再累,都要将电话接起,以表示自己的礼貌和重视。

电话礼仪规范不但要求来电必接,而且要求及时接听。一般来说,在办公室里,电话铃响三遍之前就应接听,六遍后就应道歉"对不起,让您久等了"。如果受话人正在做一件要紧的事情不能及时接听,代接的人应妥为解释。如果既不及时接电话,又不道歉,甚至极不耐烦,是极不礼貌的行为。尽快接听电话会给对方留下好印象,让对方觉得自己被重视。

(二) 专心致志、有所兼顾

在接听任何电话时都要专心致志，不允许在接电话时心不在焉。例如，在接电话时不应与第三者交谈，或者手头仍在进行其他活动，如看报纸、看手机等，这些都是不尊重对方的表现。

当别人打来电话时，受话人可能正在处理其他事情，如接待客户或者接听另一个电话，此刻，能否进行兼顾，是非常考验职员的专业素养的。一般而言，在办公室忙于工作时，通常不能对外面打进来的电话拒绝接听。当遇到这种情况时，应该及时接听新打进来的电话，注意此时不要厚此薄彼，要尽快告知客人或者之前的电话通话方，暂时接听一个电话，然后再告知新进电话通话方自己正在忙于何事，寒暄过后约定自己之后回复电话，然后将其挂断后，再回过头继续处理刚才手头的事项。

(三) 认真确认、核实记录

在接听电话时，需要对对方所说的事项进行规范化的确认，在此之前，要准备好纸笔进行记录以方便确认。确认时要注意：一是礼貌接听并进行自我介绍，自我介绍的方式可以参考打电话时的七种方式；二是要对对方的通话内容，尤其是关键信息和内容进行核实和记录。在记录信息时，可以运用"5W1H"技巧。所谓5W1H，是指：① When(何时)；② Who(何人)；③ Where(何地)；④ What(何事)；⑤ Why(为什么)；⑥ How(怎么做)。在工作中这些资料都是十分重要的，运用5W1H可以将电话记录得既简洁又完备。

(四) 终止有方、及时回复

在终止通话时，具体由哪一方首先挂掉电话，在礼仪上是很讲究的。按照电话礼仪规范，一般遵循"尊者优先、女士优先、主叫优先"的挂电话原则，即一般而言无论是打电话还是接电话，地位较高的上司、领导或者长辈先挂断电话；而当通话双方地位相仿时可以由女士和打电话的主叫先挂电话。

有时，外面打来电话，对方所找的人不在现场，而由别人代接电话或者接听留言之后，被找之人应当尽快回复对方的电话，必要时，还应当具体说明自己当时未能在场的原因。在工作中，办公室职员经常会代接别人的电话，在代接电话时，除了要遵守接听电话的基本礼仪外，还有以下五条规则要予以遵守：

(1) 表明身份。

(2) 主动帮助。

(3) 认真记录。

(4) 及时传达。

(5) 尊重隐私。

(五) 接听电话的标准流程

职场电话礼仪有一套标准的流程，接听电话时流程标准可以彰显自己的专业素养。接听电话的标准流程如表5-3所示。

表 5-3 接听电话的标准流程

流　程	注　意　事　项
(1) 拿起听筒、礼貌接听、自我介绍	(1) 电话铃响三声之内接起； (2) 不要使用"喂"回答； (3) 音量适度、微笑接听。 　　例如，"您好，××公司××部门××。"
(2) 确认对方	例如，"××先生，您好！"
(3) 听清对方来电用意	(1) 必要时进行记录； (2) 谈话不要离题。 　　例如，"好的，清楚，明白"等
(4) 对重要事项进行确认	例如，"请您再重复一遍，您是说……"等
(5) 结束语	例如，"清楚了，请放心，我一定转达，谢谢，再见"等
(6) 轻轻放回电话听筒	遵循"尊者优先、女士优先、主叫优先"的挂电话原则

三、电话语言礼仪

电话沟通中语言礼仪的使用规范如表 5-4 所示。

表 5-4 电话沟通中语言礼仪的使用规范

禁　忌　语　言	礼　貌　语　言
"我不知道。"	"我现在手头上没有资料，我马上帮您查一下好吗？"
"我们不能那样做。"	"那样稍微有些困难，但看看我们能帮您做些什么，我们可能会找出另外一种解决方式。"
"等几秒钟，我马上回来。"	"我大概需要两三分钟的时间，请问您是想在电话上等呢还是稍候我给您拨过去？"
"你非得……"	"您需要""这是我们能帮您解决的办法"或"下次再发生这种情况，您可以……"
"不，……"(当在一个句子开始时使用)	"恐怕我们不能……，但我们可以……"(提供两种办法供其选择)
"那不是我负责的范围。"	"这是我能帮您的……"或"某某可以帮您解决这个问题，我把电话转给她/他好吗？"
"我现在很忙。"	"我马上就回来，您是否介意在电话上等两分钟，还是我过一会儿给您打过去？"
"他现在不在，你过一会儿再打。"	"他现在不在，请问有什么可以帮您的吗？或者我帮您留言。"
"我们讲完了吗？"	"还有其他我可以帮到您的吗？"
"是！"(只有这一个词)	"当然可以，我很乐意"或"当然，我很高兴为您……"

第三节　会晤礼仪

　　会晤，有相见、会面晤谈、领会、解悟的意思。会晤又称礼节性会面，是指在公务、商务、社交来往中宾主双方的正式会面。在商务或公务交往中，宾主双方的正式会面通常备受关注。一般情况下，一次普通性质的商务或公务往来只安排一次会晤，但如果商务或公务往来十分重要，则可安排数次会晤。会晤属于正式的会面，它与普通的会面有许多不同之处。从礼宾接待的角度看，会晤礼仪具体涉及会晤的时间、地点、内容及准备四大方面。

一、会晤的时间

　　一般情况下，会晤的时间可以体现出会晤的重要性。会晤的时间主要涉及会晤的时机与会晤的长度两方面内容。

（一）会晤的时机

　　会晤的时机，即会晤应于何时举行。通常，选择会晤的时机要考虑双方的关系以及会晤安排的实际情况，而且还需要征得来宾的一致同意。会晤的具体时机大体有以下几种。

1．即刻会晤

　　即刻会晤是指来宾抵达后，马上安排宾主双方举行会晤。在一般性的商务及公务接待中，这种方式最为常见。为了表示对远道而来的贵宾高度重视时可以安排即刻会晤。

2．稍后会晤

　　稍后会晤常见于东道主一方与远道而来的客人之间，一般客人抵达后，在东道主安排好的房间下榻、洗漱、更衣、休息后，再安排合适的时间举行会晤。

3．择日会晤

　　有时由于宾主其中一方或者双方都不便等原因，会晤时间需要推迟，这就是择日会晤。

（二）会晤的长度

　　会晤的长度，通常是指某一次会晤自始至终所用的具体的时间长度。常规而言，任何符合礼仪规范的正式会晤，都必须要有意识地控制时间长度，不允许随意耗费时间。正常情况下，一次会晤的具体时间应当被控制在 15 至 30 分钟之内，最长不宜超过 1 个小时。会晤的时间过长，可能会令人厌倦，而时间过短，则会给人敷衍了事之感。

　　在实际会晤中，任何一次会晤都要力求使宾主双方相见甚欢，意犹未尽。因此，主方人员要有意识地掌握时间，注意适可而止。一再拖延时间，双方无话可谈，或者主人墨守成规，粗暴无礼地打断对方，甚至公然向来宾下逐客令，都是极不礼貌的。

二、会晤的地点

为了体现公务会晤的郑重其事，绝对有必要对会晤的具体地点认真斟酌。选择公务会晤的具体地点时，通常要兼顾四项基本规则：干净整洁、干扰较少、优雅肃静、交通便利。根据惯例，会晤的具体地点大都由负责接待的东道主一方决定，来宾一般均应悉听尊便。按照礼仪规范，公务会晤的具体地点大致上有以下三种选择。

(一) 主座会晤

绝大多数的公务会晤都被安排在东道主一方的办公地点举行。这就是所谓的主座会晤。主座会晤通常可以有两种具体选择。

1. 贵宾室会晤

一般而言，凡是重要的会晤或会晤重要的客人，均应在本公司、单位的贵宾室或接待室进行。在专门的贵宾室或接待室举行会晤，既有助于宾主双方在会晤时免受干扰，专心致志，又可体现出接待方对此次会晤的重视。

2. 办公室会晤

平常的工作时间会晤普通的客人或者常来常往的客人，可安排在办公室里进行。在自己的办公室里会晤客人，尽管有可能受到一定程度的干扰，但却往往可以体现出宾主双方关系的非同一般。

(二) 客座会晤

有些时候，东道主一方为了体现出对自己所接待来宾的重视，往往会将会晤地点选择在对方的临时性居所，这就是客座会晤。客座会晤通常存在两种基本选择。

1. 共享的空间

共享的空间，这种方式一般较为正式。东道主一方人士前往正式拜会来宾时，可将会晤安排在对方临时下榻的宾馆、饭店的会客室、咖啡厅或者茶室等公用、共享的空间举行。

2. 私用的空间

私用的空间，这种方式会令人感到亲切、自然。若宾主双方较为熟悉，有时也可将客座会晤直接安排在来宾临时性居所的客房客厅之内举行。

(三) 异地会晤

异地会晤，又称为第三地会晤，是指出于某些原因，会晤的具体地点既非东道主一方的办公地点，亦非来宾一方的办公地点或临时性居所，而是某一处宾主双方都可以接受的其他地点。在一般情况下，异地会晤的具体地点多可以选择俱乐部、咖啡厅或宾馆、饭店、茶室，有时也可以选择宾主双方或其中某一方朋友的办公地点或私人居所。

另外，需要说明的是，为了表现得郑重其事，一般正式的公务会晤均不应安排在东道主一方某位人士的私宅举行。换言之，私宅所举行的会晤只能称为私人会晤，它往往不及正式会晤正规。

三、会晤的内容

在一次正式的公务会晤中，会晤的具体内容十分重要，在一定程度上直接关系到会晤的成败。在考虑会晤的具体内容时，东道主一方需要关注参加人员与基本议题两个主要方面。

(一) 参加人员

任何正式会晤，均应排斥无关人员的介入。因此，东道主一方要审慎地考虑己方参加会晤人员的具体名单。在正常情况下，会晤的主要参加人员应当包括下述几个方面的有关人士。

1. 单位负责人

在一般情况下，正式的公务会晤均应有本单位负责人参加。参加会晤的本单位负责人越多，其具体职务、地位越高，越能反映出本单位对此次会晤的重视程度。

2. 业务相关人员

尽管礼仪性的公务会晤大都不会深入涉及实质性内容，但还是需要安排一些业务人员参加，以便双方早接触、多了解。

3. 易沟通的人员

根据实际情况，可安排来宾一方的故旧好友或者与其民族、习俗、宗教相似者参加会晤。此种安排的主要目的，是为了利于宾主双方的沟通。

4. 辅助工作人员

翻译、陪同、服务人员作为会晤必不可少的辅助者，在需要的时候都要参与会晤。

需要指出的是，正式的公务会晤应限制规模。以其具体规模大小而论，正式的公务会晤可以分为两类：其一，全体会晤。它是宾主双方有关人员全体参加的会晤。其二，小范围会晤。它是宾主双方核心人员所参加的会晤。前者礼节性较强，而后者则多具有实质性内容。

(二) 基本议题

在普通的会晤中，宾主双方的议题应当轻松、愉快，属于一般性沟通，往往不会涉及实质性问题。处理实质性问题的谈判，与纯属礼节性的会晤有着本质上的不同。会晤的基本议题，既可以提前正式设定，也可以临场确定或自由发挥。但是其内容大体上有以下几个方面。

1. 情况介绍

介绍的具体内容，可以是双方有关人员的概况，也可以是双方各自单位的历史或现状。此类内容，通常被视为双方进一步沟通的基础。

2. 日程安排

在会晤时，可由主方简单介绍今后有关工作的具体日程安排，也可以由宾主双方共同就此问题进行协商讨论。

3．相互结识

不少礼节性会晤的主要目的，意在使宾主双方的有关人员尤其是其中的主角相互结识，以便其日后加强来往与合作。

四、会晤的准备

一次会晤想要获得成功，进行一定的准备是十分必要的。越是重要的会晤，就越需要做好必要的准备工作。为正式的公务会晤进行准备工作时，对下述三个关键之处应当予以重视。

（一）会客室

用以专门进行会晤的会客室，往往会给来宾留下深刻印象，因此必须在力所能及的前提下尽量使之规范化。会客室的规范，主要应当注意下述六点。

1．位置

若有可能，一定要使本单位的会客室处于相对安静之处。诸如临街的房间，临近大门口、电梯间、洗手间以及其他往来人员较多之处的房间，均不宜用作正式的会客室。若本单位拥有多间会客室，则宜使它们相对独立，各自绝对封闭。

2．保洁

正规的会客室，要有专人负责保洁工作。具体的保洁内容有三方面：其一，平面保洁，指的是地面、墙面、桌面的清洁卫生。其二，用具保洁，指的是会客室内专用器具的整洁与卫生。其三，空气保洁，指的是会客室的通风或换气。三者往往缺一不可。

3．光照

会客室不仅要光照充足，而且还应光线柔和。处于阳面的会客室，要安装窗帘或百叶窗。处于阴面的会客室，亦应安装必要的照明设备。

4．装饰

装饰会客室的基本要求有两个：其一，简洁。在会客室内，用具忌多、忌满、忌杂、忌乱，少而精最好。其二，雅致。在会客室内，一切装潢设计都要力求庄重大方，特别要防止色彩过多，图案过乱，一般来讲，一间会客室内的主色调应被限定在两种之内。

5．温度

一般而言，会客室均应安装空调。在正常条件下，室温以24℃左右为佳。夏季室外气温较高时，则可将室温设定在比室外温度低10℃左右。

6．湿度

有条件的话，在会客室内应放置加湿器，令室内的相对湿度保持在50%左右。相对湿度高于70%或低于30%，都会使人感觉不舒适。

（二）座次

凡是正式的会晤，宾主双方都会对其具体座次的安排极其重视。在公务会晤中，正式的座次排列主要有并列式、分列式、相对式、居中式、主席式、自由式六种。其具体操作方式存在着一定差异，适用的场合亦有所不同。

1．并列式

并列式会晤，一般指的是会晤之时宾主双方并排就座。这种平起平坐，往往显示着双方关系密切，地位相近。它具体又分为两种情形：

(1)"以右为尊"原则：宾主双方共同面对房间正门而坐，即双方共同面门而坐时，注意以右为上，即主人应请客人在自己的右侧就座，如图 5-1 所示。

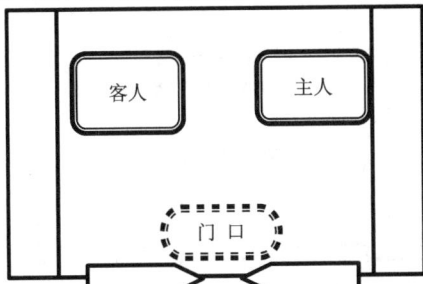

图 5-1　并列式座次排列一

(2)"以远为上"原则：宾主双方一同在室内右侧或左侧就座时，应请客人就座于距房门较远处，而主人在距房门较近之处落座，分别如图 5-2 和图 5-3 所示。

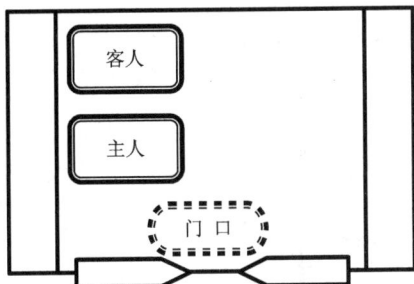

图 5-2　并列式座次排列二

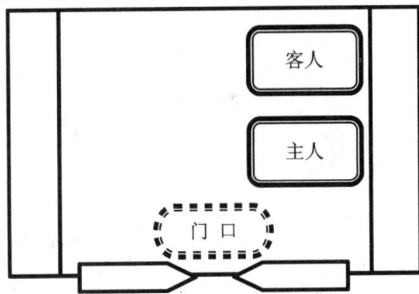

图 5-3　并列式座次排列三

2．分列式

分列式会晤，属于并列式会晤的一种特例。它指的是当主人居左、客人居右面对会客室房间正门就座时，双方的其他随员按照一定的礼宾顺序，自高而低地分别在其一侧面对面地就座，如图 5-4 所示。

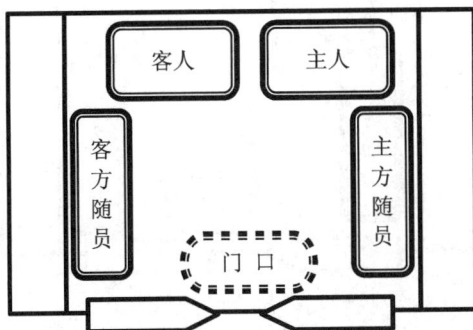

图 5-4　分列式座次排列

3．相对式

相对式会晤，一般是指宾主双方面对面地就座。这种类似于两军对垒的阵容，有利于双方公事公办，彼此之间保持适当的距离，通常用于谈判等事宜。它具体分为下列两种情况：

(1)"面门为上"原则：宾主双方一方面门而坐，另外一方则背门而坐。按照面门为上的规则，前者应为来宾，后者则应为主人，如图 5-5 所示。

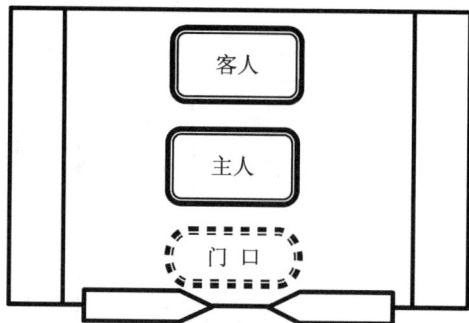

图 5-5　相对式座次排列一

(2)"以右为尊"原则：宾主双方在室内左右两侧就座，如果桌子是竖着放，即顺着门的方向，则应以人进门的方向为准，右侧为上，属于客方；左侧为下，属于主方，如图 5-6 所示。

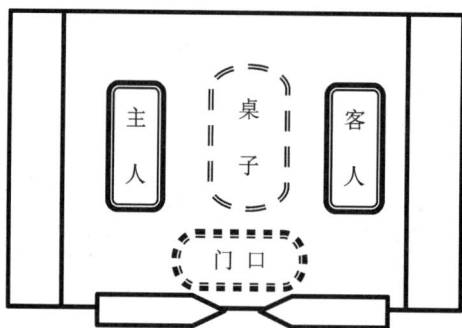

图 5-6　相对式座次排列二

若双方有一名随员陪同，随员则靠近门口就座，如图 5-7 所示。

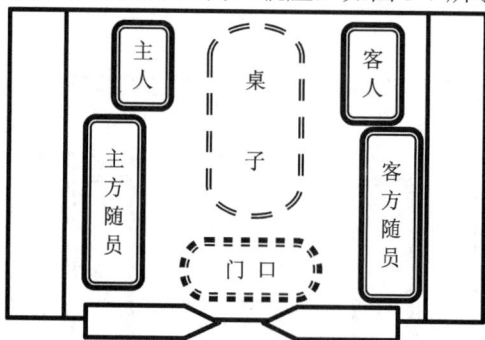

图 5-7　相对式座次排列三

若双方有数名随员陪同，双方主人则居中就座，如果带有翻译，翻译则坐在宾主双方主人的右边，其他人员按照身份地位右高左低依次排列，如图 5-8 所示。

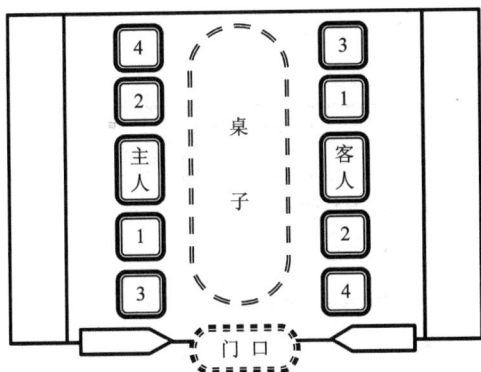

图 5-8　相对式座次排列四

　　另外还有一种情况，当双方有数名随员陪同时，若桌子是横放，即桌子面门放置，则采用"面门为上"原则，即面对正门的一方属于客方；反之，属于主方。其他排列与上相对式相同，如图 5-9 所示。

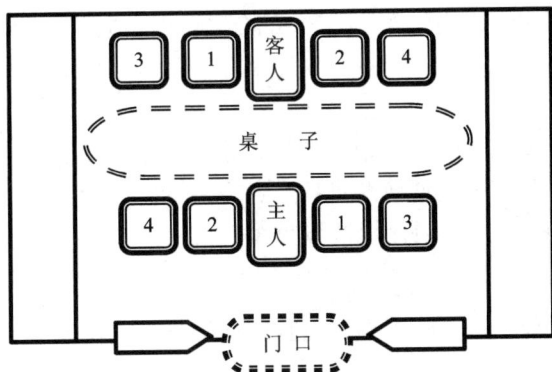

图 5-9　相对式座次排列五

4．居中式

　　居中式会晤，其实是并列式会晤的一种特殊情况。它指的是当宾主双方多人一同并排就座时，通常应遵守居中为上的规则，请来宾居中而坐，如图 5-10 所示。其两侧的位置，则应由主方人员就座，如图 5-11 所示。

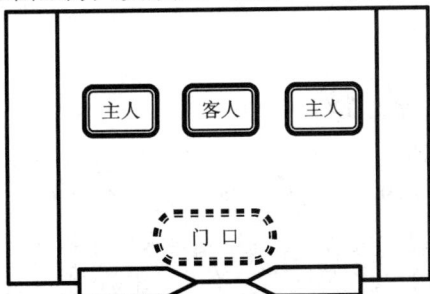

图 5-10　居中式座次排列一

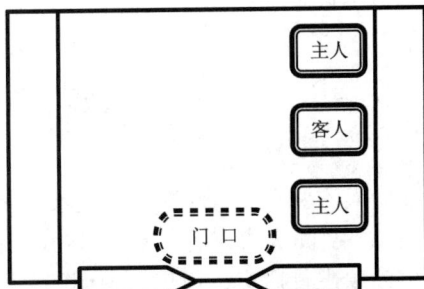

图 5-11　居中式座次排列二

5．主席式

　　主席式会晤，多见于主方在同一时间、同一地点会晤两方或两方以上的来宾。此时，主人一般面门而坐,其他各方来宾则在其对面背门而坐。有时,主人亦可就座于长桌的一端,而请各方来宾在其两侧就座,如图 5-12 所示。

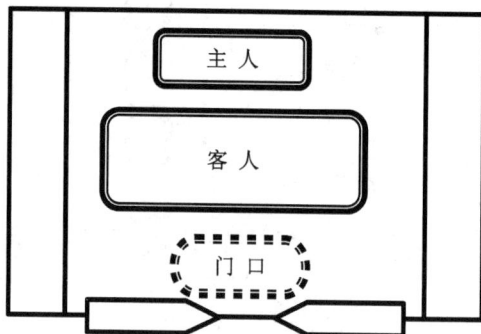

图 5-12　主席式座次排列

6. 自由式

自由式会晤,通常是指举行会晤时各方人员的座次不进行具体的排列,而由大家自由、随意地选择座位。它多用于正式的多边会晤或非正式的双边会晤。

(三) 名签

名签,又称为桌签或姓名签,它指的是举行会晤时放置于有关人员面前桌面之上、写有其姓名的特制卡片。其作用是使他人对其姓名一目了然。

准备名签时,下列三点务必要予以高度重视。

1. 工整正确

书写名签时,不仅要字迹清晰工整,而且还要确保正确无误。

2. 易于识别

书写名签所使用的字体,最好是大而规范的楷书,并且应在两面同时书写。在进行涉外会晤时,面对外方人员的一面宜为外文印刷体,面对中方人员的一面则宜为中文印刷体。

3. 认真核对

进行会晤时,须将每一名会晤的正式参加者与其名签一一予以核对,确保彼此对应,避免张冠李戴。

第四节　会议礼仪

在个人的职业生涯中,通常都会经历许多大大小小、不同类型的会议。会议不仅可以传递信息、决断大事,而且还可以为职员广交朋友提供机会。会议,是将人们召集在一起,对某些问题进行研究、讨论、说明的一种社会活动的常规形式。无论是召集会议、组织会议,还是参加会议、服务会议,会议双方都要遵守相关的会议礼仪规则。会议礼仪包括三个基本内容:端正会风、会务工作和会议座次安排。

一、端正会风

不管是政府部门还是公司企业各部门，都有必要认真端正会风。会议的会风是会议的良好风气，不要出现"开会开会，其实不累，去了就睡"等不良会风。如果会风不正，不仅误事，还会养成办事拖拉、工作效率低下的不良习惯。因此，要端正会议会风，养成良好的会议风气、会议习惯，遵守会议纪律。端正会风主要可从以下几个方面入手，如表 5-5 所示。

表 5-5 端正会风的措施

端正会风	具 体 表 现
避免形式主义	杜绝"议而不决，决而不行"
严格控制会议	数量、规模、时间、地点、经费
提高会议效率	集中主题、改进形式、压缩内容、限定时间
严守会议纪律	按时到会、整点开会、专心参会、到点散会

二、会务工作

会务工作是指作为会议的主办者、召集者或工作人员在会议的召开过程中，自始至终需要关注的有关细节。一次会议能否取得圆满成功，在很大程度上取决于其具体的组织工作进行得如何，正规而成功的会议都需要周密而细致的组织工作。以下就通过会前、会中、会后的流程来说明会务组织所涉及的相关工作，分别如图 5-13、图 5-14 及图 5-15 所示。

（一）会前工作流程图

会前工作流程图如图 5-13 所示。

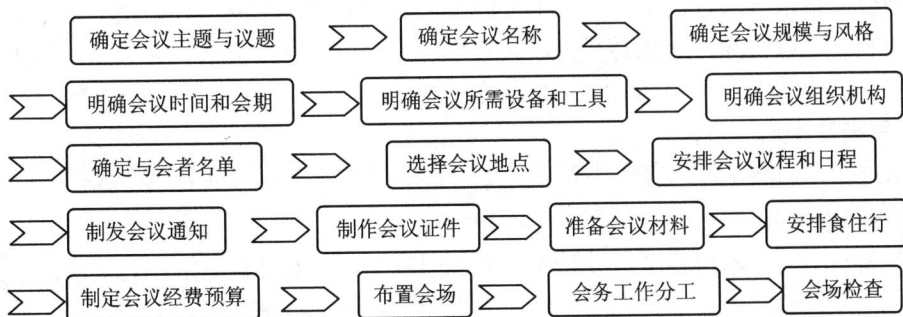

图 5-13 会前工作流程图

（二）会中工作流程图

会中工作流程图如图 5-14 所示。

报道及接待工作　＞　组织签到　＞　做好会议记录

＞　会议信息工作　＞　编写会议简报或快报　＞　做好会议值班保卫工作

＞　做好会议保密工作　＞　做好会议后勤保障工作

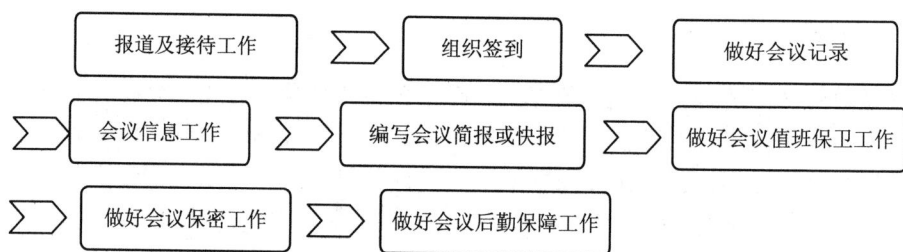

图 5-14　会中工作流程图

(三) 会后工作流程图

会后工作流程图如图 5-15 所示。

安排与会人员离去　＞　撰写会议纪要　＞　会议的宣传报道　＞

会议总结　＞　催办与反馈工作　＞　会议文书的立卷归档工作

图 5-15　会后工作流程图

三、会议座次安排

在会议礼仪中，除了要端正会风以及做好详尽的会务工作之外，还有一项非常重要的内容，即合理地安排会议的座次，尤其是在举行正式会议时，要事先安排好与会者，特别是其中重要身份者的具体座次。越是重要的会议，其座次安排就会越受到外界的关注，因此会议组织者一定要了解与熟知会议的座次安排，并且根据具体情况严格遵守。

(一) 小型会议座次安排

小型会议是指参加者较少、规模不大的单位内部会议。其主要特征是不设专用的主席台，领导和会议成员均可互相看得见，大家可以无拘束地自由交谈，并且全体与会者均应安排座位，一般适于召开 15 至 20 人左右的小型会议。

1. 自由择座式

自由择座式的基本形式是：不安排固定的具体座次，全体与会者自由选择座位。

2. 依景设座式

依景设座式的基本形式是：会议主席的座位不需要面对会议室的正门，而是依照会议室之内的主要景致的所在位置确定。例如，讲台、字画、装饰墙等。其他与会者的座位安排为主席座位的两侧自右而左(政务礼仪中自左而右)就座，如图 5-16 所示。①号位主席位置的确定原则为正面面向房间的装饰墙或者字画，也可视依据的规则为"进门的右侧"。

3. 面门设座式

面门设座式的基本形式是：面对会议室正门之位安排为会议主席的座位，其他的与会者在其两侧自右而左(政务礼仪中自左而右)就座，如图 5-17 所示。

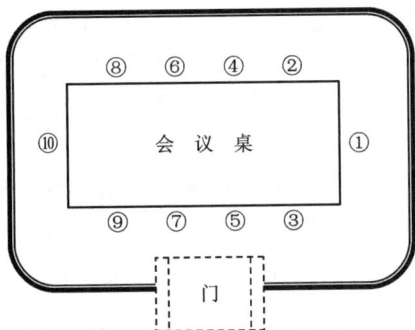

图 5-16　小型会议的依景设座式

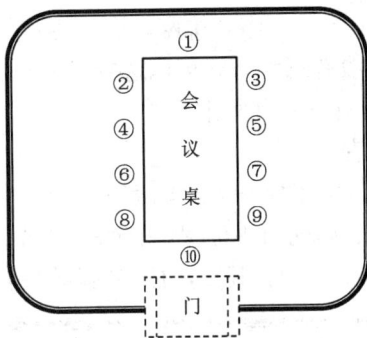

图 5-17　小型会议的面门设座式

(二) 大型会议座次安排

大型会议一般是指规模较大、与会者众多的会议，如企业职工大会、报告会、新闻发布会等。它的特点是：会场上应分设主席台和群众席，其中，主席台必须认真排座，而群众席的座次可以由组委会安排，也可自由择座。

1. 主席台排座

主席台一般面对会场主入口，在主席台上的人应面对群众席就座。通常大型会议主席台的每一位成员面前的桌上均应放置双向的桌签。主席台排座具体又可分为主席团排座、主持人座席排座、发言席排座三个方面的排座座次问题，其分述如下：

(1) 主席团排座。主席团是指在主席台上正式就座的全体人。其排座基本原则是：前排高于后排、中央高于两侧、右侧高于左侧。

其中，特别需要注意的是，在国际性的商务礼仪中是遵循"右侧高于左侧"的原则，而我国的政务礼仪遵循的是"左侧高于右侧"的原则，这里的政务礼仪主要包括我国政府的各种会议以及各事业单位的内部会议，这些情况均应遵循"左高右低"原则。不论是"右高左低"还是"左高右低"，均是按照当事人的左右来区分。

主席团排座中主席团人数又有单数与双数的排座区别。若主席团人数为单数，则依照以上原则排列即可(政务礼仪中左高右低)，如图 5-18 所示；若主席团人数为双数，"右高左低"(政务礼仪中同样也是右高左低)依次排列，如图 5-19 所示。

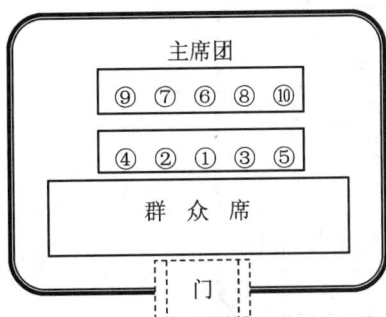

图 5-18　主席团排座之一

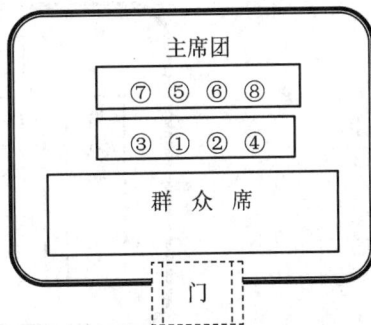

图 5-19　主席团排座之二

(2) 主持人座席排座。会议主持人，可为大会主席或选定的专门会议主持者。其座席排列一般有三种方式可以选择：其一，居于(前排，若有两排)两侧，通常为右侧；其二，居于(前排，若有两排)正中央；其三，按其具体身份排座，一般安排在前排(若有两排)就座比较适宜。

(3) 发言席排座。一般正式会议上，发言者需要起立发言，而在发言时不应就座于远处。发言席的常规位置可有两种选择：其一，按照我国惯例，发言席在主席团的正前方，如图 5-20 所示。其二，按照国际惯例，发言席在主席台的右前方，如图 5-21 所示。

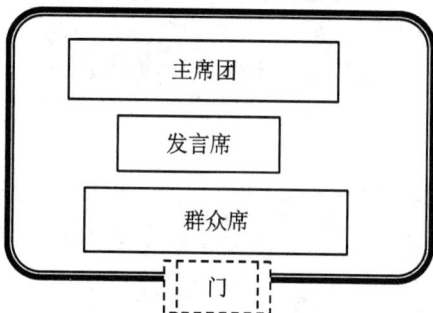

图 5-20　发言席排座之一

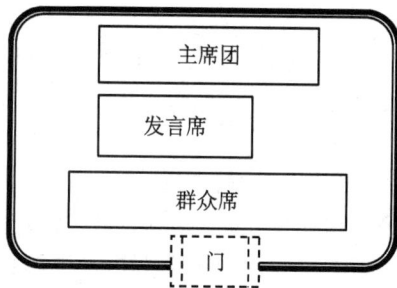

图 5-21　发言席排座之二

2. 群众席排座

在大型会议上主席台之下的一切座席都称为群众席。群众席的具体排座方式有以下两种类型：

(1) 自由择座式。它是指不进行统一安排，而是由参会人员自由选择座位就座。

(2) 按单位就座。它是指参会人员在群众席上按照单位、部门、行业等就座。具体的排座依据可以按照与会单位或部门的汉语拼音字母的先后顺序或者汉字笔画顺序，也可以按照平时约定俗成的习惯和顺序。按单位就座时，若分为前后排，则排座原则为"前排高于后排"；若分为不同楼层，则排座原则为"楼层越高，等级越低"。另外，需要注意的是，如果是统一楼层排座，又分为横排和竖排：横排模式为以面对主席台为基准，"前高后低"依次横向排列；竖排模式为以面对主席台为基准，自右向左(政务礼仪中自左向右)依次竖向排列，如图 5-22 所示。

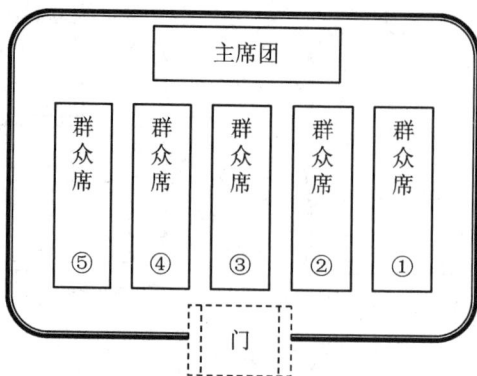

图 5-22　群众席排座的竖排模式

知识拓展

服 务 意 识

古人云："衣食足而知礼节。"在过去物资匮乏的时代，要求服务质量和服务态度通常是不太现实的，人们更多的是注重服务的过程，服务意识与服务规范相对比较缺乏。然而，在现代社会中，社会经济不断发展、人们物质水平不断提升，同时，社会分工越来越细、产品差异化越来越小、服务行业的服务意识与服务态度越来越受到人们的重视，服务业因而得到长足的发展。

所谓服务，是指为集体利益或为某种事业而工作，同时服务也是满足别人期望和需求的行动、过程和结果。随着社会的发展，现代社会的服务也有了长足的进步，人们要求更为优质的服务，而优质的服务既能给人们物质的满足，还能带给人们精神和心理的满足和享受。在现代社会中，优质的服务是企业生存和发展的需要，是企业最终的核心竞争力。

既然服务如此重要，那么在服务行业工作的人员就要遵守相关的服务礼仪规范。服务礼仪是指在服务的过程中，对别人表示尊重的一种规范化的形式。具体来说，服务礼仪就是服务人员在工作岗位上，通过言谈、举止、行为等，对客户表示尊重和友好的行为规范和工作艺术。有形、规范与系统的服务礼仪，不仅可以树立服务人员和企业良好的形象，更可以塑造受客户欢迎的服务规范和服务技巧，能让服务人员在和客户交往中赢得好感、理解以及专业信任。

人们的思维方式往往决定其行为方式。有什么样的思想，就有什么样的生活和工作态度。在服务行业，服务意识是指单位全体员工在与一切单位利益相关的人或单位的交往中所体现的提供热情、周到、主动的服务的欲望和意识，即自觉主动做好服务工作的一种观念和愿望。服务意识在服务工作中，是一个至关重要的环节，它是对服务人员在工作中的具体要求。简单地说，服务意识就是为客户提供优质服务的意愿、习惯和态度。

服务一定要建立服务意识——服务就是为别人工作。换言之，所有为别人工作的行业和岗位，都可以称之为服务。从广义上来讲，服务永远是相互的，而不仅仅是在服务行业中工作的人员才需要具备服务意识。从广义上讲，全社会就是一个整体的服务系统，我们为社会服务，社会为我们服务。因此，服务是全方位的，同时也是互动、双向以及无所不在的，尤其是服务人员意识到这一点，就会真正认同自己的工作以及认识到工作和服务意识的重要性。同时，需要注意的是，服务工作没有贵贱之分，不管是酒店服务，还是金融服务或是教育服务，都是没有轻重与贵贱之分的。现代社会有很多的服务行业或服务部门的工作人员并没有真正明白服务意识的含义，很多人错误地认为服务就是"服侍"，认为低人一等，事实上是没有真正意识到服务的崇高感与平等感。

服务意识的基本问题是心态。所谓心态，是指一个人的心理状态。一个人有什么样的思想，就会有什么样的生活质量，就会有什么样的心态，然后心态就影响着其工作状态，进而影响其工作质量。服务人员的心态调整是否到位、是否正确，会直接影响到服务工作的态度。服务行业的从业人员进行心态调整，需要注意两个具体的方面。

首先，心态要健康。金正昆教授说："良好的心态，就是健康的心态。"金教授认为一个人若能认识到"生命是宝贵的，生活是美丽的，工作是可爱的，社会与世界都是美好的"，他便拥有了健康的心态。而健康的心态包括积极的心态、平和的心态、乐观的心态以及宽容的心态。其次，要学会放弃。学会放弃在这里指的是量力而行，要明白凡事有一个度，要做自己可以做、有能力做的事，同时还要懂得休息与自我宣泄。

服务意识是服务能力的重要组成部分，良好的服务意识包含端正的服务态度，积极的精神状态，高尚的职业觉悟，良好的观察分析能力、判断能力以及服务执行能力。服务意识和服务能力的区别在于，服务意识是愿不愿意做好的问题，服务能力则是能不能做好的问题。因此，在服务能力专业化的基础上，要树立主动、用心、变通和激情的服务意识。

专题小结

每一位企事业单位的工作人员都需要了解在行政工作或者日常工作中所涉及的相关办公礼仪知识，通常的办公礼仪包含的办公内容有基本行政工作、接打电话、接待会晤、会议组织与安排。本章节主要介绍了办公礼仪中常用礼仪的基本要求和规范，重点介绍了办公工作中常用的电话礼仪、会晤礼仪以及会议礼仪。

思考题

1. 电话礼仪中接电话的标准流程是什么？
2. 公务场合接待会晤时的座次安排有哪几种方式？
3. 会议礼仪的座次安排，在哪些情况下，应该遵循"左高右低"原则？

下篇 沟通篇

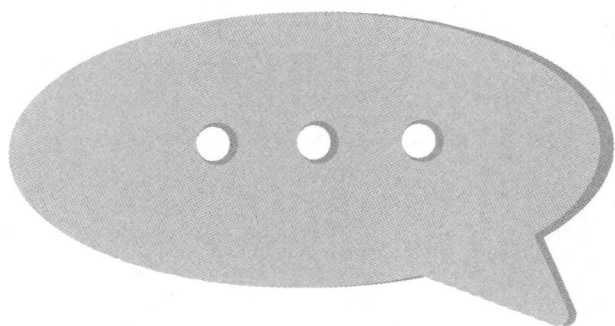

专题六　沟　通　导　论

꧁꧂꧁꧂꧁꧂꧁꧂꧁꧂꧁꧂꧁꧂꧁꧂꧁꧂꧁꧂꧁꧂꧁꧂

沟通不是万能的，但没有沟通是万万不能的。

——现代管理学之父彼得·德鲁克

最好的想法，最有创见的建议，最优秀的计划，不通过沟通都无法实现。

——美国管理学家斯蒂芬·P. 罗宾斯

学习目标

- 明确沟通的内涵。
- 认知沟通的类型和重要意义。
- 理解沟通的基本模型。

技能目标

- 了解沟通中的障碍，掌握有效沟通的策略。

案例导入

黑人的愿望

一个黑人，在沙漠中走了三天三夜，又渴又饿。突然，他发现了一盏神灯，大吃一惊，好奇地对神灯说："神灯啊，神灯，你听见我的声音了吗？"神灯真的冒了一阵烟，神灯说："主人啊，是您救了我，我可以满足您的三个愿望。"黑人欣喜若狂，马上说出了三个愿望："第一，我要水，我要天天喝水；第二，我要变白；第三，我要富有。"突然，黑人变了……他居然变成了一只白色的马桶！

【分析】　难道黑人的愿望真的是想变成一只白色的马桶吗？显然不是。黑人的悲剧主要源于沟通的无效或失败，在关键时刻，黑人未能充分表达自己的意愿，而神灯也未能充分理解黑人的真实意愿。20 世纪最伟大的心灵导师和成功学大师戴尔·卡耐基在其著作《人性的弱点》中写道："一个人的成功，只有 15% 是由于他的专业技能，另外的 85% 要依靠人际沟通和处世技巧。"只有与人良好地沟通，才能为他人所理解；只有与人良好地沟通，才能得到必要的信息；只有与人良好地沟通，才能获得他人的鼎力相助。正所谓"能此者大道坦然，不能此者孤帆片舟"，故而沟通能力是人们成就一生的首要能力。

沟通游戏——快乐传递

时间：10 分钟。

材料：题板、笔。

游戏规则：请 5 位同学上台，其中，只允许第一位同学观看题板上的文字，撤下题板后，请第一位同学将所看到的内容用肢体语言表现出来给第二位同学观看，然后依次传递至第五位同学，最后由第五位同学猜出题板上的内容，猜对即为胜利。

注意：每一位同学的动作表演限时 1 分钟，同时在肢体语言表演的过程中，参与游戏的全员不能说出来这几个字是什么。

游戏目的：了解沟通的基本要素及模型。

第一节 沟 通 概 述

一、沟通的内涵

何谓沟通？在现实生活中，人们对于沟通的认识和理解可谓多种多样，但大多缺乏对沟通内涵的完整认识，例如：

观点 1：沟通不是太难的事，我们不是每天都在进行沟通吗？

观点 2：我告诉他了，所以我已经和他沟通了。

观点 3：只有当我想要沟通时，才会有沟通。

以上观点从不同角度反映出人们对沟通的片面理解。

持第一种观点者认为，我们天天都在与人打交道，这是家常便饭，难在何处？然而，正是由于人们把沟通看得过于简单而忽视了其复杂性和难度，在处理沟通问题时容易简单化且不做充分准备，沟通失败也就在所难免。

持第二种观点者认为，只要自己告知对方了，就完成了沟通任务，至于对方是否理解自己的意思，产生怎样的结果，都与自己无关。正是这种观点导致了生活、学习和工作中事与愿违的情况时有发生，与此相关的抱怨随处可闻。殊不知，沟通并不是单向的，而是双向的，只有当接收者正确理解了信息的含义时，才是真正意义上的沟通。

持第三种观点者认为，只要自己默不作声，就没有沟通。事实上，沟通除了语言的，还有非语言的。当一位演讲者站在台上时，他并不想传递"我感到紧张"这一信息，但观众从他紧握的双手和微微颤抖的声音中就能清晰地获得这一信息。

在澄清了有关沟通的诸多误区后，我们再来解读一下沟通的内涵。《大英百科全书》中把沟通定义为"互相交换信息的行为"。《哥伦比亚百科全书》中则把沟通解释为"思想及信息的传递"。美国传播学家布农认为："沟通是将观念或思想由一个人传递给另一个人的过程，或者是一个人自身内的传递，其目的是使接受沟通的人获得思想上的了解。"英国传播学家丹尼斯·麦奎尔指出："沟通是人或团体主要通过符号向其他个人或团体传递信息、观念、态度或情感的过程。"

综上可知，沟通是指人们通过语言和非语言方式传递并理解信息或知识的过程，是人们了解他人思想、情感、见解和价值观的一种双向的互动过程。人与人之间的沟通实非易事，只有正确认识和理解沟通，不断加强学习和训练，才能真正领略沟通的真谛。

二、沟通的重要意义

在现实的工作和生活中，为什么人与人之间会产生诸多误会和矛盾？为什么"理解万岁"会在人与人之间时常产生共鸣？这足以说明沟通有多么重要。古希腊哲学家亚里士多德曾说过："一个人不和别人打交道，不是一个神，就是一个兽。"事实上，沟通无处不在、无时不有，无论是语言的或非语言的、文字的或符号的、有意的或无意的、积极的或消极的，沟通都是我们每个人每天都要做的事情，是我们工作和生活中必不可少的一部分。

研究表明，人们在工作和生活中70%的错误是由于不善于沟通所造成的。家长和孩子不沟通，则亲子关系不好；夫妻不沟通，则可能同床异梦；朋友不沟通，两个人之间可能疏离；师生不沟通，则可能引发校园悲剧；劳资双方不沟通，则员工可能引起内讧；同事不沟通，则工作学习可能做无用功。由此可见，沟通已经成为人们事业是否成功和生活是否幸福的终极密码。

英国著名作家萧伯纳曾说过这样的名言："如果你有一个苹果，我有一个苹果，彼此交换后，我们每个人仍然只有一个苹果；但是，如果你有一种思想，我有一种思想，那么彼此交换后，我们每个人就有了两种思想，甚至多于两种思想。"有效沟通带来的是分享和创造，是一加一大于二的价值，这种认知已经成为现代人的共识，也是众多知名公司的企业文化之一。美国通用电气公司总裁杰克·韦尔奇就曾指出："管理就是沟通、沟通、再沟通。"日本松下电器创始人松下幸之助强调："企业管理过去是沟通，现在是沟通，未来还是沟通。"美国谷歌公司更是将沟通的功能发挥到了极致，率先推广开放式办公，打破了常规办公空间僵化的布局形式，再加入多种人性化的设计元素和缤纷色彩，因地制宜地创造出日式、俄式、英伦风等独具当地特色的办公室，让全球各地的员工置身其中都能自由舒适地交流和讨论，从而在不同思想的碰撞和激荡中不断迸发出新的创意灵感。谷歌公司的伦敦办公室和都柏林办公室分别如图6-1和图6-2所示。

图6-1 谷歌公司的伦敦办公室　　图6-2 谷歌公司的都柏林办公室

三、沟通的类型

依据不同的分类标准，可以把沟通划分为以下四种类型。

(一) 语言沟通和非语言沟通

语言沟通是指用语言符号(如说的字词、书写的字词)系统进行的信息沟通,包括口语和书面语等。非语言沟通是指用非语言符号(如手势、表情等)系统进行的信息沟通,如体态、语调、光信号等。大部分人往往会认为语言沟通比非语言沟通更有效,然而事实恰恰相反。通过对比研究,美国非语言传播学家伯德维斯泰尔指出:"两个人之间一次普通的谈话,口头语言部分传播的信息不到35%,而行为语言部分传播的信息在65%以上。"语言沟通与非语言沟通一般是交织在一起的,这两方面配合得越好,沟通效果也就越佳。

(二) 单向沟通和双向沟通

单向沟通是指一方是传递者,而另外一方是接收者,如做报告、演讲、上课等。双向沟通是指双方互为信息的传递者和接收者,如讨论、协商和交谈等。

(三) 上行沟通、下行沟通、平行沟通和斜向沟通

上行沟通是一种自下而上的沟通,是指下级向上级反映情况或汇报工作的沟通。下行沟通则与上行沟通相反,是一种自上而下的沟通,是指上级把政策目标、制度规则等向下级传达的沟通。平行沟通是指组织或群体中的同级机构或同级成员之间的横向沟通。斜向沟通是一种特殊形式的沟通,它包括群体内部非同一组织层次上的单位或个人之间的信息沟通和不同群体的非同一组织层次之间的沟通。斜向沟通有利于促进上行沟通、下行沟通和平行沟通的畅通。

(四) 正式沟通和非正式沟通

正式沟通是指通过组织机构规定的渠道所进行的沟通活动,如会议、谈话等。非正式沟通是指在正式渠道之外所进行的沟通活动,一般以组织人员的私人交往关系为基础,通过各种各样的社会交往而产生,如私下交换意见、私人聚会等。

第二节 沟通的基本模型

沟通的过程是一个多要素互动的复杂过程,涉及沟通主体(发送者和接收者)和沟通客体(信息)之间的关系。沟通的起点是信息的发送者,终点是信息的接收者。当终点上的接收者做出反馈时,信息的接收者又转变为信息的发送者,最初起点上的发送者就成了信息的接收者。沟通就是这样一个循环往复的过程,其模型如图6-3所示。

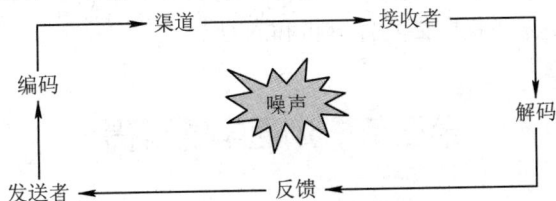

图6-3 沟通过程模型

在图 6-3 中, 一个完整的沟通过程包括六个环节(即发送者、编码、渠道、接收者、解码、反馈)和一个干扰源(即噪声)。

(1) 发送者, 即信息源与沟通发起者, 这是沟通的起点。

(2) 编码, 即组织信息, 将信息、思想与情感等内容以相应的语言、文字、符号、图形或其他非语言形式表达出来的过程。通常信息发送者会根据沟通的实际需要, 选择合适的编码形式向接收者发出信息, 以便其接收和理解。

(3) 渠道, 即媒介, 信息的传递载体。人们除了通过语言进行面对面的直接交流外, 还可以借助电话、传真机、电子邮件、手机短信等媒介传递信息。在发送信息时, 发送者不仅要考虑选择合适的方式传递信息, 还要选择恰当的时间与合适的环境。

(4) 接收者, 即信息达到的客体、信息的受众。接收者采用的不同接收方式和态度会直接影响到其对信息的接收效果。常见的接收方式包括听觉、视觉、触觉及其他感觉活动。

(5) 解码, 即译码, 是指接收者对所获信息(包括中性信息、思想与情感等)的理解过程。接收者的文化背景及主观意识对解码过程有显著影响, 这意味着信息发送者所表达的意思并不一定被接收者完全理解, 沟通的目的就在于使信息接收者尽可能理解信息发送者的真实意图。

(6) 反馈, 即接收者对所获信息做出的反应。反馈可以使信息发送者了解到信息是否已经被接收和正确理解, 它使人与人之间的沟通成为双向互动的过程。

(7) 噪声, 即对信息传递过程产生干扰的一切因素。常见的噪声主要来自以下几个方面:

① 价值观、伦理道德观、认知水平的差异。

② 健康状态、情绪波动以及交流环境。

③ 身份地位的差异导致的心理落差和沟通距离。

④ 编码与解码所采用的信息代码差异。

⑤ 信息传递媒介的物理性障碍。

⑥ 模棱两可的语言。

⑦ 难以辨认的字迹。

⑧ 不同的文化背景。

在沟通过程中, 噪声是一种干扰源, 它可能会有意或无意地与信息交织在一起, 影响编码或解码的正确性, 并导致信息在传递和接收过程中变得模糊和失真, 从而影响人们之间正常的交流和沟通。噪声存在于沟通过程中的各个环节, 因此, 为了确保有效沟通, 通常要有意识地避开或弱化噪声源, 或者通过重复传递信息来增加信息强度。

应该指出的是, 图 6-3 描述的沟通过程模型是对人际交往中最为简单、最具代表性的一对一沟通过程的呈现, 而现实生活中的人际沟通显然要比这复杂许多, 常常表现为一对多沟通或多对多沟通, 需要我们去具体分析和应对。

第三节　沟通中的障碍

在日常的人际交往中, 从信息发送者到信息接收者的沟通过程并非都是畅通无阻的,其结果也并非总是如人所愿。由于诸多沟通要素的存在，尤其是各种干扰源的存在，沟通过程中会出现各种障碍，导致沟通无效或失败。信息沟通中的障碍是指导致信息在传递过程中出现噪声、失真或中止的因素。

一、源于信息发送者方面的障碍

(一) 目的不明

发送者不清楚自己想要表达什么意思，对自己将要传递的信息内容和交流的目的不明确，这是沟通过程中遇到的第一个障碍，这个障碍将导致沟通过程的其他环节无法正常进行。因此，信息发送者在沟通之前必须明确自己的目的，即"我要通过什么渠道向谁传递什么信息并达到什么目的"。

(二) 思路不清

无论是口头演讲还是书面报告，都要求思路清晰、条理分明，使人能一目了然、心领神会。若信息发送者口齿不清、语无伦次、闪烁其词或词不达意、文理不通、字迹模糊，都会产生噪声并导致传递失真，使接收者无法了解其所要传递的真实信息。

(三) 选择失误

对传递信息的时机把握不准，缺乏审时度势的能力，会大大降低信息交流的价值。若信息沟通渠道选择失误，将导致信息传递受阻或延误传递的恰当时机；若信息沟通对象选择错误，则可能造成"对牛弹琴"或自讨没趣的局面，直接影响信息交流的效果。

(四) 形式不当

使用语言(口头或书面)和非语言(即肢体语言，如手势、表情、体态等)表达相同信息的时候，一定要相互协调，否则会使人摸不着头脑。如果我们要传递一些十万火急的信息，却不采用电话、传真机或互联网等现代化的快速方式，那么接收者收到的信息往往会因为时过境迁而沦为无效信息。

二、源于信息接收者方面的障碍

(一) 过度加工

接收者在信息交流过程中，有时会按照自己的主观意愿，对信息进行过滤和加工。例如，在由下属向上级进行的上行沟通中，由于某些下属投其所好，报喜不报忧，导致所传递的信息经过层层过滤后或变得支离破碎，或变得完美无缺；在由决策层向管理层和执行层进行的下行沟通中，由于经过逐级领会而"添枝加叶"，使得所传递的信息被断章取义甚至变得面目全非，从而导致信息模糊或失真。

(二) 自我防御

信息接收者的个人特征，诸如个性特点、认知水平、价值标准、权力地位、社会阶层、文化修养、智商、情商等将直接影响到对信息传递者的正确认识。人们在信息交流或人际沟通中往往习惯于以自己为准则，对不利于自己的信息要么视而不见，要么熟视无睹，甚至颠倒黑白，以达到自我防御的目的。

（三）心理障碍

信息接收者若在人际沟通或信息交流过程中曾经受到过伤害或有过不愉快的情感体验，则可能形成"一朝被蛇咬，十年怕井绳"的心理定式，对信息传递者心存戒备和疑虑，甚至会因为内心的恐惧而拒绝接收所传递的信息，抵制参与信息交流。

三、克服沟通障碍的策略

虽然在沟通过程中存在各种各样的障碍，但在现实生活中，我们仍然可以通过主观努力有效地跨越这些障碍。沟通不仅仅是一门科学，更是一门艺术。因此，学习和掌握有效沟通的策略就显得格外重要。

（一）使用恰当的沟通节奏

面对不同的沟通对象或面临不同的情境，应该采取不同的沟通节奏，这样方能事半功倍，否则可能会造成严重的后果。例如，在一个刚刚组建的项目团队中，团队成员往往会小心翼翼、相互独立，若此时采取快速沟通和参与决策的方式，则可能会导致沟通失败。一旦一个团队或组织营造了学习的文化氛围，即构建了学习型组织，就可以导入深度会谈、头脑风暴等开放性沟通方式。

（二）考虑接收者的观点和立场

有效的沟通者必须具有同理心，时时将心比心、换位思考，能够站在信息接收者的立场，体会他的情绪和想法，理解他的立场和感受，并以他的观点和视野来思考和处理问题。

（三）充分利用反馈机制

在沟通时要避免出现"只有传递而没有反馈"的状况。一个完整的沟通过程必须包括接收者对信息所做出的反应，只有确认接收者已经接收并理解了信息传递者所发送的信息，沟通才算完成与完整。信息传递者可以通过提问、倾听、观察、感受等方式来获得信息接收者的反馈。

（四）以行动强化语言

中国人历来倡导言行一致、知行合一。用语言说明意图仅仅是沟通的开始，只有将语言转化为行动，才能真正有效提高沟通的效果、达到沟通的目的。

（五）避免一味说教

有效沟通注重的是人们之间的人际交往和心灵交流，如果信息传递者只是一味地为了传递信息而传递信息，全然不顾信息接收者的感受和反应，试图用说教的方式与人交往就违背了人际沟通的初衷。信息传递者越投入、越专注于自己想要表达的意思，越会忽略信息接收者潜在的动作或情绪、情感方面的反应，其结果必然是引发信息接收者的反感，进而产生抵触心理。

知识拓展

沟通中的倾听——听要有敬意

从图 6-4 中"听"的简、繁体字的对比可以清晰地看出，倾听原本是要用耳朵、眼睛和心灵去全身心地聆听，而非现在简体字所表现出来的用口去听。倾听，是理解，也是尊重；是分担，也是共享。倾听，是一种姿态，更是一种美德。倾听的意义远不只是给对方一个表达自我的机会，其实质是放下倾听者的架子，用温暖的笑容去面对说话者，加强彼此的沟通和交流，获得对方的信任和好感。

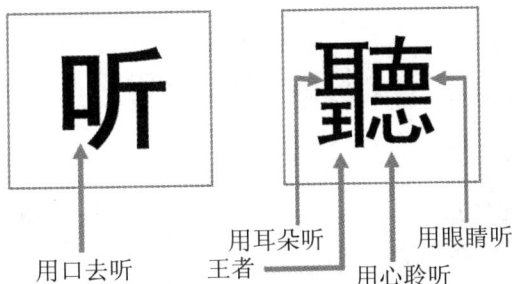

用口去听　　　用耳朵听　　　用眼睛听
　　　　　　　王者　　　用心聆听

图 6-4　"听"的简、繁体字的对比

倾听，是一种具有能动性的行为，不能仅仅为了听而听，而要带着理解的目的去听，带着回应的目的去听。据此，可以把倾听划分为以下四个层次：

第一层次：心不在焉地听。倾听者心不在焉，几乎没有关注说话人所说的话，心里考虑着其他毫无关联的事情或内心只是一味地想着辩驳。这种倾听者感兴趣的不是听，而是说，他们正迫不及待地想要说话。这种层次上的倾听，往往会导致人际关系的破裂，是一种极其危险的倾听方式。

第二层次：被动消极地听。倾听者被动消极地听，常常错过了讲话者通过表情、眼神等体态语言所表达的意思。这种层次上的倾听，常常会导致误解和错误的举动，失去真正交流的机会。此外，倾听者经常通过点头示意来表示正在倾听，讲话者会误以为所说的话被完全听懂了。

第三层次：主动积极地听。倾听者主动积极地听对方所说的话，能够专心地关注对方，能够聆听对方的话语内容。这种层次上的倾听常常能够引起对方的注意，但是很难引起对方的共鸣。

第四层次：怀有同理心地听。用同理心积极主动地倾听，这是优秀倾听者的典型特征，他们的宗旨是带着理解和尊重积极主动地倾听。这种倾听者在讲话者的信息中寻找感兴趣的部分，他们认为这是获取有用信息的契机。这种倾听者不急于做出判断，而是感同身受对方的情感。他们能够设身处地看待一切，总结已经传递的信息，质疑或是权衡所听到的话，有意识地注意非语言线索，询问而不是质疑讲话者。这种感情注入式的倾听方式在形成良好人际关系方面起着极其重要的作用。

事实上，大概60%的人只能做到第一层次的倾听，30%的人能够做到第二层次的倾听，15%的人能够做到第三层次的倾听，只有5%的人能做到第四层次的倾听。在沟通过程中，我们每个人都应该重视倾听，不断提高自身的倾听技巧，学会做一个优秀的倾听者，努力创建积极、双赢的人际关系。

专题小结

本专题介绍了沟通的内涵、类型和重要意义，通过展示沟通的基本模型，分析了沟通中存在的各种障碍，并提供了有效沟通的策略。在现实生活中，沟通并非易事，若想成为一名成功的沟通者，不仅需要了解沟通的基本原理，更应积极参与沟通实践，主动跨越各种沟通障碍，积极建立良好的人际关系。

思考题

1. 沟通的内涵是什么？
2. 沟通的类型有哪些？
3. 沟通过程中存在哪些障碍？
4. 有效沟通的策略包括哪些内容？
5. 通过分析自身在人际沟通中的障碍，提出具有针对性和可行性的有效沟通策略。

专题七　自 我 沟 通

知人者智，自知者明。胜人者有力，自胜者强。

——老子

认识你自己吧！认识自己，方能认识人生。

——苏格拉底

学习目标

- 明确自我沟通的作用。
- 掌握自我沟通的方式。

技能目标

- 掌握自我沟通的策略，并学以致用。

案例导入

姚明赛前为什么不刮胡子

"从我完成旗手任务那天开始——那天我得收拾得干干净净的，因为那是大场面。从那天开始，如果中国男篮打不进八强，我就半年不刮胡子！"这是姚明在败给拉脱维亚队后立下的誓言，也是低调的中国男篮队员首次提出"进八强"的口号。

在此前的三场钻石杯赛中，中国男篮击败了多年不胜的澳大利亚队，接着大胜欧洲弱旅瑞典队，这让中国男篮信心倍增。姚明甚至还说："别说八强，如果我们打疯了，我还想拿奖牌呢！"

"我把这话说出来，就成了众矢之的，所有人都会看着我。对手很强，不光是塞黑和阿根廷，西班牙和意大利都很强。但我想我说出了这个话，我自己就会为了八强而拼命，我的队友们看到我拼命，也会跟着我拼命的。我们男篮历史上两次进八强都是拼进去的，我想我们也该拼了！"姚明握紧了拳头。

显然，姚明以一种自我激励、自我暗示的独特方式对自己进行鼓励和鞭策，使自己在赛场上以最佳的竞技状态拼搏。事实上，很多体育明星比赛时都有属于自己的特殊癖好，如前欧洲足球先生劳尔必须先迈右脚进入球场等。运动员在赛前用一些特殊的方式鼓励自己，可以看作是积极的自我暗示。这种自我暗示的行为方式就是自我沟通的一种表现。

【分析】 毫无疑问，保持良好的自我沟通状态，有助于把握自己的情绪和心态，乐观向上的情绪和心态必定会对自己的行为产生正面积极的影响，从而使自己在人生目标的追求中，保持旺盛的拼搏斗志，积极进取，迈向成功。当然，如果自我沟通不当，产生消极的自我暗示，就会让自己萎靡不振，丧失前行的信心和动力。

沟通游戏——撕纸

时间：10 分钟。

材料：A4 纸、废纸等。

游戏规则：

请同学们拿出一张纸，老师发出单项指令：

——大家闭上眼睛。

——全过程不许问问题。

——把纸对折。

——再对折。

——再对折。

——把右上角撕下来，转 180 度，把左上角也撕下来。

——睁开眼睛，把纸打开。

第一节　自我沟通概述

一、自我沟通的内涵

自我沟通，即信息发送者和信息接收者为同一行为主体，自行发出信息、自行传递并自我接收和理解的过程。我们之前所讨论的沟通都是发生在人与人之间的信息传递过程，自我沟通却是发生在同一行为主体身上的自我意识沟通。简而言之，自我沟通就是自己与自己对话、自己与自己沟通。

在自我沟通的过程中，通过自身的独立思考、自我反省、自我知觉、自我激励、自我(内心)冲突以及自我批评，最终达到自我认同，以实现内心的平衡。良好的自我沟通，可以促使自己积极主动地排解那些消极负面的情绪，使自己保持良好的心境、乐观的情绪以及理智清醒的心态，这是实现卓越人生的坚实基础。

总体而言，自我沟通的过程是一个认识自我、提升自我和超越自我的过程。正如人们所言，自己把自己说服了，是一种理智的胜利；自己把自己感动了，是一种心灵的升华；自己把自己征服了，是一种人生的成功。

二、自我沟通的作用

常言道："人贵有自知之明。"良好的自我沟通是良好的人际沟通的基础。自我沟通的核心内容，就是要实现自我认知。事实上，自我沟通不仅涉及我们能否认知自我，而且事关我们能否与他人建立有效的合作关系。研究表明，凡是优秀的管理者，都具有良好的自我沟通习惯，会经常自我反省并不断完善自我。因此，他们十分了解自己的优势和不足，不仅知晓如何扬长避短，而且明了如何改进和提升自己的不足之处，并善于和那些与自己优势互补的人一起工作。显然，良好的自我沟通能力和正确的自我认知会帮助自己站在一个更高的起点上参与竞争。一般而言，通过自我沟通，我们能够：

(1) 了解自己的优势和不足。

(2) 明确自己与他人之间的差异。

(3) 制订并实施自我完善的计划。

(4) 量身定制适合于自己的人生规划和职业生涯规划。

(5) 提升自我对现实社会及周围环境的适应能力。

(6) 改善人际关系。

(7) 有效实施企业管理。

(8) 显著提高工作效率。

就个人而言，通过自我沟通，能够清晰地认识到自身的特长与爱好，从而帮助自己选择理想的工作。一份理想而令人满意的工作，既能使自己保持身心愉悦，又能充分实现自我的社会价值。在现代社会中，无论是男性还是女性都怕"入错行"，毕竟整天做着自己不喜欢的事情，无异于自我折磨。因此，只有通过自我沟通正确认识自我，清楚地了解自我的优势和不足，才能在社会中找到属于自己的正确位置，进而获得事业上的成功。

当然，作为一名管理者，自我沟通也具有同样的重要性。通常，善于自我沟通，有助于管理者与员工或同事和谐相处，并赢得大家的尊重和信任；善于自我沟通，会促使管理者更乐意倾听他人的意见，并主动纠正自己的不当行为。在这样和谐共处的整体环境下，由于沟通不畅而引起的人际冲突必将大为减少。故而，良好的自我沟通能力和正确的自我认知，是成为一位优秀管理者的基本前提。

三、自我沟通的方式

就人的本质而言，自我沟通是一种个体思维过程。因此，自我沟通的时间可长亦可短，既可以在闲暇之时进行，也可以在工作过程中进行；既可以安躺在床上进行，也可以端坐在办公室里进行。一般而言，自我沟通的方式主要包括自我拷问、自我批评和自我分析。

(一) 自我拷问

自我拷问即自问自答，也就是当个体遇到内心冲突、挫折、分歧等困惑或问题时，向自己提问。通过问自己"我在认识上存在哪些偏差？我是否进行了换位思考？我绩效差的主观原因是什么？我这个计划是否还有不周全之处？"等问题，进行自我分析和思考，直至给出答案。通过自我拷问，可以帮助自己理顺思路、调整心态和纠正错误。诚如先哲孔子所倡导的那样，我们要"吾日三省吾身"。

（二）自我批评

自我批评，就是对自己的缺点和不足进行自我检讨与纠正。英国著名小说家毛姆曾在其《人性的枷锁》一书中写道："人们请你批评的本意其实是想听你的赞扬。"这句话一针见血地揭示出人性中所固有的弱点。事实上，当他人指出自己的缺点和错误时，我们通常都会出于自尊而感到不快，并下意识地拒绝接受这些批评和意见，即使这些批评和意见是出于善意和正确的。显然，如果通过自我反省事先意识到这些错误，自己就会在内心坦然地接受对自己的批评而不必考虑自尊和颜面，并很快在行为上加以自我纠正。

（三）自我分析

自我分析，就是借助自我认识能力对自己进行全方位的解析和评价。管理学上常用的 SWOT 分析法也可以用于自我分析，即个体针对自身的优势(Strength)、劣势(Weakness)以及自己所处环境中可能的机会(Opportunity)和威胁(Threat)进行态势分析。通过 SWOT 分析，个体可以将自身的优势、劣势、可能的机会和威胁等一一罗列出来，并进行系统分析。

1. 评估自己的优势和劣势

评估自己的优势和劣势时，可以经常思考自己擅长做什么以及不擅长做什么，然后基于自身的实际情况做出选择：要么继续发挥自己的优势并努力弥补自己的劣势；要么放弃对某些自己并不擅长且技能要求较高目标的期待。

2. 找出自己的发展机会和威胁

机会和威胁经常都出现在我们的生活和工作中，我们要经常发觉和反思确认自己有哪些机会以及面临哪些威胁：一旦明确了自己有哪些机会，就应该努力把握机会不断提升自我；一旦明确了自己面临哪些威胁，就应该极力回避或尽可能减少威胁出现的可能。

第二节　自我沟通的障碍

与人际沟通相比，自我沟通常常因其内隐性而为人们所忽略。有人认为自我沟通实在是一件极其平常的事而无需专题讨论，更有人质疑自我沟通有什么难的，谁还不了解自己啊？作为一个正常人，有谁整天在那儿自言自语呢？正是由于上述误区的存在，自我沟通的过程中往往会出现以下障碍。

一、缺乏自我认知

在现实生活中，人们对自我的认知是不完整的，存在一些盲区和未知区，如：自己有哪些优点和缺点；自己有什么特长和爱好；自己有什么个性特征；自己适合做什么工作；等等。每个人的盲区和未知区都各有不同，有些人通过关注人际沟通中所获得的反馈来增进对自我的认识，进而缩小自己的盲区。然而，由于个性的差异及个人阅历的不同，有的人性格内向、情感内敛，不善于与人沟通，因而很难缩小自我认识的盲区。由此可见，"我"和一个"陌生的我"进行对话并不是一件容易的事。

二、人生没有目标

人生目标的树立与追求是自我沟通、自我激励的内在驱动力。如果一个人在自己的人生规划和职业生涯规划中既没有志向也没有目标，整日碌碌无为、得过且过，很难想象他会对自己的生活和事业充满激情。人生没有目标，内心缺乏激情，是自我沟通的最大障碍。

三、疏于理性思考

自我沟通是一个自我反省的过程，需要独处静思、冷静自持，对自我认知进行理性梳理，方能有所收获。然而，有的人生性急躁或深陷情感的漩涡而难以自拔，对外界的正面信息持逆反心态，不愿进行理性思考。显然，要想进行自我沟通，就必须克服这种情绪。

第三节 自我沟通的策略

自我沟通是人际沟通和群体沟通的基础，自我沟通的最终目的就是为了更好地进行人际沟通和群体沟通。总体而言，自我沟通能力与个人的成长阅历及自我修炼的程度密切相关。通常，以提高自我沟通能力为目的的学习和培训主要包括以下几个方面。

一、自我认知

正确认识自我是自我沟通中的关键，也是实现自我目标的重要前提。也许有人会认为自我认识没什么难的，然而，认识自我还真没有我们想象中的那般容易，因为我们看待自己和别人看待我们是有差异的，而且我们往往也并不完全了解内在的自我和完整的自我。在此，约哈瑞之窗(如图 7-1 所示)可以让我们清晰地看到自己在认识自我的过程中所存在的偏差。

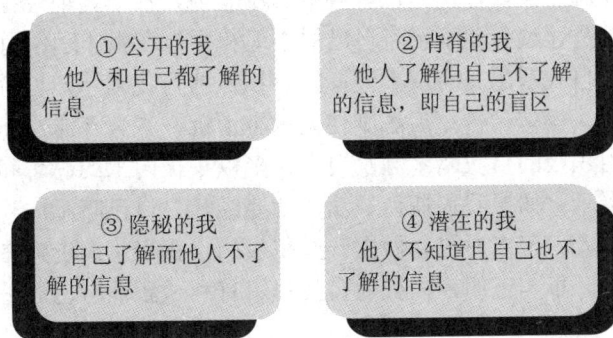

① 公开的我 他人和自己都了解的信息	② 背脊的我 他人了解但自己不了解的信息，即自己的盲区
③ 隐秘的我 自己了解而他人不了解的信息	④ 潜在的我 他人不知道且自己也不了解的信息

图 7-1 约哈瑞之窗

约哈瑞之窗是由美国心理学家约瑟夫·卢夫特和哈瑞·英格姆提出的一种用于研究和改善人们之间的信息沟通的方法。它将人的心灵想象成一扇窗，其中的四个区域分别代表个体特征中与沟通相关的部分。在图 7-1 中，"背脊的我"就是不为己知的盲区，即我们每个人或多或少都存在连自己都不了解的一面。约哈瑞之窗启示我们，要主动进行人际沟通并从他人那里获得反馈，以此了解他人对我们个性及行为的看法，从而更全面地发现自我和认识自我。

正确客观地了解自我，是缩小"背脊的我"和发现"隐秘的我"的关键所在，也是自我认知、自我调适和自我完善的重要前提。正确了解自我的途径有以下几种：

(1) 来自亲友方面的反馈。出于人性中亲情之间的特殊心理，亲友在有意无意间对你伦理形象的描绘，往往趋于认同和肯定。即使他们在指出你的缺点时，也会不自觉地淡化实际状况。

(2) 来自好友方面的反馈。在一群经常往来的好友之间，心理上不存在特殊的倾向性，他们在不经意间对你道德形象的描绘，往往评价多于认同。他们会直言不讳地指出你的缺点和不足且评价大致接近你的真实情况。

(3) 来自工作及学习环境的反馈。由于来自工作及学习环境中的这些人与你相处的时间较长，工作联系较为密切，因此相互之间的了解更为深入，这种了解是一种更趋理性的了解，其评价更能反映客观实际。

(4) 来自自身的反馈。这是一个审视自我、了解自我的特殊途径，通过自我肯定、自我评价等内心沟通活动来实现，其反馈的客观性则因人而异。

基于以上论述，汇总多方面反馈，并结合自我觉察，方能正确客观地描绘出真实的自己，进而为良好的自我沟通和外部发展奠定基础。

二、自我暗示

暗示是指采用含蓄的方式，如通过语言、行动等刺激手段对他人或自己的心理、行为产生影响，使他人或自己接受某一观念，或者按某一方式开展活动。自我暗示是通过自己的认知、言语、想象等心理活动向自己发出刺激，以影响自己的情绪和意志的一种心理方法。运用自我暗示进行自我沟通，目的就在于通过调动自身潜在的力量来激励自我、调节自我、重塑自我，使自己处于最佳精神状态。例如，有的运动员在比赛过程中，时常握拳呐喊以鼓舞自己的斗志。又如，一些汽车驾驶员出车前，在车窗前悬挂平安吊坠以求一路平安。凡此种种，都是通过自我暗示对自己的心理和行为产生激励作用。

应该指出的是，自我暗示具有双重性，既有积极的自我暗示，也有消极的自我暗示。前者有助于激励自我、振奋精神；后者则使人意志消沉、丧失斗志。在运用自我暗示进行自我沟通时，应多用积极的自我暗示激励自己，多以积极向上的思想和语言提示自己，尽量避免消极的自我暗示。如果我们期待成功，就要经常对自己暗示：我一定会成功。如果你想成为一个自信的人，可以对自己做出一些积极的自我暗示：走路昂首挺胸，说话铿锵有力，做事果断利索。事实证明，积极的自我暗示有利于激发自己的潜能，潜移默化地引导自己走向成功。

三、自我激励

自我激励是指使自己具有一股内在动力，向所期盼的目标前进的心理活动过程。自我激励可以表现为自我约束以克制冲动和延迟满足，或者通过自我鞭策以保持对学习和工作的高度热忱。

心理学家对人类行为的研究表明，没有受到激励的人，其能力仅发挥出 20%～30%，而受到激励后，其能力的发挥相当于被激励前的 3～4 倍。通常，这种激励可以通过自我鼓励或由外部的激励来实现。应该指出的是，外部激励毕竟是有限的，多数成功者的经历表明，强烈的自我激励是成功的先决条件。人们在前行的过程中需要无限的勇气和力量，如果没有激励，人们就会缺乏热情、丧失信心。因此，在自我沟通中，我们要经常自我激励、鼓舞斗志。人生就像一个大舞台，虽然有时会有人为我们鼓掌喝彩，但我们真正需要的还是来自内心深处持续不断的自我激励。

四、自我调适

自我调适是指个体为了不断提高自身的社会适应能力，对自身的认识、情感和行为等心理因素进行调整的过程。在人际交往中，我们常常会遇到自我能否适应社会的问题。尤其是当我们来到一个新的环境，自我行为习惯和新的环境之间必然存在着一定的差异，内心由此产生在适应环境方面的巨大压力。要消除这种压力，使自己尽快适应外部环境，就必须进行自我调适。自我调适有以下几种方法：

(1) 正视自我，正确评价自我。让自己的心理保持平衡状态，其本质就是使自身与环境处于适应状态。正确认识自我，是使自己的心理保持平衡的重要因素，也是决定自己是否与环境相适应的重要前提。如果一个人对自己或评价过高，或评价过低，或自恃高傲，或自感卑微，都会影响其自身周围的人际关系。因此，我们在生活和工作中应不断反省自我、正视自我，既要充分了解自己的优点，又要正确认识自身的不足。唯有如此，才能保持自己心理的平衡，使自己以一种健康乐观的心态适应环境。

(2) 认识环境，顺应环境。到了一个新的环境，就要主动去认识它、了解它，尤其是要了解自己所处的新环境与以往相比有哪些新的变化和特点，针对这些变化和特点，明确自己应该做出哪些自我调整。古希腊哲学家柏拉图曾说过："决定一个人心情的，不在于环境，而在于心境。"要想拥有良好的心境，就要正确认识自我，客观认识环境并顺应环境。常言道："我们改变不了天气，却可以调节自己的心情。"不断通过自我调适以顺应环境，可以让自己始终保持乐观向上的精神状态。

(3) 换位思考，宽以待人。在自我沟通的过程中，以自我调适的方式去适应环境，本质上就是调整好人与人之间的关系。人们的一切行为都是建立在人际关系的基础之上的，保持良好的人际关系是自我调适的重要内容。我们在人际交往过程中，应保持平常心，严于律己，宽以待人，超然物外，洒脱处之，学会运用换位思考的方法，以积极的视角去审视那些令人不快的人和事，重新认识客观实际，使自己的内心感到平和。

总之，只有正确认识自我，充分认识自身与环境的关系，才能不断调适自我，使自己始终保持积极乐观的心态，努力克服消极的情绪，从而不断增强自身对环境的适应能力。

五、自我超越

自我超越是指对自我行为惯性的突破。在社会生活中，由于受世界观、价值观、行为逻辑等因素的影响，人们会形成某种积习，而这种积习有时会严重限制自我上升的空间。因此，必须主动把自己从这种束缚中解放出来，才能不断获得发展和进步。

自我超越，是个人成长过程中自我提升的最高境界。人们通过建立个人愿景、保持创造力、坦然面对真相和运用潜意识，便可实现自我超越。一个具有自我超越意识的人，在追求卓越人生的过程中，一定会树立自己的理想和心中的目标。为了实现理想和目标，人们会积极主动地反省自我、调适自我，并在重新认识自我的过程中不断激励自我，从而实现自我超越。由此可见，确立目标、树立理想，既是一种自我挑战，更是对自己持续不断的自我激励。

知识拓展

自我沟通与人际沟通的差异

1. 主客体差异

在人际沟通中，信息的发送者和信息的接收者通常是两个独立的主体(如两个人之间)。自我沟通的主要特征就是信息的发送者和信息的接收者是同一主体(即同一个人)，即自我沟通具有主客体同一性。在自我沟通的过程中，同一个人担负着信息的编码和解码的功能，因此，自我沟通的行为具有较强的内隐性。

2. 目的差异

人际沟通的目的在于与他人达成共识，而自我沟通的目的在于说服自己。通常，当自我认知和外部环境发生冲突时，自我沟通便显得格外重要和必要。

3. 过程差异

人际沟通的过程包括发送者、编码、渠道、接收者、解码、反馈及噪声等。然而，在自我沟通的过程中，发送者和接收者为同一个人，信息发送、信息接收以及反馈几乎同时发生，没有明显的时间间隔。

4. 媒介差异

人际沟通可以通过语言、文字以及肢体语言等媒介来进行，而自我沟通既可以借助于语言和文字(如自言自语、写日记)，也可以通过自我心理暗示等方式进行。

专题小结

本专题介绍了自我沟通的内涵、作用和方式，分析了自我沟通中存在的主要障碍，并提供了有效的自我沟通策略。通过有效的自我沟通，可以帮助我们树立正确的人生目标，并以积极乐观的心态直面人生中的各种挑战。

思考题

1. 自我沟通的内涵及方式是什么？
2. 自我沟通过程中存在哪些障碍？
3. 请结合自身实际，谈谈你对自我沟通的认识。

专题八 语 言 沟 通

与人交谈一次，往往比多年闭门劳作更能启发心智。思想必定是在与人交往中产生，而在孤独中进行加工和表达的。

——列夫·托尔斯泰

如果你要使别人喜欢你，如果你想他人对你产生兴趣，你注意的一点是：谈论别人感兴趣的事情。

——戴尔·卡耐基

学习目标

- 了解语言沟通的特点。
- 了解语言沟通的方式。

技能目标

- 在日常生活与工作中注意沟通的技巧和艺术。

案例导入

同样的事物，不同的理解

我前些日子出差，在客户公司门口的一家宠物店里看到一条小狗，经过一番讨价还价，把小狗买了下来带回家去。

晚上给二姐打电话，告诉她我买了一条博美，她非常高兴，马上询问："狗是什么颜色的？多大了？可爱吗？"

晚上，大姐打电话来询问我最近的情况，小狗在我接电话的时候叫起来，大姐在电话里一听到有狗在叫，就问："狗是否很脏？咬人吗？有没有打预防针……"

同样是对于一条狗，不同的人其反应的确差别很大。二姐从小就喜欢狗，所以一听到狗，在她的脑海中肯定会描绘出一条可爱小狗的样子；而大姐关心的是狗是否会给我们带来什么麻烦。

【分析】 同样的一件事物，不同的人对它的理解区别非常大。在我们日常的谈话与沟通中也会出现同样的情况。

当你说出一句话时，你自己认为可能已经表达清楚了你的意思，但是不同的听众会有不同的反应，对这句话的理解可能也是千差万别的，甚至可以理解为相反的意思。这将大大影响我们沟通的效率与效果。同样的事物，不同的人有不同的理解。在我们进行沟通的时候，需要细心地去体会对方的感受，做到真正用"心"去沟通。

沟通游戏——画画

时间： 10 分钟。

材料： PPT、纸、笔。

游戏规则： 请一位同学上台描述教师课件上的几何图形，台下的同学根据其描述画图。游戏可进行两遍，第一遍画图的同学不允许交流与提问，第二遍允许提问。

注意： 描述时间为 3 分钟。

游戏目的： 了解沟通的艺术、双向沟通与单向沟通的差异。

第一节　语言沟通概述

人类沟通的方式和工具是多种多样的，如语言、文字、姿势、音乐、舞蹈、信号灯等，但应用最广、使用人数最多、表达内容最丰富的是语言。人类社会中要交往和协调，就需要沟通，语言因此出现和发展起来。语言产生于劳动，服务于沟通，而沟通是为了便于人们在劳动中合作与发展。语言沟通具有一定的社会功能，一方面，语言沟通是发展社会生产力、促进社会进步的必要条件；另一方面，语言沟通还能提高社会群体的向心力，增加社会群体的凝聚力，使整个社会变得和谐、健康。

一、语言沟通的特点

（一）双向性特点

沟通是一种交流、交换，是一种双向的活动。人类社会中最普遍意义上的语言沟通就是你说我听、你听我说，这是一种最为常见的互动与交换。它可以是一种信息交换或者一种情感交换。人类既要收集信息，又要给予信息，缺少了任何一方，都无法实现真正意义上的沟通。

（二）社会性特点

人类的沟通是在一定的社会条件和时空场合下进行的，不同的社会条件、环境背景、时空场合等都会影响沟通的方式和沟通的特点。而语言是在一定社会环境下产生和发展起来的，语言随着社会的产生而产生，随着社会的发展而发展，每一个不同的社会环境或者每一个时期的社会特点决定了沟通的社会性特点。同时，语言沟通的主体——人，具有社会性。人类要生存，就要创造适合生存的条件与环境，以求得物质生活和精神生活需求的满足。因此，人类相互之间势必要发生合作、竞争、敌对等各种社会关系。事实上，正是由于语言沟通，人们才互相联系起来，形成不同的群体，进而形成了人类社会。

（三）个性特点

从语言的具体形式看，语言更具有个性特点。任何形式的语言沟通都要最终落在具体的个体与个体之间，无论是哪种形式的语言沟通，都是通过一个个具体的个体来实现的。由于不同国家、地区及文化背景下的个体的社会环境、教育背景、价值观念、生活习惯等存在差异，因此人与人的语言沟通表现出不同的风格和特点。

二、语言沟通的基本原则

（一）尊重原则

无论在哪种场合，尊重都能体现出自己的道德素质和修养。尊重是礼仪的本质，是待人接物的核心，也是语言沟通的最基本原则。在语言沟通中，尊重首先要求自尊自爱，同时尊重也是相互的，尊重别人也能够赢得对方的礼貌相待以及信任和尊重。例如，在服务行业和服务部门的语言中，最基本的沟通方式是：来有迎声，问有答声，去有送声。

（二）互动原则

语言沟通是一种动态系统，沟通的双方都处于不断的相互作用中，刺激与反应互为因果。在语言沟通中，这种相互作用对双方都会产生影响。语言沟通是以语言改变对方思想及行为为目的的一种沟通行为，这种行为势必在双方之间产生较强的互动。互动是人们通过语言、手势、接触等信息沟通而发生的心理交往和行为交往的沟通过程。在一般情况下，随着人的社会角色的成长与成熟，人们总是根据时间、空间、双方的关系以及当时的情景等不同的情形来选择不同的话题，从而产生沟通中的互动。同时，只有互动起来，人际沟通才能顺畅、顺利地进行下去。

（三）主动原则

在语言沟通中，如果沟通双方都没有主动发起沟通信号，那么沟通就没法进行。在社会生活、学习以及工作中，经常需要人们进行主动沟通，主动表达自己的思想、意见、情感等，因此需要人们在语言沟通中采取主动。主动沟通包含主动提供帮助、主动取得联系、主动询问他人、主动向他人请教、主动反馈信息、主动表达感情、主动承担责任等。

（四）情境原则

语言沟通是发生在一定场合中的信息沟通行为，是在特定的时间、地点、场合、参与主体、话题等各种环境和因素中进行的，这就是沟通的情境性。语言的沟通经常受情境的制约，人们可以根据不同的情况选择或者改变交流话题、沟通方式等来进行合适的沟通。

三、语言沟通的意义

沟通对于个人而言具有十分重要的意义。人是属于社会的，人对社会的依赖在很大程度上体现在人与社会的沟通之中。

(1) 语言沟通是人的基本需要。

美国心理学家马斯洛把人的各种需要按照其重要性和先后次序分为生理需要、安全需要、交际需要、尊重需要和自我实现需要。在保障了生理和安全的基本需要之后，交际的需要位于前列，因为人是属于社会的，这就决定了人类强烈的归属感，激发了大家渴望沟通的愿望。人们相互之间需要进行信息、思想、情感等的交流，而这些精神层面的需求是通过语言沟通来得以满足的。

(2) 语言沟通能促进人的身心健康。

一般而言，语言沟通对于促进人的身心健康主要体现在：通过宣泄自己的愤怒等负面情绪或者与他人的有效沟通可以减轻个人的一些心理压力，缓解心理紧张、抑郁、焦躁等负面情感。

(3) 语言沟通能使人增长知识、丰富见闻。

人们通过与外界的沟通获取信息、增长知识、丰富见闻。在日常的生活、工作和人际交往中，我们可以通过听、说、读、写等方式进行互动沟通，将自己的所思、所想以及已知的知识通过语言与外界进行沟通和交换。人的语言沟通是众多沟通形态中运用最多的一种，它的使用频度的高低会影响到一个人的见识增长和发展进步的速度。

(4) 语言沟通是促进事业成功的因素之一。

一个人取得事业成功需要多种因素，如聪明、知识、机遇、勤奋等，沟通也是促进事业成功的一个因素。西方国家一直把语言沟通作为衡量人才的一个重要标准。早在 20 世纪初，英国就有人提出：一个人在事业上的成功，只有 15%依靠业务技术，另外 85%则要依靠人际关系和处世技巧，而在这 85%中大部分又取决于一个人的语言沟通能力。在现代社会的很多场合都需要有良好的语言沟通能力，因此训练好自己的沟通能力可以为自己事业的成功增添强有力的砝码。

第二节　语言沟通的有效方式

一、塑造声音表情

声音是语言沟通的媒介，没有声音，语言沟通就无法进行。我们在进行有声语言的沟通时，不仅要把握时机说话，还要让自己的声音富有表情。一个人的声音是一个人的身份证，声音是与身材匹配的，同时声音与一个人的成功度和见识有关。良好的声音表情就是说话人的发音方式、语气的抑扬顿挫和语调的丰富变化。我们只有事先仔细了解沟通话题的意思，然后才能以恰当的语气和声调将其合适地表达出来，两相配合，相辅相成。

从特质上看，声音是富有内涵、穿透力、说服力、信赖感、磁场和能量的。人的声音天生就被赋予各种变化。一般而言，影响声音质量的因素有音域、音量、音长和音质。在沟通中，首先，音量要足，要让声音充满力量和自信，让人听着轻松；其次，音量适中，要注意发音的位置，让人听着舒服；再次，音质要好，要学会控制好音色，听着悦耳；最后，要克服口音，要熟练运用普通话，让人听得清楚。

二、了解听话者

人们在不同的时间、地点和场合，面对着不同的人和不同的事件，需要说不同的话或者用不同的方式说话，所以，开口说话不能只照着自己的思路走，要考虑对方对自己说的话是否有兴趣，要考虑对方的立场以及自己的观点能够被接受的程度。一个具有高明演说技巧的人，能够很快地发现听众所感兴趣的话题，同时能够说得适时适地，恰到好处。换言之，把听众想要听的事情，在他们想要听的时间之内，以适当的方式说出来，这是一种无与伦比的才能。这种能够把握优越时机的人在说话时所取得的效果往往非同凡响。

有一个成语叫"对牛弹琴"，它讽刺的就是"说话不看对象"，琴弹得再好，对牛也没有任何意义。说话也一样，不看人说话没有任何作用，有时还会招来麻烦。因此，在与他人进行语言沟通时，有条件的话要对沟通对象或者听话者进行一定的了解。要了解听话者的身份、年龄、职业、爱好、文化修养以及个性等诸多方面的情况，只有这样，我们所说的话才有意义，才能达到预期的目的。

听话者可以分为四类：漫听型、浅听型、技术型、积极型。针对不同类型的听话者，我们可以采取相应的沟通方式。其分述如下：

(1) 漫听型。这类听话者在与人进行语言沟通时比较容易走神，在听到某一个话题或者观点时，容易很快陷入自己的思考与思维中。因此，面对漫听型听话者，我们可以不时地与其保持目光接触，使他专注于自己的讲话，并不断地提一些问题，讲些他感兴趣的话题。

(2) 浅听型。此类听话者往往只注意听表面的意思和含义，不深入思考话题的深层次含义。因此，面对浅听型听话者，我们要简明扼要地表述，并清楚地阐述自己的观点和想法，不要长篇大论，让听话者心烦；也不要用词深奥、晦涩。我们可以这样说："我的意思是……。"

(3) 技术型。此类听话者比较喜欢根据数据和事实等明显的证据来判断一件事情的真假或者善恶等。面对技术型听话者，我们可以尽量多地提供事实和统计数据，把自己的感受直接描述出来，多做一些明显的暗示和提示，让听话者积极进行反馈。例如，"你认为我所说的……。"

(4) 积极型。在与积极型听话者进行沟通时，可以不断地得到互动与反馈，他们非常愿意并可以充满热情地参与话题的讨论。因此面对积极型听话者，我们可以选择他感兴趣的话题，运用表达技巧，与听话者多进行互动与反馈。例如，"我是这样想的，你认为如何？"

三、注意说话的时机

古人云："山不在高，有仙则名；水不在深，有龙则灵。"说话也是如此，话不在多，时机一定要对，能在最适宜的时机说出最适宜的话，这才是最会说话的人。否则，如果说话的时机把握得不好，还会带来反面的效果。孔子曾在《论语·季氏》里说："言未及之而言谓之躁，言及之而不言谓之隐，未见颜色而言谓之瞽。"这句话有三层意思：一是不该说话的时候说了，叫作急躁；二是应该说话的时候却不说，叫作隐瞒；三是不看对方的脸色变化，贸然信口开河，叫作闭着眼睛瞎说。

《三国演义》中的"杨修之死"大概就是如此。杨修作为曹操身边一个直接参与机密要务、总领营帐诸事的行军主簿，在战事失利的紧急情况下，口无遮拦，自作聪明地从"鸡肋"口令中随意猜测，并在军中肆无忌惮散布消极言论，最终被曹操以"乱我军心"罪处死。杨修空有真才实学，却因为说话时机不对，而招来杀身之祸。

那么，什么时候是说话的最佳时机？例如，在讨论会上，什么时候是最佳发言的时机？如果你第一个发言，虽然能够给听众留下先入为主的印象，可是一般情况下，因为时间尚早，气氛难免显得沉闷，听众尚未适应，不太好调动他们的情绪。如果到了后边再讲，好处是能够吸收别人的成果，进行有效的归纳整理，显得井井有条，或者针对别人的漏洞发表更为完善的意见，可是因为时间太晚，很多听众都会觉得疲倦，希望尽快结束发言而不愿再拖延时间，因此效果也不理想。根据这些情况，经过研究证明，最好的发言机会是在第二或第三个人发言之后及时切入话题，这样的效果最好。在这个时候，说话的气氛已经活跃起来，如果不失时机地提出自己的想法，常常最容易引起人们的关注。

选择说话的时机是一种尊重对方的表现，同时更是发挥说话效果的好方法。只有对方对自己所谈的事情感兴趣的时候，我们说的话才会产生应有的效果，达到预期的目的。

四、注意说话的场合

著名作家李存葆说过："在战斗最激烈的时候，宣传鼓动不会是长篇大论，有时面对敌人痛骂一声，回头向战友一招手，喊一声：'有种的，跟我上!'"这比宣传鼓动更有效。这告诉我们，说话只有根据场合，灵活运用语言，才能取得更好的效果。

英国女王维多利亚与其丈夫阿尔伯特相亲相爱，感情和谐。妻子是一国之君，整天忙于公务和应酬，而丈夫却不太关心政治，对社交缺乏兴趣。有一天，女王忙完公事，已经深夜了，她回到卧室，见房门紧闭，就敲起门来。

问："谁？"答："我是女王。"门未开，再敲。

问："谁？"答："维多利亚。"门未开，再敲。

问："谁？"答："你的妻子。"门开了，维多利亚走了进去。

女王回到家里，场合改变了，她就不再是女王，而是一位妻子。在宫廷上对着王公贵族说话是一种情形，回家说话应该是另一种情形。不看场合，随心所欲，信口开河，想到什么说什么，这是"不会说话"的人的一种拙劣表现。场合不同，氛围不同，人们的心情也不同，他们对一些问题的感受和理解的程度也会不同。同样一句话，在此场合被认为合理、有见解，在彼场合则可能引起他人的厌恶和反感。

五、展开话题

展开话题前应注意一下对方的行为态度，这通常会给我们一些提示，此时是不是展开交谈的好机会。通常以下暗示可以表明话题可以顺利进行：对方与自己有眼神接触、有微笑以及比较自然的面部表情时，说明对方心情放松、愉悦，比较适合交谈和沟通。而当对方有负面的提示或不方便交谈的情形时则不应再展开话题或者继续话题，如正在忙于某些事情、正与别人详谈中、正赶往别处。当然，我们自己也得同样发出正面的提示，如主动跟别人先打招呼，加上微笑以示友好，这样很容易取得别人的好感并留下好印象，从而展开话题。

在日常语言沟通中，我们可以以邀请和问题的方式来发起谈话。其一，邀请式。展开这一类话题可以采用赞美的语言来发起谈话，一般这样的话题能够令人心情愉悦，引起交谈兴趣。例如，"你今天看起来容光焕发哦！"其二，问题式。此类展开话题的方式在生活中运用得较多，一般的问答都可以适时地引起交谈。例如，"你最近忙吗？"

六、选择合适的话题

在选择话题时，要注意几点：对于自己不知道的事，不要冒充内行；不要向陌生人夸耀自己的成绩；不要在公共场合谈论朋友的失败、缺陷和隐私；不要谈容易引起争执的话题；不要到处诉苦和发牢骚。可以寻找一个共同的话题，如兴趣、孩子、交通、汽车、电脑、食物、时事、新闻、天气状况、旅游、体育比赛、电影、电视剧、音乐等。一般而言，我们可以从以下几个方面选择合适的话题：

(1) 自己。首先可简单透露自己的感受或近况。例如，"我近来学习比较忙，经常复习到深夜。"

(2) 对方。从对方身上发掘话题，衣着、外表、首饰等都是话题。例如，"你这件外套真好看，是在哪儿买的？"

(3) 当时环境或流行话题。例如，"哎呀！最近天气凉了许多，真要穿件外套。"

(4) 简单问候对方。例如，"你最近怎样呀？"

(5) 赞美的话。例如，"孩子长得多可爱啊！"

(6) 就地取材，即按照当时的环境来寻找和选择合适的话题。例如，如果在朋友的家里相遇，那么对方和主人的关系可以用来作为合适的话题，如"先生(小姐)和某先生大概是同学/同事吧？"等。

如何选择合适的话题，维持话题，拓展话题，继续进行有效的语言沟通？我们通过以下几点进行详细分析。

(一) 问话需适可而止

在日常的沟通中，一般而言，不宜问及女子的年龄、他人的收入、他人衣饰的价钱、他人的家事以及商业秘密或者同行的营业情况等。另外，有些问题，当自己得不到满意的答复时，可以继续追问，但有一些问题不宜再问。例如，问对方住在哪里，如果对方只说地区而不说具体地址，就不宜再详细追问"某路某号"。如果对方愿意让自己知道的话，他一般会主动详细说明甚至会邀请自己去坐坐，否则便是不想让别人知道，也就无须再继续追问了。凡是别人不知道或者不愿意让人知道的事情都应该避免询问，因为问话的目的在于引起双方的交谈兴趣，而不是使任何一方没趣。问话的最高本领是能令答者侃侃而谈，同时也能增加自己的见闻。

(二) 维持话题的技巧

话匣子打开以后，就可以运用一些方法来维持大家共同感兴趣的话题进行交谈，如漫谈资料法与自我揭示法。当然在沟通的过程中，也要视情况而适当地转换话题。

1. 漫谈资料法

所谓漫谈资料法，是指在回答问题时多透露点漫谈资料，使对方能发掘更多话题，否则谈话便变得枯燥无味。例如，"我不是常在那里买东西的，只不过是有一次无意中看到而买的。"另外，我们也要留意对方透露的漫谈资料，以便发掘更多话题。例如，"呵，原来你在北海大道上班，你做的是什么工作呀？"

2. 自我揭示法

自我揭示法即透露自己的资料，这种做法可以帮助对方更了解自己，并为对方提供谈话题材，起到平衡彼此谈话内容的作用。但要注意：自我揭示需与对话内容有关，不宜多或太长，视对方反应而定。谈话内容可分三个层次：选择与谈论话题有关的内容进行交谈；发表自己对所讨论事项的意见；谈论自己对分享事件中的感受。例如：

甲：你放假去了哪里玩呀？

乙：去了**，玩了半个月，真好玩呀。(个人感受)

甲：我上次放假也去了**玩，觉得特别棒！你认为哪里最好玩？(个人经验及感受)

乙：我最喜欢***，不过处处都要收钱，真扫兴。(个人感受)

甲：是啊！我也有同感，我觉得现在**变得商业化了，不像以前了。(个人意见)

(三) 拓展话题领域

刚开始的谈话可以选择大家都比较熟悉的话题或者耳熟能详的社会热点事件进行交谈，这样可以使大家都参与到谈话中来，都可以发表自己的见解和看法。在随后的谈话中可以注意观察对方在交谈时的重点，由此可以探出对方的兴趣和爱好，拓展话题的领域。当然，在拓展话题领域时，如果自己对对方的领域一知半解或者了解不够深入，还是要谨慎选择是否拓展双方的领域。如果自己本身具有一定的常识，即使没有各种擅长的学问和领域，也可以应付各色人等，尽管不能应答如流，但是总能提出问题，因为问话是使对方开口的良策，由此也可以拓展双方沟通的话题领域。

(四) 保持新颖的题材

在日常的语言沟通交流中，话是说给对方听的，而不是说给自己听的。因此，说话不在于图自己的痛快，而必须估计到对方的兴趣，要为听者着想。首先，要观察对方的兴趣所在，然后选择其感兴趣的话题，围绕其感兴趣的焦点继续交谈。需要注意的是，即使是一个很好的话题，说的时候也要适可而止，不要拖延太久，否则会令人感到厌倦。此外，说完一个话题后若是不能使对方发言，而必须由自己支撑谈话局面，就需要另找新鲜话题了。其次，在谈话中，如果是自己掌握着发言的主动权，则要时常找机会诱导对方说说话。例如，可以征求对方对某一问题的看法或者在适当的时机请对方叙述他的经验等。最后，如果话题转了两三次，而对方仍然没有将发言权接过去的意思或者没有做主动发言的打算，这时发言的主导者就应该设法把这一谈话结束。如果不管别人是否愿意听或者有无兴趣，自己一个劲儿地滔滔不绝，那就有违谈话的艺术之道了。因此，要平衡彼此谈话的内容，在双方的交谈中需要增加谈话的机会，避免一方讲得太多或太少。一般情况下，较平均地参与会使双方的交谈比较自然，除非对方演说自己亦乐于聆听。

(五) 转换话题

谈话中应细心聆听，注意反应，留意自己及对方是否对谈论中的话题已没有兴趣，自己是否很努力继续这个谈话内容，或者人家要停很久才有回应，如有需要可利用漫谈资料来转换话题。例如，"我听你刚才讲到……看来你很喜欢运动……。"多注意对方谈话中的重要字眼，并将一些有关资料记下来，适当的时候有助于转换话题，亦可运用打开话匣的技巧重新展开话题。

七、适时结束

通常在谈话中最糟糕的表现就是：很多人会沉溺于自己的谈话或者发言中，不知道如何结束话题或做一个结语。诸如此类的情况在生活中经常会发生。不会适时结束谈话的人一般在讲起话来就像打开了水龙头，让水一直流个不停，他们一般只热衷于自己的话题，每一次开口都不知道适可而止。这一类人喜欢长篇大论或者对自己擅长的话题滔滔不绝，不允许有别人插嘴或者谈论的机会，更不知道如何结束话题。这样的人不但不受人欢迎，还会惹人厌烦。只有智慧的人，才能视具体情况而定，在适当的时候完美地结束话题。

第三节　语言沟通的艺术

一、先当听众

在沟通中，首先要学会做一个有耐心的听众，因为能聆听别人意见的人，必是一个富于思想和具有谦逊性格的人。如何做一个良好的听众？首先，要专注、真诚。当别人与自己谈话时，自己的眼神要注视着对方，这是尊重和真诚的表现。其次，当与别人说话时，不可做一些无关的事情。例如，不停地玩手机或者拨弄其他的东西，这是不尊重别人的表现，而且会分散注意力，使得谈话无法顺利进行。最后，在聆听别人说话时，无论他人说什么，不可贸然、无礼地打断别人的谈话或者随意纠正别人的错误，如果因此而引起对方的反感，那就不能成为一个良好的听众了。谈话中提出不同的意见或者批评对方时，要讲究时机、态度和说话时的语气，这样才能易于让对方接受，使得沟通顺利进行。

二、简洁的语言

在沟通中说话者应该抓住重点，并且使用简洁的语言表达出来。谈话中没有比该停不停、该省略而不知省略的习惯更差了，讲话时语言不精练的人终将会发现他在自说自话，没有任何听众。有些不知道运用简洁的语言进行谈话的人，经常长篇大论、废话连篇，不知道针对重点，将相同的事情一说再说，而且缺乏逻辑，使听者听得云里雾里，不知所云。因此，要将自己的所思所想运用简洁清晰的语言表达出来，应先打好草稿，将重点提炼出来，然后再运用简洁合适的语言表达出来，最后视当时的具体情况决定哪些应该说，哪些不应该说，哪些允许说，哪些禁止说。

三、有效表达

语言作为沟通的工具讲究表达是否有效，无论沟通者出于何种目的，都不希望自己的讲话没有效果。说话的目的有四个方面，无论说话者是否意识到，说话一定具有这四个目的中的一个或几个：提供知识或信息；引起听者的行动；引起共鸣、感动和了解；让听众感到愉悦和快乐。实现有效的表达与成功的沟通有以下几种方法：

(1) 找对目标。

(2) 表现热情。

(3) 使听众对自己的话题感兴趣。

(4) 将听众关心的事情加入话题。

(5) 确认与听众的共同点。

(6) 生动而亲切地传达内心的感受。

(7) 正确诚恳地评价。

(8) 用"我们"来称呼双方。

(9) 不轻易质问。

(10) 采取低姿态。

四、迂回、委婉的方法

迂回法是指在交谈中直接向对方提出意见或看法感到困难时使用的绕弯子或兜圈子的方法，以便把要说的话用婉转的言辞和语气讲出来，目的是使对方听了能接受，最终顺利沟通。运用迂回法，可以使用闲谈的方式，让对方在不知不觉中将话题接过去；也可以借用历史典故去启发对方思考，最后点明主题，达到沟通的目的。

另外，在人们的沟通场合，经常会出现许多不好处理的局面，当面对这种情况时，巧妙而得体的委婉语便会成为排解难题的"利刃"。例如，著名的"名落孙山"一词便是典型的委婉语使用典故。

宋代有一个名叫孙山的才子，他为人幽默，很善于说笑话，所以人称滑稽才子。一次，他和一个同乡的儿子去京城参加举人的考试。放榜的时候，孙山的名字虽然列在榜文的倒数第一名，但仍然是榜上有名，而他那位同乡的儿子，却没能考上。

不久，孙山先回到家里，同乡便来问他自己的儿子有没有考取。孙山既不好意思直说，又不便隐瞒，于是，就随口念出两句不成诗的诗句来：解元尽处是孙山，贤郎更在孙山外。解元就是我国科举制度所规定的举人的第一名。而孙山所作诗中的解元泛指一般考取的举人。他的意思是说：举人榜上的最后一名是我孙山，而令郎的名字还在我孙山的后面。从此，人们便根据这个故事，把投考学校或参加各种考试没有被录取称为名落孙山。

五、词必达意

擅长交谈的人，总可以流利顺畅地表达出自己的意愿，也能够把道理说得比较透彻、动听，使别人乐意接受。在日常沟通中，要做到词必达意，我们可以采取以下几种方法：

(1) 要正确地发音。准确、清晰地发音是交谈的首要前提，我们可以依靠平时多朗读书报、多听广播电视的标准发音来进行练习。

(2) 在谈话时，避免使用一些晦涩难懂的词汇。通常人们不会认为使用了一些生涩的词汇而认为说话者很有学问；相反，如果经常使用一些晦涩难懂的词汇，可能会弄巧成拙，让别人认为自己故弄玄虚。在日常生活中，我们应该用大方、生动、熟练的语言来表达自己的意思，说话的速度也要适中，才能让对方听着舒适、顺畅。

（3）在谈话中，运用文字、语句，尽量遵循几个原则，即说话尽量简洁，文句不宜重复使用，避免口头禅，同样的词汇不宜重复太多次。

六、巧妙攀谈

在交谈中，如果能使对方谈到他感兴趣的话题，表示已经很巧妙地吸引了对方。此时，若能再以问询等方式去引导对方谈论关乎他个人的生活习惯、愿望、兴趣、经验等方面的问题，而对方如果对自己提出的问题有兴趣，自然愿意叙述自己的一切，说明两人的沟通正在向着良性、成功的方向迈进。例如，在面对陌生人或陌生客户需要拉近距离时，可以尝试使用提问进行对话："您好，非常冒昧，可以问一下您从事哪一种职业吗？"如果对方愿意回答，便可以进一步问他："可以告诉我，究竟是什么原因促使您从事这种职业呢？"通常情况下，听到这个问题的人会有回应或者聊天的愿望，这样一来，我们就自然可以成为对方的听众了，而对方因为有人听他讲话，也会侃侃而谈了。

七、看人说话

曾经有一位学者说过："如果你能和任何一个人连续谈上 10 分钟而使对方产生兴趣，你就是一流的沟通人才。"这句话看起来简单，却并不容易做到。因为"任何人"的范围很广，无论什么职业、什么阶层，能和他们谈上 10 分钟而使对方感兴趣，不是一件容易的事情。

因此，"看人说话"，看似简单，实则很难。要想做到与"任何人"都能沟通顺畅，需要充实自己。首先，要丰富自己的学识。当然，我们不可能对各种学问都有精湛透彻的研究，但是对一些常识是有必要掌握的。有了一般常识性学问，若能在沟通中巧妙地加以运用，那么与任何人进行 10 分钟有趣的谈话，也应该不是一件特别难的事情。其次，社会在不断地进步，信息在不断地传递，国际国内的新动向或者社会热点事件、经济发展趋势、科技新发展、艺术新领域、新的电影戏剧等内容皆能成为谈话中的话题。

八、避免说太多"我"

在一次花园俱乐部的集会上，主人在 3 分钟的讲话中用了 26 个"我"字：我的花园、我的篱笆、我的事业……某个熟人走到他的身边说："很抱歉，您已经失去了您的太太。"主人反问道："失去我太太？"对方答："请问您的花园里的一切跟您太太一点关系都没有吗？"

在谈话中频繁地使用"我"字，是只在乎自己的体现。在谈话中，我们应该顾及他人的感受，而不能一味使用"我"字来获得话语的主动权，体现自己的优越感。苏格拉底说："不要老是说我想，而应多询问朋友'您认为怎样？'"在人与人之间的沟通中，千万别让"我"字充斥在我们的谈话之中。

九、接话技巧

接话技巧是指在交谈中，一方正在讲述的话头转向另一方时，另一方应该如何接答的技巧，或者当一方讲到某一话题时，另一方应该接应或者说明的插话技巧。接话者应该反应迅速，思维敏捷，机敏精巧地应答对方的话茬，讲出恰到好处的妙语来。例如，1972 年，美国总统尼克松访问苏联。在苏联的机场上飞机准备起飞时，一个引擎突然发动不起来了。

此时，在场的勃列日涅夫又急又恼，指着民航部长问尼克松："我应该怎样处分他？"尼克松说："提升他，因为在地面发现故障总要比在空中好。"尼克松的接话本领是高强的，不仅在"视点"上比勃列日涅夫科学，而且在言辞上含义深刻、风趣幽默。

十、话多不如话好

一般而言，话说得越多，出错的机会也越多。大智若愚，有学问的人不大乱说话，胸无点墨的人反而会大吹大播。古希腊有一句谚语说："宁可把嘴巴闭起来，使人怀疑你的浅薄，也不要一开口就让人证实你的浅薄。"因此，在研究说话的艺术时，我们要先学会少说话，在任何场合，我们要尽量做到少说话，缄默是值得提倡的。这里的少说话不是不说话，而是说得又少又好，这才是说话和口才的艺术。如果非说不可，那么就要注意所说的内容、措辞、声调、意义和说话的姿势。另外，无论是探讨学问、沟通应酬还是娱乐消遣，从我们口中说出的话，一定要有一个中心主题，要生动和具体。同时，为了使自己的话为人们所重视和感兴趣，就要坚持少说话的原则，只有这样，说话者才有时间静静地思考，从而使说出来的话更精彩。

十一、说话重在讨论

只要是基于立足点平等的谈话就是讨论，而如果争论使双方动气或猛烈地攻击对方并又紧紧地保护自己，则争论是谈话的"仇敌"。

中国有一句俗语："先吼者失利"，其实是说先吼者一般没有办法控制自己来表达他的心意。讨论的原则为：使用有利证据与温和的语调。

通常情况下，只要我们保持冷静，富含幽默感，有理由，而双方都愿意听对方说，尽量对事情不产生偏见，则讨论不会产生纠纷。争论让人们分开，讨论使人们合一，争论是野蛮的，讨论是文明的。因此，我们在谈话中要尽量避免争论，多进行一些有趣味、有意义的讨论。

十二、避免攻击别人

通常情况下，谈话安全与否要视周围的人、事而定。例如，宗教或政治的话题，可能会让某些人津津乐道，但对于某些人却是缺少兴趣的。除非拥有喜欢争吵的朋友，不然自己要尽量避免提出足以令谈话双方发生敌意的话题。例如，一个人减肥或戒烟成功了，若在聊天过程中，尤其是面对肥胖者或"老烟枪"时，一味强调或重复这个话题，也许是好意，但假如自己所说的话题很显然会引起他人尴尬的话，千万不要急着说细节，以免引起麻烦。

知识拓展 1

非语言沟通

一、非语言沟通的定义

非语言沟通指的是除语言沟通以外的各种人际沟通方式，包括肢体语言、副语言、空间利用、时间安排以及沟通的物理环境等。

非语言沟通涉及人们面对面沟通中的诸多方面，如用来加强或替代所说的话。有时候人们有意识地运用非语言沟通技巧，有时候却是一种下意识的行为。例如，面部露出的微笑、眉头紧皱、开会入席的座位、办公室的大小及室内陈设等，都表达着各种信息，如高兴或苦恼、权势或地位等。

非语言沟通在实际沟通活动中起着非常重要的作用，甚至比通过语言表达更重要。有关研究表明：在实际沟通过程中，非语言沟通所包含的信息远远超出语言所提供的信息，如图 8-1 所示，正所谓"无声胜有声"。

对于倾听者来说，非语言沟通可以帮助确定讲话者是否有诚意，因为当一个人在说话时，他的话可以给自己戴上某种面具，但其肢体语言就不会被掩饰得那么毫无痕迹。正如人们常说的："不仅听你说什么，更重要的是看你怎么说。"

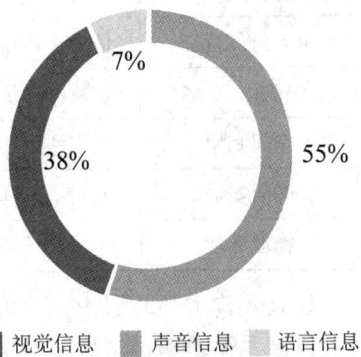

■ 视觉信息　■ 声音信息　■ 语言信息

图 8-1　非语言沟通的信息含量分布图

当然，讲话者也可以从非语言信息中获益，通过观察倾听者所发送的非语言信息来确定他所发送的信息是否已得到理解。

二、非语言沟通与语言沟通的关系

非语言沟通与语言沟通关系密切。在实际沟通过程中，当语言信息与非语言信息不一致时，人们往往更相信非语言信息。通常语言信息与非语言信息可以有以下四种关联。

1. 重复

例如，在答复问路者时，我们往往会边回答边用手指方向。

2. 矛盾

例如，当某人在争吵中处于劣势时，嘴里却颤抖地说道："我怕他？笑话！"事实上，从说话者颤抖的嘴唇不难看出，他的确感到恐惧和害怕。

又如，顾客在首饰店的柜台前指着金灿灿的手链对服务员说："请拿这款项链给我看看。"服务员一定会意识到是顾客说错了，这时，服务员通常会认定顾客需要的东西是他手指的手链而不是他所说的项链。这个例子也说明，在语言和非语言信息出现矛盾时，非语言信息更能让人信服。

3. 代替

例如，当经理走出办公室时，显出一副沮丧的样子，显然他与上司的谈话结果很糟糕。这时，非语言信息就起着代替语言信息的作用。

4. 强调

通过非语言信息可使语言信息得到补充。例如，一位经理通过敲击桌子、拍一下同事的肩或通过语调来强调有关信息的重要性。

三、非语言沟通的类型及主要功能

如表 8-1 所示，非语言沟通的基本类型主要包括身体动作、个人身体特征、副语言、空间利用、时间安排、物理环境等，具备认识和辨析这些非语言信号的能力无疑有助于有效沟通。

表 8-1 非语言沟通的基本类型

基本类型	解 析 和 示 例
身体动作	手势、脸部表情、眼神、触摸手臂以及身体其他部位的动作等
个人身体特征	体形、体格、姿势、体味、气味、高度、体重、头发颜色及肤色等
副语言	音质、音量、语速、语调、大笑或打哈欠等
空间利用	人们利用和理解空间的方式,包括座位的安排、谈话的距离等
时间安排	迟到或早到、让他人等候、因文化差异对时间有不同的理解等
物理环境	大楼及房间的构造、家具和其他摆设、内部装潢、整洁度、光线及噪声等

在人际沟通的过程中,人们的内心活动变化会通过肢体语言有意无意地流露出来。通过形体暗示而透露出来的非语言信息主要有以下四种。

1. 态度信息

一方面,手势和形体姿态可以帮助我们传递或强化由语言表达的信息;另一方面,形体暗示更能生动地反映出信息传播者对他人的态度。

2. 心理信息

研究表明,形体暗示是可以有效地提供确切的个人心理状态的信息。它不仅能够表明我们是否自信,而且能暗示出我们的自信程度。它通常能够揭示我们是否靠得住,也能够将我们消极的心理状态暴露无遗。

3. 情绪信息

我们的表情能够非常准确地传递特定的情感信息,而形体暗示则能够显示情绪的变化和紧张程度。

4. 相关信息

通过非语言沟通能够揭示其他重要的相关信息,如个人偏好、权力地位以及情绪变化等。显然,如果不熟悉手势和姿势所提供的相关信息,则在人际沟通过程中就容易产生误解,甚至引起冲突。

手势和形体姿态在人际沟通中非常重要。我们可以将眼睛比作心灵的窗户,同样也可以将形体暗示(即手势和形体姿态)看成心理活动的"晴雨表",内心活动的变化会在肢体语言中有意无意地流露出来。

四、常见肢体语言的解析

肢体语言,又称为身体语言,是指由身体的各种动作代替语言本身来表情达意的一种特殊语言。

肢体语言有广义和狭义之分。狭义的肢体语言是通过头、眼、颈、手、肘、臂、身、胯、腿、足等人体部位的协调活动来向交流对象传达信息,借以表情达意的一种沟通方式。而广义的肢体语言除了传递身体与四肢的信息之外,还表达面部表情的意义。以下以广义肢体语言为标准来分析几种常见的肢体语言在不同情况下所传达的不同心理意义,如表 8-2 所示。

表 8-2 常见的肢体语言类型

肢体语言类型	示 例 和 解 析
手势	(1) 手臂和手： ① 双臂展开表示热情和友好； ② 双手抓裤袋表示冷淡或孤独； ③ 两臂交叉抱在胸前表示戒备、敌意或无兴趣； ④ 双手合十表示诚意； ⑤ 招手表示友好或示意靠近； ⑥ 单手或双手抱头表示沉思、沮丧或懊恼。 (2) 手指： ① 捋发表示对某事感到棘手或以此掩饰内心不安； ② 十指尖相触表示自信或耐心； ③ 指点某人/物表示教训或威胁； ④ 握拳表示愤怒或激动； ⑤ 搓手表示急切期待或心情紧张
姿势	(1) 头部动作： ① 朝一个方向点头表示催促某人紧跟着； ② 上下点头表示赞许、同意或默契； ③ 摇头表示不同意； ④ 头朝对方略微侧转表示注意。 (2) 腿和脚的动作： ① 双脚呈僵硬的姿势表示紧张、焦虑； ② 脚和脚尖点地表示轻松或无拘束感； ③ 坐着时腿来回摆动表示轻松或悠闲； ④ 跺脚表示气愤或兴奋
眼神	(1) 对人和事物感兴趣时瞳孔会放大，而当兴趣不大时，瞳孔就会缩小； (2) 在说服型沟通中，与被劝说者保持目光接触可以增强可信度； (3) 在人际交往中，目光注视使人更具亲和力； (4) 缓缓地眨眼或友善的眼神可以调解谈话过程中的紧张气氛； (5) 目光注视强有力的人通常领导能力较强，而目光回避的人往往领导能力不强； (6) 表达肯定的情感(高兴或幸福)时，瞳孔会增大，反之瞳孔会缩小

　　当然，在不同的文化中，眼神所表达的意思是不同的。在很多文化中，眼睑下垂表示对上级的尊重和服从，但在日本，却要求正视对方的颈部。在中国，过分盯着对方看是很不礼貌的行为。相比较而言，阿拉伯人互相对视的频率要高一些，在他们的意识中，目光对视有助于拉近彼此的距离，是一种友好的表示。正是由于这个原因，他们不喜欢与戴眼镜的人说话。在伊斯兰国家，异性之间不允许目光对视。显然，在多元文化的组织中，上述差异在沟通过程中常常会引起误解，因此，了解和熟悉不同的文化对于解读这类非语言

信息是十分重要的。

五、形体暗示的解析

形体暗示在传递有关自信程度、个人偏好、独断性、权力大小的信息方面起着关键的作用。在这里，我们将明确一些在沟通过程中出现的受欢迎的暗示和不受欢迎的暗示。

在沟通时表现出开放和自信的形体暗示是很受欢迎的。在人际沟通过程中表现出开放的姿态非常重要，这样会给其他人传递一个信号：我真诚地努力表达出自己真实的想法。开放式的手势常引来对方同样的开放式的姿态。

开放式形体暗示通常表现为伸展一下双手，松一下衣服口子或领带，放松一下四肢等；相反，紧缩双臂、夹紧双腿等动作则表现出一种自我防御的封闭式形体暗示。

对于希望表现出镇定自若的人来说，自信的动作显得非常重要。典型的表示自信的动作有：手指呈尖塔状(将手指指尖靠在一起形成尖塔状)；双手放在背后，下颌微抬；斜着身子，以手托头。而摸嘴、摸鼻子、抓头等手部小动作通常流露出不自信的信息。

开放式和自信的动作是受欢迎的，防御性和紧张的动作则不受欢迎。防御性动作有很多，它们都带有制造不愉快气氛的意味。例如，目光下垂、封闭式形体姿势是典型的防御性动作。紧张的动作也有多种形式，如捻弄手指、拉衣服和摸耳朵等。一般来说，任何毫无意义的动作都可能被视为紧张的表现。

在人际沟通过程中，形体暗示对于了解对方的偏好、情绪或权力地位等信息具有重要作用。以下是常见的几类形体暗示。

1. 喜欢和不喜欢

希望他人喜欢的愿望人人皆有，然而喜欢他人却没能激起对方做出相应的反应，自己是否有错？如果确实喜欢一个人，可以通过适当的形体暗示将自己的意思表达出来；通过解读对方表现出来的形体暗示，也可以了解到他人是否对自己感兴趣。对照表 8-3 所列形体暗示表现，解读其中的信息。

表 8-3　喜欢和不喜欢的形体暗示

喜　欢	不　喜　欢
(1) 在不期而遇时有身体向前的倾向； (2) 身体和头直接面对对方； (3) 开放式形体姿态； (4) 肯定性的点头； (5) 活泼的动作； (6) 拉近个人距离； (7) 适当地放松； (8) 接触； (9) 保持目光接触； (10) 微笑	(1) 短时间的目光接触； (2) 白眼； (3) 不高兴的面部表情； (4) 相对较少的手势； (5) 身体僵硬； (6) 神情冷漠，漠不关心； (7) 封闭式形体姿态； (8) 身体紧张

2. 有权和无权

具有一定权力的人，无论权力大小，都希望被他人认可，他们有意无意做出的形体暗示都会表现出权势感。我们可能见过一些政治家或有一定权势的人，这些人的言行举止常带有一种居高临下的洒脱感，给人以大权在握、强劲有力的印象。那些有一定官职却并不渴望得到他人认可的人，一般不会是一个强有力的人物。在这类人身上常常会表现出一些有权势感的形体暗示。表 8-4 所示为有权和无权的形体暗示。

表 8-4 有权和无权的形体暗示

有　　权	无　　权
(1) 放松的姿势；	(1) 身体紧张；
(2) 昂首直立的身姿；	(2) 过度微笑；
(3) 果断有力的手势；	(3) 在他人发言时一直注意看；
(4) 持续而又直接地凝视；	(4) 不直接看他人；
(5) 相对夸张的手势；	(5) 频繁地向下看；
(6) 适当地瞪眼；	(6) 很早到场；
(7) 合适地打断；	(7) 坐在会议桌的一角；
(8) 适当地接近他人	(8) 经常移动脚；
	(9) 注意力分散；
	(10) 动作僵硬

虽然通过肢体语言的解读可以初步判断信息传播者的个人喜好、权力地位，但是若需要获得确切的信息，还要综合其他语言和非语言沟通。

知识拓展 2

非 暴 力 沟 通

非暴力沟通(Nonviolent Communication，NVC)是由马歇尔·卢森堡于 1963 年提出的一种能够使人们情意相通、互尊互爱、和谐相处的沟通方式，又称为爱的语言、长颈鹿语言等。非暴力沟通的基本理念是：相信人的天性是友善的，暴力的方式是后天习得的。非暴力沟通的目的是通过建立联系使我们能够理解并看重彼此的需要，然后一起寻求方法满足双方的需要。换言之，非暴力沟通提供具体的技巧帮助人们建立联系，使友爱互助成为现实。

在此简单介绍一下马歇尔·卢森堡在其撰写的书籍《非暴力沟通》中提出的观察、感受、需要和请求四大要素。

一、观察

《非暴力沟通》中提到："非暴力沟通的第一个要素是观察。将观察和评论混为一谈，别人就会倾向于听到批评，并反驳我们。非暴力沟通是动态的语言，不主张绝对化的结论，它提倡在特定的时间和情境中进行，并清楚地描述观察结果。"

印度哲学家克里希那穆提曾经说："不带评论的观察是人类智力的最高形式。"很多时候，人们并不清楚观察和评论的区别，比如善良、懒惰、坚强、愚蠢等在日常生活中经常听到的词，其实带有很强的评论性，这些评论也可以说是"标签"，而这些所谓的"标签"

也经常会出现在人与人的沟通过程当中。

我们平常对某件事或是某个人,经常会自动忽略了我们动态的观察,而直接有了属于自己的评论。这些评论往往带有我们的主观色彩,有时候未必就是客观事实的真实表达。因此,这样过于主观的评论,必然会影响人与人的沟通效果。

不带任何评价地描述一件事情,是非暴力沟通的第一步。在非暴力沟通中,观察是其中一个重要的方法和技巧。它的意义就在于,让我们在与人交流的时候,不去做主观的评论,不去关注应该如何,而仅仅是观察事实。

"没有调查,就没有发言权。"这个要素要求我们仔细观察正在发生的事情,并清楚地说出观察结果。注意,在这个过程中,一定要尽量客观,避免评论性的话语。当观察和评论一同出现的时候,人们的注意力就将被评论吸引,而忽略了事实。

另外,一些频率副词也要少用。例如,"我的儿子经常不刷牙",就应改为"我的儿子一星期有三天不刷牙"。因为"经常"属于一种评论,这种在每个人心中标准不一的定义很难客观地描述某件事情。

下面列出几个句子,请尝试区分哪些是观察,哪些是评论。

(1) 小李,你这人不会来事,一说话就容易得罪人。

(2) 小李,昨天开会的时候你说小张是个猪。

(3) 小李,你最近经常迟到。

(4) 小李,我看到你有三次迟到记录。

以上(1)和(3)属于主观的判断和评论,而(2)和(4)属于观察和观察到的客观事实。

二、感受

《非暴力沟通》中提到:"你越是留意自己内心的声音,就越能听到别人的声音,区分感受与想法,用具体的语言如实陈述自己的感受。"

人们通常会认为个人的感受无关紧要,或者羞于表达自己的感受。有时压抑自己的感受,是为了迎合大众或者下意识地服从权威,过于关心别人怎么看待自己,而很少倾听自己内心的声音。其实,没有必要压抑自己的感受。非暴力沟通提倡当自己的需求得到满足的时候,可以说"高兴、甜蜜、感动、开心"等;需求没得到满足时就说"害怕、担心、焦虑、愤怒、孤独"等,这些都是真实的感受。

因为,清晰地表达自己的感受,是自我表达的一种最有效的方式,它可以引起他人的共鸣,更体现了人性之间的相通之处。不过,需要注意的是,人们经常会把感受和评价搞混。

下面是对"你为什么生气?"这个问题的回答,请你区分一下哪个是感受,并思考非暴力沟通又是如何表达感受的。

(1) 我认为他在欺负我。

(2) 我想把他打一顿。

(3) 我很愤怒!

其中,第(3)个回答是感受;而第(1)个回答是观点,也就是主观的看法和评论;第(2)个回答则是想做的事儿。因此(1)和(2)都不是表达感受的正确方式。

从以上对话可以看出,非暴力沟通表达的是自己的感觉和感受,而不是以自我为中心去评价别人。非暴力沟通认为感受的根源不在人而在己。那么，如何能在表达自己的时候不掺杂判断或者评价呢？马歇尔·卢森堡说："我们可以通过'我(感到)……因为我……'这种表达方式来认识感受与自身的关系。"

例如，"你没把饭吃完，妈妈感到失望，因为妈妈希望你能健康成长"；"看到公司海报出现拼写错误，我很不高兴，因为我重视公司的形象"。

三、需要

如果我们感到愤怒，是因为我们需要得到更多的理解和支持；如果我们感到恐惧，是因为我们需要足够的安全感；如果我们感到悲伤，是因为我们需要他人的关怀和安慰……因为某些事情、某些语言，我们的内心会出现种种情绪感受，最根本的原因是自己的内心深处有某种需要没有被满足。

在人际沟通时，了解自己和他人的需要，是健康的交流关系得以建立的重要因素。一旦人们开始谈论需要，而不指责对方，就有可能找到办法来满足双方的需要。只有了解了自己的需要，并将它们表达出来，我们才能够获得他人的帮助；只有明白确认了对方的需要，我们才能够去满足他们，才能使沟通顺利地进行。

因此要记住，我们表达自己的需要，而不是指责。请注意，"直接"是表达需要的重点。当我们要表达自己的需要时，可以抛却一切委婉的说辞，直接地表达。因为这不仅是说给别人听的，也是说给自己听的，要让自己首先能够直视自己的需要。

例如，"你根本不关心我，你最好别回来"就是指责，而"我希望你每周有几天能早点回家"则是在表达自己的需要。

四、请求

在表达观察、感受和需要之后，我们请求他人的帮助。我们以什么样的方式提出请求容易得到积极回应呢？

例如，一位女士想让自己的先生少花一些时间在工作上，晚上早点回家。可是三个星期后，她的先生虽然时间没花在工作上了，却报名参加了高尔夫球比赛。其实这位女士的真实想法是希望先生多花点时间陪家人，但没有说清楚她想要什么。马歇尔·卢森堡鼓励她直接说出愿望，这位女士想了想说："我希望他每周至少有一个晚上在家陪我和孩子。"

清楚地告诉他人我们的请求是什么，要借助具体的语言去描述，而不是停留在表达需要的阶段。只有这样，对方才不会感到困惑，才能够清楚地明白我们想要他怎样去做。我们将自己的请求讲述得越清楚具体，就越能够得到他人理性而积极的回应。

但是，要注意请求和感受的关系。有时只是简单地提出请求，会容易让别人认为是命令。而听到命令时，一个人只能看到两种选择：服从或反抗。只要别人认为是在强迫他们，他们就不会乐于满足我们的需要；同时一个经常受到指责的人，也会倾向于将请求解读为命令。

例如，你对孩子说："妈妈想让你去倒垃圾。"孩子可能认为妈妈是在命令他，不情愿去做。然而，如果你加上自己的感受，这样来表达："儿子，妈妈想让你去倒垃圾，因为妈妈今天上课比较累，需要你帮助做家务。"孩子可能关注到妈妈"累"的感受，就愿意去做家务了。

如果只说感受，不说具体的请求，孩子可能就不知所措。例如，妈妈对孩子说："妈妈今天上课很累，希望你体贴我一下。"孩子可能就不知道做什么事才是体贴妈妈。所以，如果妈妈直接表达说："妈妈希望你帮助我倒垃圾。"这样说，体贴妈妈的具体请求就明白了，孩子就知道自己应该去倒垃圾了。

因此，提出具体的请求，清楚地告诉对方，希望他们做什么，而且，提出的请求越具体越好。如果所表达的意思含糊不清，别人就难以了解我们到底想要什么。请注意，提出请求的一个关键点是，告诉对方，你要什么，而不是不要什么！

最后，总结一下运用非暴力沟通的五个步骤：

Step1：停下来，除了呼吸，什么都不做。

Step2：想一想，是什么想法让自己生气了。

Step3：体会自己的需要。

Step4：倾听对方的需要。

Step5：表达自己的感受和尚未满足的需要。

非暴力沟通提醒人们要专注于彼此的观察、感受、需要和请求。它鼓励倾听，培育尊重与爱，使人们情意相通，乐于互助。

专题小结

本章主要介绍了语言沟通的方式和艺术。语言沟通是日常生活和工作中最为常用的沟通方式。掌握语言沟通的技巧，不是要求我们为语言而用语言，成为语言的奴隶，而是要用语言的手段达到有效沟通的目的，让我们的生活更精彩，工作更如意，学习更轻松。

思考题

1. 语言沟通中如何维持话题？有什么技巧？
2. 语言沟通中为什么要"避免说太多的'我'"？
3. 语言沟通与非语言沟通存在哪些差异？

专题九 组 织 沟 通

※❦※❦※❦※❦※❦※❦※❦※❦※❦※❦※❦※❦※❦※❦※❦※❦※❦

管理者的最基本功能是发展与维系一个畅通的沟通管道。

——巴纳德

有效的沟通取决于沟通者对议题的充分掌握，而非措辞的甜美。

——葛洛夫

学习目标

- 了解组织沟通的类型及障碍。
- 了解横向沟通的策略。

技能目标

- 掌握上行沟通、下行沟通、平行沟通的策略。
- 将所学的组织与管理沟通策略运用于实际生活和工作中。

案例导入

关心还是不放心？

小刘刚办完一个业务回到公司，就被主管马林叫到了他的办公室。

"小刘，今天业务办得顺利吗？"

"非常顺利，马主管，"小刘兴奋地说，"我花了很多时间向客户解释我们公司产品的性能，让他们了解到我们的产品是最适合他们使用的，并且在别家再也拿不到这么合理的价钱了，因此很顺利就把公司的机器推销出去一百台。"

"不错，"马林赞许地说，"但是，你完全了解客户的情况吗？会不会出现退货的情况呢？你知道我们部门的业绩是和推销出的产品数量密切相关的，如果他们再把货退回来，对于我们的士气打击会很大，你对于那家公司的情况真的完全调查清楚了吗？"

"调查清楚了呀，"小刘兴奋的表情消失了，取而代之的是失望的表情，"我是先在网上了解到他们需要供货的消息，又向朋友了解了他们公司的情况，然后才打电话到他们公司去联系的，而且我是通过你的批准才出去的呀！"

"别激动嘛，小刘，"马林讪讪地说，"我只是出于对你的关心才多问几句的。"

"关心？"小刘不满道，"你是对我不放心才对吧！"

【分析】 很明显主管马林和小刘都做错了。首先，主管马林关心下属的业务，被下属认为怀疑自己的业务能力，而业务能力是下属吃饭的根本，是不容任何人怀疑的，因此产生了冲突，影响了双方的心情，不利于工作的开展。如果把下属进行分类，按照能力和意愿来分，下属有高能力高意愿的、高能力低意愿的、低能力低意愿的、低能力高意愿的这四种类型。

对于高能力高意愿的员工就不要过多干涉，他完全可以自己搞定，只要授权给他就可以了，看结果不要看过程。

对于高能力低意愿的员工，可以和他一起规划他的职业生涯，充分激励，时刻关注对方的工作积极性，要看结果、看人而不是看过程。

对于低能力低意愿的下属，他们把工作看成是生活，追求"睡觉睡到自然醒，拿钱拿到手抽筋"，每天按时上班，按时下班，这样的人不要给机会，"该出手时就出手"。

对于低能力高意愿的下属，要关注对方工作的过程，采取事先指导、事中询问、事后检查的方式，尽量多一些指导。

很明显马林主管认为小刘的意愿很好，但是能力可能达不到他的要求，因此过多地询问，从而引起了小刘的不满。其实马主管是有权力询问下属关于工作方面的一切事情的，只是没有考虑到小刘是个"小心眼"，引起了误解。

小刘也有很严重的错误。上司询问自己的工作情况，是上司的工作职责。所以要平和地看待这个问题，不要把上司询问工作情况作为对自己工作的怀疑，或许上司只是好心地提醒，或许上司对这个客户更了解，或许上司以前犯过类似的错误，想给你提一些建议，又或许上司对自己信心不足。连上司询问工作情况，都要产生逆反，怎么和上司相处？怎么和其他同事相处？另外有些话也不要说破："你是对我不放心才对吧！"这样的话就没有给上司回旋的余地了，上司怎么回答？如果他同意你的观点，就证明他不相信你的能力，以后的工作没有办法开展。如果他说相信你的能力，可你又不这么认为，他也询问了工作的情况，短时间改变你的观念很困难。因此小刘最后一句话带着很强烈的情绪。

沟通游戏——肢体语言

时间：10分钟。

游戏规则：

(1) 两人一组，进行2~3分钟的交流，交谈的内容不限。

(2) 交谈结束后，请彼此说一下对方有什么非语言表现，包括肢体语言或者表情，例如，有人老爱眨眼，有人会不时地撩一下自己的头发。问这些做出无意识动作的人是否注意到了这些行为。

(3) 继续讨论2~3分钟，但这次不要有任何肢体语言，看看与前次有什么不同。

注意：描述时间为3分钟。

相关讨论：

(1) 在第一次交谈中，有多少人注意到了自己的肢体语言？

(2) 对方有没有什么动作或表情让你觉得极不舒服？你是否告诉他你的这种情绪？

(3) 当不能用动作或表情辅助自己的谈话的时候，有什么样的感觉？是否会觉得很不舒服？

游戏目的：

(1) 人与人之间的交流是两个方面的：一方面是语言的；另一方面是非语言的。这两个方面互为补充，缺一不可。有时候非语言传达的信息比语言还要更加精确，例如，如果一个人不停地向你以外的其他地方看去，你就可以理解到他对你们的谈话缺乏兴趣，需要调动他的积极性了。

(2) 在日常的生活工作中，为了让别人对自己有一个更好的印象，一定要注意戒除自己那些不招人喜欢的动作或表情，注意用一些良好的手势、表情帮助交流，因为好的肢体语言会帮助我们进行良好的沟通，不良的肢体语言会阻碍我们的社交。

第一节 组织沟通的含义及类型

一、组织沟通的含义

组织沟通是指在组织结构环境下的知识、信息及情感的交流过程，它涉及战略控制及如何在创造力和约束力之间达到一种平衡。

组织沟通的目的是影响组织中每个人的行为，使他们与实现组织的整体目标相适应，并最终实现组织目标。对于日常管理活动，组织沟通会按预先设定的方式，沿着既定的轨道、方向和顺序进行。

组织沟通与公司规模有很大的相关性，如果公司规模小，就可能不太规范，沟通过程也比较短；反之，公司规模大，就可能会比较规范，沟通过程也会更长。从某种意义上讲，前者的沟通容易控制，而后者则不易。由于组织沟通是管理的日常功能，因此组织对信息传递者具有一定的约束力。

二、组织沟通的类型

组织沟通一般分为两大类：内部沟通和外部沟通，其路径图如图 9-1 所示。根据沟通路径、形式和载体的不同，组织内部沟通包括横向沟通、纵向沟通和斜向沟通。

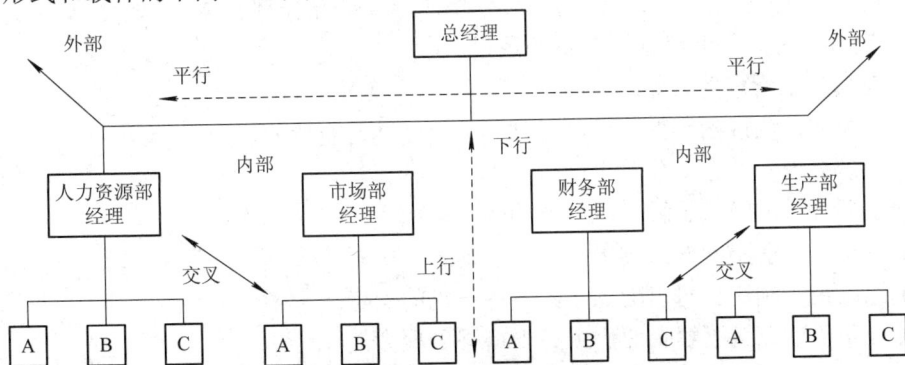

图9-1 公司组织沟通的路径图

图 9-1 中的横线表示横向沟通，竖线表示纵向沟通。斜向沟通是图中沿着组织结构内

的斜线进行的沟通，它包括不同部门之间、不同层面管理者和员工之间的沟通，也可分为上行沟通和下行沟通两种形式。外部沟通则是图 9-1 中沿着组织结构外的斜线进行的沟通，它涵盖了一个组织与其他相关组织的沟通和联系。比较常见的组织内部沟通形式是横向沟通和纵向沟通。除此之外，组织沟通还有下列分类方法。

(一) 正式沟通和非正式沟通

正式沟通是通过组织正式结构或层次系统运行的，一般是指在组织系统中，依据组织明文规定的原则或规章制度所进行的信息传递与交流。例如，组织内的文件传达、召开会议以及上下级之间的定期信息交流等。非正式沟通则是通过正式系统以外的途径进行的。一般而言，在非正式沟通中，无论是指沟通对象、时间还是沟通内容，都存在很大的偶然性和不确定性。

(二) 书面沟通和口头沟通

书面沟通是指通过有形展示、可长期保存并可作为法律依据的书面载体进行的信息传递，多见于正式沟通情境。口头沟通是指通过快速传递和即时反馈的口头载体进行的信息传递，多见于非正式沟通情境。

第二节 纵向沟通

一、纵向沟通的定义和下行沟通的目的

纵向沟通是指沿着组织结构中的直线等级进行的信息传递，包括下行沟通和上行沟通。在纵向沟通中，自上而下进行的下行沟通是主体，自下而上进行的上行沟通是关键。

从本质上讲，下行沟通就是指上司作为信息发送者与下属进行沟通。一般来说，下行沟通一直是组织沟通的主体，公司管理所涉及的种种职能的运作，如计划的实施、控制、授权和激励等，基本上依赖下行沟通来完成。下行沟通的目的主要包括以下几个方面：

(1) 告知员工企业重大活动，如扩大再生产、新产品计划、技术革新、市场兼并、销售状况、市场份额、利润状况、劳资关系等。

(2) 考察员工所享受的各种福利待遇。

(3) 了解有关的政治事件、政府活动和社会活动对企业的影响。

(4) 了解企业对社会或公益事业所做出的贡献。

(5) 让新加入的员工了解企业发展的历程。

(6) 让员工了解不同部门发生的各种活动。

(7) 鼓励员工利用公司出版物作为各抒己见的论坛。

(8) 让员工的家属了解企业，致力于增强凝聚力。

(9) 强调企业对员工的创造力、努力和忠诚度的重视。

(10) 探讨员工在企业里的职责、成就和地位。

由此可见，下行沟通在组织沟通中起着至关重要的作用。此外，为了达到沟通的目的，

还要注重沟通媒介和沟通时机的选择。当有重大事项需告知员工时，必须通过较为正规的渠道。今天，越来越多的管理者采用相对高效的计算机信息服务体系来协助实施下行沟通。

二、下行沟通的主要形式

根据沟通的载体，下行沟通主要可以分为以下三种形式：

(1) 书面形式，如指南、声明、公司政策、公告、报告、信函、备忘录等。

(2) 面谈形式，如口头指示、谈话、电话指示、广播、评估会、通知性会议、咨询会、批评会、小组演示等。

(3) 电子形式，如闭路电视系统、新闻广播、电话会议、传真、电子信箱等。

以上是一种简单传统的分类方式。另外，根据时间序列对下行组织沟通进行划分，可以得到三种形式，即按照传达的信息涵盖的时间跨度、长度来划分，可以得到组织中传递的三类信息，对这三类信息的沟通则形成三种不同的下行沟通，其形式如图 9-2 所示。

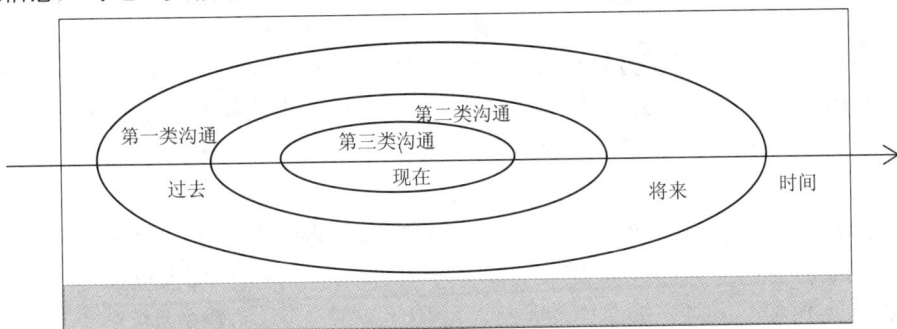

图 9-2 下行沟通的形式

具体来讲，反映长期包括过去或将来的事实、意见、想法或打算的信息为第一类信息，如公司简介、公司中长期计划、公司多年沿袭的员工福利政策等信息，交流传达此类信息的沟通称为第一类沟通。第一类沟通多采用书面形式，如员工手册、公司白皮书、公司年报等。

传递的信息跨度为几个星期至几个月(不超过一年)，时间概念上包括过去或将来的信息为第二类信息，譬如公司内部近期发生的重大事件，公司每个季度的销售业绩，公司未来半年实施的计划等，传达此类信息的沟通称为第二类沟通。第二类沟通多采用书面形式和会议形式，如公司内部期刊，公司内部通信，公司全体员工会议，公司中层干部周会、月会等。

第三类信息的时间跨度最小，基本上仅涵盖每日例行工作的信息。例如，每日工作任务的布置，每日工作情况的反馈，临时出现问题的解决，刚收到的顾客请求现场服务的任务下达等。这类信息包括组织运作当中碰到的由不确定性因素带来的突变和紧急情况，此类信息的一大特点是更新很快，具有很大的不可预测性。第三类信息的沟通形式多为简短的书面和非书面的形式，如口头沟通、E-mail 和备忘录等。

这种分类便于我们理解沟通技巧与沟通形式的关系。一般来讲，对于长期类信息的传播，因为其信息稳定的特性，故对沟通技巧的要求较低；对于短期类信息的传递，因为其不可预测性，故对沟通技巧的要求较高。从管理理论上讲，第三类信息的沟通表现为管理者与下属进行的一对一、面对面的接触，也正是管理者使用和发挥其管理沟通技能最多的地方。下行沟通类型与沟通技巧的对应关系可由表 9-1 反映。

表 9-1　下行沟通类型与沟通技巧的对应关系

沟通类型	信息跨度	沟通技巧要求	沟通媒介
第一类沟通	大于 1 年	低	书面、会议
第二类沟通	大于 1 周小于 1 年	一般	书面、会议
第三类沟通	小于 1 周	高	口头、面谈

三、下行沟通的障碍

下行沟通在组织沟通中扮演着举足轻重的角色，是组织沟通的主体。但组织中下行沟通的现状又是怎样的呢？管理专家彼得·德鲁克曾尖锐地指出："数百年来，管理者只注重向下发号施令，尽管他们表现得十分出色，但这种沟通常常无济于事。究其原因，首先是因为管理者仅仅关注其想传达的内容，所有传达的内容都是指令。"显然，这是一种单向沟通。而且，这种形式的沟通无一例外地将信息接收者即员工视为不犯错误的全能机器人，认为他们不仅百分之百地接收到了信息，而且准确无误地理解了下行的信息。单纯采用这种沟通形式的管理者不希望从下属那里得到任何反馈，这时沟通的效果是差强人意的。

美国管理协会(AMA)曾经做过一项统计调查，研究上下级对下属特定的工作职责的认识能否达成共识。调查对象是 5 家不同公司中的 58 对上下级员工，调查内容包括工作职责(下属在其职位上应该做的事)、工作要求(该职位所需的技能、背景、经历、正规培训和个性)、未来工作中的变化(可预见的在将来几年中可能发生的工作职责或要求的变化)和工作中的障碍(上司和下属对完成工作的干扰和障碍问题的认识)。相关调查结果显示，85.1%的上下级对"工作职责"达成一半以上的共识，对第二项"工作要求"达成一半以上共识的上下级比例减少到 63.7%，仅有 53.3%的上下级对"未来工作中的变化"达成一半以上的共识，而对"工作中的障碍"仅有 31.7%的上下级达成一半以上的共识。

当下行沟通涉及若干管理层面时，会引起信息的丢失和扭曲。信息理解漏斗图如图 9-3 所示。信息在下行沟通中运行，如同经过一个漏斗一样，被层层过滤，信息经过 5 层后，到达最后一个接收者时，只剩下 20%，其余 80%的信息因为这样或那样的原因被过滤或丢失了。

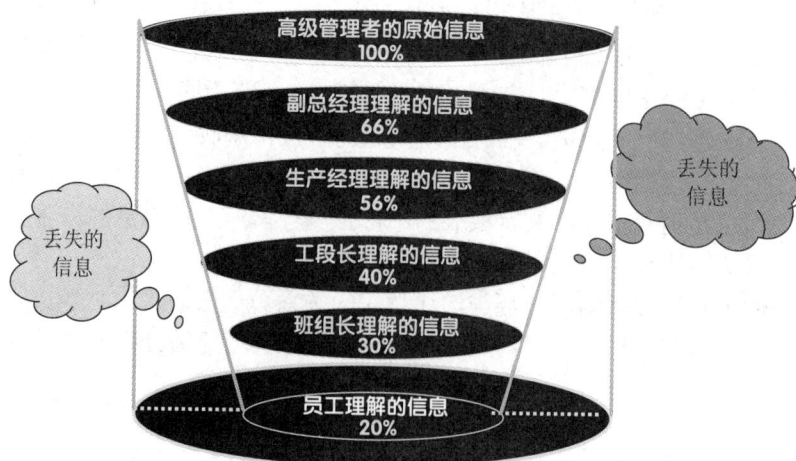

图 9-3　信息理解漏斗图

由此可见，下行沟通的结果是不尽如人意的。一般情况下，第三类、第二类沟通的效果可以达到预期水平。真正令管理者头痛的下行沟通是第一类沟通形式，因为这类信息基本上是命令、指示。产生这些问题的原因在于下行沟通存在着以下障碍。

（一）管理者的沟通风格与情境不一致

管理沟通的风格多种多样，如前所述，通常我们将之分为四类：命令式、指导式、支持式、授权式，而任务的性质因时间要求、复杂程度的不同而表现得不尽相同。如果对一个十分重要而时间又要求紧迫的任务采用委托式沟通，势必不能完全准确传递出信息，致使任务不能如期完成。

（二）接收者沟通技能方面的差异

对员工来讲，最重要的组织沟通技能之一是理解力。但员工在组织内部所处的时间长短不一，员工自身的理解能力不同，这些因素都造成了员工沟通技能的差异。对一个新员工采用简单的命令式进行沟通，可能造成员工误解信息或对信息一知半解，致使沟通失效。

（三）沟通各方心理活动的制约

研究表明，下行沟通中容易出现信息膨胀或扭曲，之所以出现信息膨胀，主要是因为信息传递方对沟通效果的顾虑。

（四）不善倾听

普遍的情况是，在组织中员工和管理者都急于表达自己，以达到沟通的目的。于是，更多的人学会了口若悬河，而非侧耳聆听。在他人说话时，听众甚至会粗暴地用毫不相干的话题打断，并发表自己的观点。要做一个好的倾听者，首先必须做到自我克制，全神贯注地听。

（五）草率评判

很多时候，信息接收方在与对方交谈时，不是试图去理解对方的意思，而是企图进行评判，或者进行推论和引申。有时，在没有充分理解信息的情况下就妄下结论，在内心表示赞同或否定，这样的沟通结果可想而知。

（六）编码环节语意上的歧义

有这么一个希腊故事：一个人向神许愿，希望长生，却对神说成"不死"。结果，一般人都经历"生老病死"，他却老是"病而不死"，永远也解脱不了。在管理沟通中，类似这种由语意歧义而引起误解和沟通失效的例子比比皆是。

四、下行沟通的策略

为了确保下行沟通畅通无阻，管理者有必要掌握一定的沟通策略。下行沟通策略包括以下九个方面的内容。

(一) 制订沟通政策

为了保证每个管理者及时有效地下传信息，必须制订相应的沟通政策，明确沟通目标。这些政策包括以下内容：

(1) 必须将相关事宜及时通知有关方，如员工、社团成员、客户、供应商等。

(2) 必须将公司计划、指令和目标告知员工。

(3) 必须鼓励、培育和建立一个稳定的双向沟通渠道。

(4) 必须就有关重大事件的信息及时与员工沟通。

(5) 留出足够的资金和工作时间用于实施公司沟通政策。

除了上述公司总体沟通规划的政策外，还应制订具体的细则来规范具体的沟通活动，如面谈、开会和组织出版物等。

同时，还应该注意：一方面，公司需要下行沟通来传递信息；另一方面，不是所有的信息都可以向下传达的，如有关企业战略发展的机密，传达的时机还未成熟的信息，没有到可以公开的程度的信息等。然而，这并不是说管理者可以因此采取不闻不问的态度。即使在这种情形下，组织管理层也必须表示出对员工关注信息的理解，同时对员工以诚相待。不诚实或操纵信息都可能降低员工的忠诚度。事实上，当管理者还在迟疑或者不愿就某事实进行公开说明时，被歪曲的事实早已顺着"葡萄藤"散布到公司的各个角落了。

(二) "精兵简政"，减少沟通环节

复杂的系统和庞大的机构是企业为了应对规模的扩大做出的自然反应，然而优秀的企业却力求用简单的机构和精练的系统来回应扩张发展的策略。许多企业通过分权来抑制企业管理队伍的臃肿，减少整个管理的中间层，并通过建立临时的项目小组或产品小组来防止组织结构的复杂化。一般的美国公司在首席执行官和生产线的监督之间有15层的中间管理者，而日本的丰田公司只有5层。因此，提高组织沟通效果的最佳做法是"精兵简政"，用简单的结构和精练的系统来保证沟通的顺利进行。

(三) "去繁从简"，减轻沟通任务

管理者需要有效地控制信息流。对信息流加以有效管理或控制能够极大地提高沟通的效率，具体可以采用以下方法：

(1) 例外原则。只有在命令、计划和政策执行过程出现偏差时，才进行沟通。

(2) 排队原则。管理者应该按轻重缓急来处理信息沟通，不太紧急的会议、约见、信件、电话和报告都可以延后或改期。

(3) 关键时间原则。管理者应该在恰当的时间向员工传递信息。例如，不要在三个月前将会议通知告知员工，这样会让员工觉得会议不重要或者容易忘记。

(四) 引入授权

下行沟通的一个致命缺点是：具有单向性，自上而下。授权为下行沟通带来了双向交流的可能性。

最近十几年，随着授权对管理工作的重要性日益突出，并越来越多地为管理者所采用，下行沟通又具有了另外一项管理职能——授权。这无疑给有点先天不足的单调的下行沟通增添了色彩。授权所能产生的激励作用，缓和了下行沟通冷冰冰的纯粹命令的气氛，极大地改善了沟通低效的状态。

(五) 言简意赅，提倡简约沟通

沟通中力求避免含糊其词。除了沟通中的其他因素会引起误解外，信息本身也会产生歧义，如果信息本身模糊不清，接收者就无法理解并记住信息。为了避免这一点，管理者可以采用简单、直接的措辞，使用与对方理解层面相符的措辞，而非从自己的层面出发进行沟通。

(六) 启用反馈

可以肯定的是，让下行沟通真正发挥作用的办法不是关闭反馈渠道，而是开掘上行沟通的通路——鼓励接收者对信息进行评价，这就是反馈。从理论上讲，实施下行沟通的管理者并不打算让员工对信息进行评价，这种沟通形式本身也没有创造反馈发生的条件。然而，如前所述，信息接收者或多或少会做出一定程度、一定数量的反馈，多通过接收者的面部表情、动作姿态等肢体语言(如听者一脸错愕、听众交头接耳)来表现，可以作为管理者判断沟通信息效果的参与依据，在信息没有被错误地执行前及时发现问题并采取补救措施，从一开始就确保执行工作的成功实施。

另外，管理者应该尽可能采用面对面沟通的途径，面对面沟通相对于书面沟通在很多方面都表现出优势，尤其在获得反馈方面。

(七) 多介质组合

减少下行沟通的信息在接收和理解时的丢失或错误，提高下行沟通的效率，最主要、最简单易行的方法是采用多种沟通介质。换言之，即通过采用多种沟通介质，达到重复和强调的目的，从而提高沟通的效率，增强沟通的效果。例如，书面请求之后采用备忘录跟进或者报告之后采用电话跟进。甚至在一个信息的沟通过程中也可以采用多种方式。例如，在与员工进行口头沟通时，管理者可以在开场白里陈述主要观点，然后举例解释说明该主要观点，最后在结论中重复该观点。

(八) 头脑风暴式会议

头脑风暴式会议的目的主要是集思广益，激发大家的脑力，迸射智慧的火花，寻求最佳的解决之道。英特尔公司经常召开头脑风暴式会议，与会者不分职位高低，畅所欲言，针对观点、方法，直言不讳，提出怀疑，直到最后得到最佳的解决问题的方案。

(九) 减少抵触、怨恨的沟通五法则

在组织内部沟通中，最令管理者头痛的沟通莫过于向下属传递负面的信息，或者向员工传达一些他们不希望接收的信息。例如，员工在工作中出现了差错，按照规章制度必须给予批评，即指出下属行为中不当的表现，有时甚至要训诫下属，以杜绝此类现象；或者

是公司出现经济危机，某些岗位的薪金面临着下调的危险，管理者必须向其下属传递该信息等。在沟通此类信息时，容易出现的情况是员工产生抵触情绪，或者导致更为严重的后果，即员工对管理者产生怨恨。而且，当接收者认为某个信息对个体具有威胁性或与实际情况不相符时，往往会扭曲信息，甚至努力忘却该信息。那么，这时管理者应该怎么办呢？首先，管理者应该正面处理否定和反对意见。其次，选择的沟通时间和介质很重要，同时，沟通的措辞也要经过慎重考虑：太过含蓄，尽管可能避免冲突，但或许起不到警戒作用；太过直接，当然可以引起对方的注意，但可能制造不必要的矛盾和抵触情绪。

具体来讲，为在减少抵触和怨恨情绪的同时准确地传递信息，不妨采取下面的策略。

1．提前掌握事实

在与员工正面交谈之前，要尽可能多地了解事实情况，越具体、准确，越有利于面谈。道听途说是十分危险的，也是不明智的。

2．了解当事人的想法

让员工有时间和机会仔细说明事情的经过是十分有益的，借此可以缓和气氛，或者了解当事人对问题的看法以及他对问题的自我认识。

3．私下处罚员工

当众批评、指正或训斥员工是让人难以接受的，此类沟通选择私下场合比较好，但切不可滞后，不要在员工已将此事遗忘之后再进行。

4．对事不对人

对员工进行批评时，应尽量就事论事，不要涉及人的个性，而要说明你对他的行为改变的具体期待。如果不注意措辞而因此伤及员工的自尊心，就会为以后的有效沟通埋下隐患。

5．不要意气用事

人们在怒不可遏时很少能保持理智、公正和客观。因此，在正面接触员工之前，一定要头脑冷静、心平气和。当然，如果员工处于发怒状态，马上进行批评训斥也是不合适的。

五、上行沟通的目的

从本质上讲，上行沟通就是下属主动作为信息发送者而上司作为信息接收者的沟通。上行沟通的目的就是开辟一条让管理者听取员工意见、想法和建议的渠道。同时，上行沟通可以达到有效管理的目的。上层管理部门特别需要了解生产的业绩、市场营销信息、财务数据以及基层员工在做什么、想什么，因此，客观地传递信息至关重要。上行沟通的目的主要包括：

(1) 为员工提供参与管理的机会。

(2) 减少员工因不能理解下达信息而造成的失误。

(3) 营造民主式管理文化，提高组织的创新能力。

(4) 缓解工作压力。

显然，这种积极的动机使上行沟通比下行沟通更具优势。然而，多年来一直困扰着管理者的一个问题是：如何才能创造成功、有效的上行沟通。尽管有很多途径，如意见箱、小组会议、反馈表等，但这些途径真正发挥作用的关键在于营造上下级之间良好的信赖关系。显然，完成这项任务是颇费力气和时间的。从本质上讲，上下级之间的信赖关系是很脆弱的，无论这些关系具体表现在总经理与其他高层管理者之间，中层管理者与本部门内的职员之间，还是高级职员与一般职员之间，培养建立相互间的信任都需要长期的努力，而偶尔一次无意的破坏可能导致通过长时间努力才建立起的信任顷刻间化为乌有。

有效的上行沟通与组织环境、组织氛围直接相关。在参与式管理和民主式管理的组织中通常会设置专门的上行沟通渠道，让高层能够听到来自底层的声音。

六、上行沟通的主要形式

正规的上行沟通的主要形式包括以下几种。

(一) 意见反馈系统

意见箱是最常见的保障上行沟通的途径之一，设置意见箱的最初动机是为了提高产品质量和生产效率，管理者相信一线员工肯定对此有独到且有效的见解。渐渐地，收集生产建议的意见箱演变成了收集员工反馈的渠道，至此，倾听员工心声的上行渠道渐具雏形。为了鼓励那些敢于提出创新见解的人不断开动脑筋，让组织分享群众无穷的智慧，还可设立相应的鼓励机制。当然，真正激励员工的其实不仅是奖金，还有员工得到的心理上的回馈——获得参与感与成就感。

一个好的建议必然带来皆大欢喜的结局，但倘若建议被否决，就难免产生问题，员工可能会士气受挫。另外一个可能的问题则是，提出好建议的员工可能与他顶头上司双方的关系出现危机。

尽管问题不可避免，但实践证明，管理者认为上行沟通利大于弊，认为很有必要建立这样一个渠道。

(二) 员工座谈会

每个部门选派若干名代表与各部门领导、高层领导一起召开员工座谈会，也是一种效果颇佳的上行沟通途径。在座谈会上，员工可以就自己部门存在的某些问题畅所欲言，提出意见和建议。这种座谈会要定期举行，如每个月一次或每季度一次。同时，为确保座谈会的气氛轻松、愉快，与会者能畅所欲言，要注意以下几点：

(1) 最好在一种非正式的气氛下举行会议，因此，应选在工作时间之余，并辅以茶点、饮料。

(2) 由一位会活跃气氛的人员主持会议，以起到协调气氛的作用。

(3) 尽管会议并不限制员工就何种问题发表意见，但仍有必要引导员工就某些话题展开讨论，以激励士气，并避免会议变成恶意的声讨会。

(三) 巡视员制度

巡视员的概念源于瑞典，在那里，公民可以向国家公务员提出调查有关政府的官僚主义的申诉。当今，在许多组织中也设置了类似的职位，专司调查员工所关心的问题，然后再向上级管理层汇报。

232　现代礼仪与沟通(第二版)

七、上行沟通的障碍

导致上行沟通障碍的原因可能是多方面的，主要表现在以下几个方面。

(一) 封闭式企业文化

尽管管理界一直以来积极倡导参与式和民主式管理，但一家管理咨询公司的调查结果显示，一般企业中多数员工是没有机会发出大量信息的。

(二) 内部沟通机制不健全

员工发出的信息要么需费很大的周折才能到达上层管理者，要么石沉大海、无声无息。

(三) 信息失真

管理者的官僚作风会使管理者片面相信一些经过精心设计、不符合实际情况的信息。除此之外，下行沟通中的六个障碍也时常会出现在上行沟通中。

八、上行沟通的策略

上行沟通的策略主要包括以下两个方面。

(一) 建立信任

从组织学角度看，连接员工和管理者的是权力和责任；从沟通的角度看，维系员工和管理者的是信任。

从本质上看，信任是主体对客体未来采取行动的能力的正面预期。换言之，如果上级对下属充满信任，则表示他对下属下一步将采取的行动很有把握。然而信任是双向的，不会从天而降，管理者必须投入时间、资源建立这种信任。

(二) 采用走动管理，鼓励非正式的上行沟通

从不离开办公室一步，仅依赖正式沟通渠道的管理者得到的可能是失真的信息，为了避免这种状况的发生，主管人员需要通过非正式沟通方式以弥补正式沟通的不足。试问，如果管理者不离开自己的办公室，该如何获得关于员工和工作的真正信息？如何在第一时间获得企业经营的动态信息？又如何赢得员工对自己的信任？使上行沟通有效的第一步就是走出办公室，深入员工之间的工作场所，缩短与员工之间的物理距离，从而减少心理差距感。因此，管理者需要偶尔踱出办公室，去员工的工作场所察访员工的工作状况。

彼得斯和沃特曼在对经营卓越的企业研究中，介绍了美国航空公司的管理者实行的"走动管理"。惠普公司也采取了相似的做法，称为"巡回管理"。这种做法的目的是通过漫步整个车间来拓宽非正式沟通渠道。然而，《财富》杂志对全球500强企业的首席执行官所做的调查表明，低层次的员工与首席执行官接触的时间少得可怜。

走动管理比其他正式沟通方式更加有利于企业文化的建设，有利于传达企业的价值观。各层级的管理者都积极行动，经常出现在员工的工作场所，自然会建立起比较融洽的氛围，

提高员工对管理者的信任度，最终帮助员工更好地完成工作。

　　走动管理鼓励根据企业经营管理的特点在任何时间采用任何形式的非正式沟通方式。下面是一些开放上行沟通的有效方式。

1．共同进餐

　　很多企业有自己的餐厅，这就天然地为管理者走进员工提供了一个好的途径。许多国际知名企业的高层领导定期去企业餐厅用餐，随意与任一员工或经理、秘书坐在一起，进行聊天式谈话。其实，很久以来，老板们去全球各地的分部视察，都要安排与部门经理和其他管理者共进午餐或晚餐。将这种传统引入本地区、本部门的管理，会对提高企业整体沟通效果起到积极的作用。

2．四处走动

　　除了固定的用餐时间外，管理者增加与员工接触的另一个好方法是：不通过秘书而是自己将备忘录或文件交给下属。许多员工可以借此机会与高级管理者谈及一些潜在问题或想法。

3．深入工作现场

　　真正与员工打成一片的方法是深入工作现场。总裁或总经理可以经常随机地出现在工作现场，有时甚至可以在晚班或周末时间去工作现场看看。

　　这样，一方面可以现场解决一些问题。可能正赶上员工遇到难题，不能通过正式渠道解决；也可能赶上员工有个好建议但苦于不知道该向谁提出。另一方面，通过深入工作现场这种形式，管理者还可以获得许多员工临时想起、事后可能忘记提出的好建议以及其他员工不愿意花费气力通过正式渠道去提交的想法。

第三节　横　向　沟　通

一、横向沟通的定义和作用

　　横向沟通是指沿着组织结构中的横线进行的信息传递，它包括同一层面上的管理者或员工进行的跨部门、跨职能沟通。其与纵向沟通的实质性差别是：横向沟通中不存在上下级关系，沟通双方均为同一层级的同事。

　　横向沟通的目的是增强部门之间的合作，减少部门之间的摩擦，最终实现组织的总体目标，这对组织的整体利益有着重要的作用。从理论上讲，一个组织是一个有机的整体，每个部门都是整个组织大系统中相互影响、相互依存的子系统，协调各个子系统之间的关系是为了更好地创造整体效益。组织中的各部门不是一个个孤立作战的个体，而是作为整体的一部分存在的。认识到这一点，就能认清各个部门之间进行有效合作的必要性以及分享信息的需要。横向沟通正是为了满足不同部门之间的信息共享而产生的。

　　因此，横向沟通担当起了组织内部同一层面成员沟通的重任。由于横向沟通在组织成功中发挥着关键性的作用，因而随着组织结构扁平化趋势越来越明显，这种跨职能、跨部门的沟通正受到绝大多数组织的关注。总体来说，横向沟通具有以下作用。

(一) 确保组织总目标的达成

基于劳动分工原理诞生的部门化便于组织提高劳动生产率，进行有效管理，但部门化势必导致员工在追求提高实际工作中的效率，力求完成本职工作的同时，忽略组织全局的整体利益。通过横向沟通增强对其他部门的了解，便于本部门从宏观层面上认识本职工作，并自觉协同其他相关部门进行工作，最终实现组织的总体目标。

(二) 弥补纵向沟通的不足

尽管组织努力地创建上、下行沟通渠道，但由于沟通场合、时间及形式等因素的限制，误解、信息遗漏、信息不解等情况仍不可避免。从某种程度上讲，员工之间相互传递信息，其沟通氛围比纵向沟通更轻松，有利于员工达成共识。因此，横向沟通无疑可以起到相互确认信息、强化纵向沟通信息的作用。

二、横向沟通的类型和形式

根据沟通涉及的主体是否来自同一部门，横向沟通可以分为同一部门内的横向沟通和不同部门间的横向沟通两种，后者又可分为部门管理者间的沟通和不同部门员工间的沟通。

简单地说，横向沟通包括部门管理者之间的沟通、部门内员工间的沟通、一部门员工与另一部门员工间的沟通。

不同类型的横向沟通采用的沟通形式不同。部门管理者之间的横向沟通通常采用会议、备忘录、报告等沟通形式，其中，会议是最经常采用的沟通形式。这种跨部门会议根据目的不同可分为决策性会议、咨询性会议和信息传递性会议。

部门内员工的横向沟通，则更多地采用面谈、备忘录等形式。由于沟通双方相互熟知，并且有着相同的业务背景，此类沟通的效果通常比较理想。而对于部门的管理者及员工与其他部门的管理者及员工之间的沟通，面谈、信函和备忘录等形式可能更合适。

三、横向沟通的障碍

横向沟通的现状也是令人担忧的，当每个部门经理置身于触手可及的四墙之内时，仿佛置身于戒备森严的城堡之中，坚硬冰冷的四壁把组织、部门割裂开来，阻断了相互的视线，使管理者认识不到沟通的必要，有时甚至会引起误解和冲突。因此，横向沟通是组织沟通中最难以控制、效果最不理想的沟通渠道。从表面上看，这种沟通的组织管理压力最小，没有一个部门的人会认为有必要去了解其他部门正在发生的事情，然而事实并非如此。

横向沟通多表现为跨部门沟通，部门间的沟通主要是由部门经理或主要负责人实施的。但糟糕的是，每个经理人几乎每天都在为处理办公桌上堆积如山的文件、批示等而忙碌，他们或奔波于各种会议，或忙于向上司汇报进展，或急于向下级员工布置任务、解答疑难问题，并且这些窘迫的状况没有因为现在通信工具的出现和普及而有所改变；相反，因为高新技术使生成信息、传递信息的速度迅速加快，因此有更多的邮件向管理者涌来。

从理论上讲，不存在直线权力关系的跨部门成员之间的沟通应该很容易进行，但事实是，不同部门的员工间、管理者间的沟通状况也不理想，正因为没有权力关系的约束，在很多场合下沟通双方相互间不能很好地配合，而是采取"事不关己，高高挂起"的态度，沟通不畅的情况时有发生。

现在，许多企业将生产部门放在市郊乡村，而将市场营销放在市中心的商业区。对于跨国公司来讲，这种公司某些部门与其他部门在地理位置上存在空间距离的问题更突出。由于面对面的机会比较少，横向沟通变得更加困难，横向沟通的效果更加难以控制。归纳起来，横向沟通的障碍包括以下几个方面。

（一）部门的本位主义和员工的短视倾向

工作业绩评估体系是造成部门本位主义泛滥、部门员工趋于短视行为的主要原因。对每个部门经理来讲，为获得晋升和嘉奖机会，往往会不自觉地表现出维护本部门利益，强调本部门业绩，而不是从公司、本部门、其他部门三个角度立体地看待本部门在整个公司中的地位以及相应的利益。

（二）"一叶障目"且对公司组织结构存有偏见

有些部门对其他部门的先入为主的偏见会影响部门沟通的顺利进行。例如，营销部门认为本部门天生比其他部门重要。这种认为组织部门有贵贱等级之分的成见，显然会降低正常横向沟通的效果。

（三）性格冲突

造成跨部门经理间的沟通失败或低效的一个主要原因是沟通各方的性格以及思维方式、习惯或冲突。每个人因为其独特的工作领域、成长经历和生活体验，会形成独特的思维方式和沟通方式，如果缺乏对沟通对象的特定沟通方式的了解，就会导致沟通失败。

（四）猜疑、威胁和恐惧

缺乏信任的后果不一定是猜疑和恐惧，但引发猜疑、威胁和恐惧的原因一定是缺乏信任。过去经历的负面沟通会使人产生猜疑心理或感觉到威胁。当然，这也与沟通双方的个人性格有关。

四、横向沟通的策略

对横向沟通中出现的问题和存在的障碍，我们可以采取以下策略加以克服。

（一）树立"内部顾客"的理念

"内部顾客"的理念认为，工作服务的下一个环节就是本环节的顾客，要用对待外部顾客和最终顾客的态度、思想和热情为内部顾客服务。

（二）倾听而不是叙述

在横向交流中，每个部门的参与者最常见的就是描述本部门的困难和麻烦，同时指责其他部门如何不合拍、不协同，却很少花时间去倾听。当沟通的各方仅仅关注如何去强调本部门、本岗位遇到的阻碍和困难时，就不会去倾听他人的发言。

(三) 换位思考

试着站在他人的立场和角度设身处地替他人着想，并理解他人的看法是很有益的。跳出自我的圈子，进入他人的心境，未必是同意他人，但要理解他人看待事实和认识事物的方式，这样才能找到合适的沟通方式并取得效果。倘若能与他人一起感受和思维，则会有更大的收获。

(四) 选择正确的沟通方式

如前所述，横向沟通由于沟通目的不同而有所不同，因此需要对症下药。对于决策性会议，与会的人数倾向于少而精，避免因人多而导致意见纷杂，以提高集中度。对于咨询性会议，如新概念会议，其目的就是集思广益，开展头脑风暴，因此，应该增加与会人数，协调与会人员的背景，以扩大覆盖面。对于通知性会议，只要让所有需要知晓信息者接收到信息即可，同时注意反馈，确保信息接收者准确无误地理解信息。

(五) 设立沟通专员，制造直线权力压力

针对横向沟通中经常出现的互相推诿、讨论毫无进展的现象，应该设立专门的部门或职位，负责召集和协调部门或员工间的沟通，这尤其适合跨部门沟通。沟通专员负责定期召开促进部门间沟通的会议，或要求各部门的人员定期相互提交报告，从而让不同部门中的成员了解各自正在开展的活动，并鼓励提出建设性的建议。

在日本企业的管理工作中，很注重不同部门人员的接触和沟通，每个员工定期参加某个小组讨论与工作相关的事宜。这种小组是跨部门的，小组会议召开的目的主要是增强员工之间的沟通，而非解决问题或制订计划。在会议上，有的员工可能会谈及他所在部门正在研制的新产品，有的员工可能会谈及他的本职工作，还有的员工可能会介绍他所在部门将要采用的新的计划表。这种性质的会议无疑可以帮助员工拓展其对工作的认知角度，给他们带来更多本职工作以外但同时又与工作相关的知识，其结果是将组织有机地结合成一个整体。

知识拓展

与上级沟通的技巧

大家都知道，在管理过程中与上级沟通是非常重要的，它能将上级的命令非常好地传达到下级，也会使下级的一些建议和想法传递给上级，同时可以使平级之间协作得非常好。凡是在管理过程中形成一个顺畅沟通的渠道，管理问题就不会产生。一旦管理出现问题，往往很多时候都是因为沟通不畅而形成的。

1. 知道上下有别

与上级沟通也罢，相处也罢，心中一定要树立一个理念：工作场合要知道上下有别。很多下级和领导熟悉后，就容易犯没大没小的毛病，直到被领导疏远后，才知道错了。

从人性的角度分析，任何人都渴望被尊重，领导的权威来自尊重，即使自己和领导是兄弟，在工作场合也得称呼职务；在饭局、茶局上，不应自己坐主宾位；领导上车时，应给领导开车门。

反者道之动，弱者道之用。只要一个人知道上下有别，尊重领导，才会得到领导的尊重和器重。

2. 懂得规矩

如果在职场中不懂规矩、不守规矩，职业发展就会受到影响。作为员工，必须尊重公司的制度和企业文化，与同事交往中，要有理有节，不卑不亢；切忌恃才傲物，忘乎所以。

3. 尊重管理者的决定

有能力不一定就是成功的绝对保证，做人的水平决定一个人的职场智慧。职场有的是有能力的人而遭到冷落、遭遇悲情的故事，因为职场成功不仅仅需要技术层面的东西，还需要艺术层面的东西，沟通的艺术更是职场不可或缺的武器。

有能力的人容易恃才傲物，并且搞不清级别关系，不听指示。如果遭遇上级的错误指示，应该用对方可接受的方式去沟通，而不应该用藐视的姿态、清高的做派去嘲笑。

职场需要团队精神，需要共性，个性体现在工作的魅力上，只有员工建立起这样的职场素养，企业才会形成合力，从而不会在内耗中死掉。

4. 本分到极致

本分是一种精神，是方法论，也是一种境界。本分就是全力以赴、专注地做一件事情；几十年如一日的坚持精神；耐得住寂寞、禁得住喧嚣。本分到极致就能在专业化道路上成为专家和权威。

要想在职场中成功必须要有真功夫，真功夫就是本事。有本事做到无可替代，就是具备了核心竞争力，成功指日可待。

专题小结

本章主要介绍了组织沟通中的纵向沟通与横向沟通。组织沟通是人力资源管理中最为基础和核心的环节，它关系到组织目标的实现和组织文化的塑造。重视组织沟通、采取有效措施改善组织沟通是实现组织目标的关键。

思考题

1. 上行沟通的障碍有哪些？如何在与上级的沟通中克服相关障碍？
2. 下行沟通有哪些策略？

参 考 文 献

[1] 彭林. 礼乐中国[M]. 杭州：浙江文艺出版社，2022.

[2] 彭林. 彭林说礼(增补本)[M]. 北京：清华大学出版社，2018.

[3] 彭林. 中国古代礼仪文明[M]. 上海：中华书局，2013.

[4] 彭林. 中国传统礼仪读本[M]. 杭州：浙江文艺出版社，2012.

[5] 金正昆. 礼仪金说：服务礼仪[M]. 北京：北京联合出版公司，2019.

[6] 金正昆. 礼仪金说：职场礼仪[M]. 北京：北京联合出版公司，2019.

[7] 金正昆. 礼仪金说：公务礼仪[M]. 北京：北京联合出版公司，2019.

[8] 金正昆. 礼仪金说：社交礼仪[M]. 北京：北京联合出版公司，2019.

[9] 金正昆. 礼仪金说：商务礼仪[M]. 北京：北京联合出版公司，2019.

[10] 金正昆. 礼仪金说：公关礼仪[M]. 北京：北京联合出版公司，2019.

[11] 李元授. 人际沟通艺术[M]. 武汉：华中科技大学出版社，2022.

[12] 吴礼权. 言语交际与人际沟通[M]. 2版. 上海：复旦大学出版社，2023.

[13] 张岩松. 人际沟通实用教程[M]. 北京：北京交通大学出版社，2021.

[14] 马歇尔·卢森堡. 非暴力沟通[M]. 修订版. 北京：华夏出版社，2021.

[15] 张琰. 管理沟通：原理与实践(双语)[M]. 上海：复旦大学出版社，2020.

[16] 康青. 管理沟通[M]. 6版. 北京：中国人民大学出版社，2022.

[17] 詹姆斯·奥罗克. 管理沟通：以案例分析为视角[M]. 5版. 北京：中国人民大学出版社，2018.

[18] 杰拉尔丁·海因斯. 管理沟通：策略与应用(英文版)[M]. 6版. 北京：中国人民大学出版社，2019.